西北政法大学
博士出版基金资助

政府与社会资本合作（PPP）的
行政法规制与纠纷解决机制研究

ZHENGFU YU SHEHUI ZIBEN HEZUO (PPP) DE
XINGZHENGFA GUIZHI YU JIUFEN JIEJUE JIZHI YANJIU

杨彬权◎著

中国法制出版社
CHINA LEGAL PUBLISHING HOUSE

内容提要

政府与社会资本合作，也即Public-Private Partnerships，简称PPP，是指政府与社会资本之间为了持续且具有生命周期取向性的合作，通过正式的公法或私法契约，彼此之间分担风险与责任的公共任务执行模式。2015年5月19日，国务院办公厅转发了财政部、发改委、人民银行《关于在公共服务领域推广政府和社会资本合作模式的指导意见》。该意见明确指出，将要在能源、交通运输、水利、环境保护、农业、林业、科技、保障性安居工程、医疗、卫生、养老等公共服务领域广泛采用PPP模式，将PPP提升至前所未有的战略高度。历经六年多的发展，截至2021年4月末，我国PPP累计入库项目10094个、投资额15.6万亿元。累计签约落地项目7286个、投资额11.9万亿元，落地率72.2%。累计开工建设项目4423个、投资额6.8万亿元，落地项目开工率60.7%。如此大的PPP项目体量，对我国相关的产业和行业起到积极的推动作用，能够带动“一带一路”沿线国家PPP项目的快速发展。但由于我国PPP模式是在“调结构、惠民生、补短板”的急迫需求和经济下行压力之下而推介和发展的，前期理论研究准备不足、法律法规不健全等问题，从而导致PPP项目存在质量减损等一系列弊病，如何从法律上建构一套规范政府依法行使行政权和促进公私双方良善合作的规制立法迫在眉睫。本项目就是在这种背景和使命的感召下，从法学角度对PPP行政法规制和纠纷解决机制的基本理论问题进行研究论证，以冀望为我国PPP立法提供制度建构之参考。

在研究范围上，本书研究范围限定在传统的基本设施和公用事业领域的PPP行政法规制与纠纷解决问题。

在研究思路上，本书在行政法理路下，采取“理论先行，实践导向，制度建构”的研究路径。立足于中国PPP实际，以国家担保责任为理论基础，采用多学科的知识背景和研究方法对我国PPP行政法规制的基本理论和实践问题进行研究。首先，运用文献分析法对规制PPP的基础理论进行研究，在此基础之上，运用规范分析法深刻地检视和剖析我国规制PPP的相关立法存在的问题及规制困境。其次，就PPP法律关系和合作契约规制工具进行了详述。再次，依据国家担保责任理论实现构建PPP行政法规制体系的目标。最后，从纠纷解决多元化的角度对PPP纠纷解决机制进行法律构造。

在研究内容上，本书主要对PPP及其行政法规制的基础理论、我国PPP行政法规制的现实需求与规制困境、PPP行政法规制中的法律关系、PPP合作契约规制手段、我国PPP行政法规制体系之具体构建和PPP纠纷解决机制六个核心理论问题进行研究。具体来说，首先，研究了PPP及其行政法规制的基础理论，明确提出了国家担保责任应该作为PPP行政法规制的理论基础，并就行政法规制的行政效率、行政合作等六大原则进行了论述；其次，对我国PPP的现实需求与规制困境进行了比较全面的梳理和总结，为规制体系构建提供着力点；再次，对PPP行政法规制中的法律关系的主体和角色定位，以及各相关主体的权利义务内容进行了深层次的剖析，并对作为PPP主要规制手段的合作契约进行了比较详细的规制研究；复次，从法律规制体系建构的理念、目标定位和具体制度设计等方面对政府与社会资本合作的行政法法律规制体系进行了科学的构建；最后，就政府与社会资本合作的多元纠纷解决机制进行了法律构造。

在研究方法上，首先，采用跨学科的研究方法。PPP的行政法规制应当是一个综合性的科学研究过程，应当借鉴其他学科的研究成果和广泛吸收其他学科的形式、方法与知识来予以解决，甚至可以针对特定的问题或者课题进行跨学科的行政法研究。本课题借用了经济学上的规制理论来分析政府对PPP进行规制的必要性和合理性，同时运用担保国家理念和国家担保责任理论来进行理论分析和制度的具体建构，这在以往对PPP的规制研究中尚不多见，且本课题站在行政法的角度，运用新的行政管制工具分析和解决问题。其次，采用调查问卷、现场查看、深入访谈等调查研究方法深入民间对PPP模式运行过程中存在的问题、政府和社会资本方履约等情况进行调研和分析，根据调研结果确定了行政法规制的主要内容。再次，通过文献研究方法和比较研究方法，归纳整理出PPP行政法规制的基本理论，为PPP行政法规制体系建构提供理论根基。最后，通过比较方法和归纳分析方法重塑我国的PPP纠纷解决机制。

目　录

第一章　PPP及其行政法规制的基础理论 / 001

第一节　PPP范畴之界定 / 002

一、PPP的概念 / 002

二、PPP的特点 / 006

三、PPP的范围与类型 / 008

四、PPP与相关概念之辨析 / 012

第二节　PPP的理论基础 / 015

一、公民参与（Citizen Participation）理论 / 015

二、合作生产（Co-production）理论——共同承担责任 / 015

第三节　PPP规制的经济学理论 / 017

一、公共利益理论 / 018

二、规制俘虏理论 / 019

第四节　PPP行政法规制理论 / 020

一、PPP行政法规制的基本含义和特点 / 020

二、PPP行政法规制的理论基础 / 021

三、PPP行政法规制的基本原则 / 024

第二章　我国PPP行政法规制的现实需求与规制困境 / 029

第一节　PPP的发展现状 / 030

第二节　PPP发展对行政法规制的现实需求 / 032

一、PPP项目自身存在众多问题 / 032

二、公共利益保护的需要 / 033

三、规制行政权的需要 / 033

第三节　我国PPP行政法规制的现状与困境 / 034

一、我国PPP立法规制现状 / 034

二、我国PPP规制行政法规制困境 / 035

第三章　我国PPP行政法规制中的法律关系 / 039

第一节　PPP法律关系之界定 / 040

一、PPP法律关系的概念与特点 / 040

二、PPP法律关系的性质 / 041

第二节　PPP法律关系中的主体与角色定位 / 042

一、PPP法律关系中的主体 / 042

二、PPP法律关系中的主体角色定位 / 045

第三节　PPP法律关系中的权利与义务 / 054

一、政府部门的权利与义务 / 054

二、社会资本方的权利与义务 / 059

三、消费者和用户的权利与义务 / 064

第四节　PPP法律关系的客体 / 066

第四章 我国PPP行政法规制的合作契约手段 / 067

第一节 PPP模式下传统行政法规制手段的挑战与革新 / 068

一、PPP模式下传统规制手段的挑战 / 068

二、PPP模式下管制手段的革新 / 069

第二节 PPP行政法规制的合作契约手段 / 074

一、PPP合作契约的概念与特征 / 074

二、PPP合作契约的性质 / 076

三、PPP合作契约的主要内容与期限 / 081

四、PPP合作协议的管理和规制 / 083

五、PPP合作协议的瑕疵与法律效果 / 089

六、PPP协议的终止 / 097

第五章 我国PPP行政法规制体系之具体构建 / 103

第一节 PPP行政法规制体系构建的理念 / 104

一、安全理念 / 104

二、高效理念 / 105

三、公平理念 / 106

四、公益理念 / 106

第二节 PPP行政法规制体系构建的目标定位 / 108

一、导入公平透明的“竞争市场”机制 / 108

二、确保公共利益之实现 / 108

三、提升效能与促进创新 / 109

第三节 PPP行政法规制的主要内容 / 110

一、PPP模式的效益评估和风险管理 / 110

二、私人合作对象的甄选机制 / 118
三、价格管制和质量确保 / 128
四、第三人权利的保护 / 131
五、创造吸引社会资本方合作的诱因机制 / 134
六、接管机制 / 136

第四节　PPP行政法规制的组织保障 / 150
一、建立全国统一的PPP监管机构 / 150
二、引入其他的契约监督机构 / 152

第六章　PPP纠纷解决机制 / 155

第一节　PPP纠纷解决的基本理论 / 156
一、PPP纠纷的界定 / 156
二、我国PPP纠纷多发的具体原因 / 160
三、PPP纠纷解决机制的界定 / 163

第二节　域外PPP纠纷解决机制的考察与评析 / 168
一、域外PPP纠纷解决机制的考察 / 168
二、域外PPP纠纷解决机制的评析 / 175

第三节　PPP纠纷解决机制存在的问题 / 177
一、纠纷解决规范相互矛盾 / 177
二、难以发挥调解机制的长处和优势 / 178
三、仲裁解决争议存在障碍 / 179
四、司法裁判观点冲突 / 180
五、PPP纠纷解决机制衔接不畅 / 181

第四节 我国PPP多元纠纷解决机制的法律构造 / 182
一、PPP纠纷解决的ADR机制之法律构造 / 182
二、PPP纠纷解决的诉讼机制之法律构造 / 226
三、PPP纠纷解决机制对接之法律构造 / 235

结 语 / 251
参考文献 / 253
附 录 政府和社会资本合作法(试拟稿)/ 268

第一章 PPP及其行政法规制的基础理论

第一节　PPP范畴之界定

一、PPP的概念

一般认为，PPP概念旨在描述公共部门与私人机构立于对等之伙伴关系，共同致力于达成特定行政目标，或执行行政任务的一种合作关系。该概念目前已在全球范围内被广泛应用，逐步发展成为各国政府实现其经济目标和提升公共服务水平的核心理念与措施。[①]我国对PPP模式的探索起源于20世纪80年代，但直到2013年才开始大力推介PPP模式。2013年11月，十八届三中全会正式确定“特许经营”的核心内容；2014年10月，李克强总理主持召开国务院第66次常务会议，明确提出积极推进PPP模式。至此，PPP这一术语才正式进入我国学者和社会大众的视野。但在我们研究PPP模式及其相关问题时，首先遇到的问题就是何谓PPP，也即PPP的概念如何界定的问题。这个问题比较棘手，以至于有学者认为要想定义PPP，无异于“用针将布丁缝合在墙上”[②]。固然界定PPP是一个难题，但并不能因此就认为PPP引发的相关法律问题，并无解决之必要性。笔者认为通过研究和了解一些官方机构和组织及学者对PPP的界定，可以帮助我们认识和了解PPP模式，尽管受各国政治、经济与文化等的不同以及各国PPP模式的多样性和复杂性等因素的影响，官方机构和组织以及学者对PPP概念的认识和理解并非完全相同。

1.域外官方机构和组织对PPP的定义

联合国培训研究院将PPP定义为：PPP是涵盖了不同社会系统倡导者之间的所有制度化合作方式，目的就是解决当地或区域内的某些复杂问题。在上述定义中，PPP包含以下两层含义：一是为了满足公共产品的需要而建立的公共和私人倡导者之间的各种合作关系；二是为了满足公共产品的需要，公共部门和私人部门因

---

① 李嘉娜：《市政公用事业监管的行政法研究》，中国政法大学出版社2012年版，第20页。

② Gunnar Folke Schuppert，Grundzüge eines zu entwickelndenVerwaltungskooperationsrechts，2001，S.4.

建立伙伴关系而进行的大型公共项目的实施。①

欧盟委员会给出的定义是：PPP是指公共部门和私人部门之间的一种合作关系，其目的就是提供传统上由公共部门提供的公共项目或服务。

加拿大PPP国家委员会给出的定义是：PPP是公共部门和私人部门基于各自的专长进行的合作性投入，通过对资源、风险和收益的合理分配尽可能地满足公共需求。②

世界银行对PPP的定义是：PPP是政府部门和私人部门为提供公共设施和服务而订立的一种长期合同，由私人部门承担风险和管理责任，政府部门根据私人部门的表现付费。③

亚洲开发银行对PPP的定义是：PPP是公共部门和私人部门为提供公共设施和服务，如供电、供水、交通、教育和医疗而达成的协议。与传统的采购协议不同，PPP在合作各方之间分配风险并为服务提供者设置了绩效激励机制，将付费与具体绩效相结合以促进服务提供者提高效率。④

英国财政部对PPP的定义是：PPP是以公共部门和私营部门共同协作作为特征的一种安排。从广义上来讲，PPP可以包含公共部门和私营部门在制定政策、提供服务以及基础设施方面的所有合作。⑤

在德国，PPP的概念至今都不统一，在文献和实践中，公权力和私人之间的各种纷繁复杂的合作都常常定义为PPP。⑥2003年，德国联邦政府给出的PPP的定义为："公共部门与私营部门之间为高效实施公共任务的一种长期的合同合作关系，在一个联合组织关系中整合必要的资源（如专业经验、设备与设施、资本、团队等），合理分配项目风险以反映各合作伙伴的风险管理能力。"⑦

从上面列举的域外机构和组织对PPP的定义来看，域外机构和组织给出的PPP概念基本上属于描述性的，比较具体；概念虽不尽相同，但都是公共部门和

---

① United Nations Institute for Training and Research. PPP - For Sustainable Development [R]. 2000.

② The European Commission，Guidance for Successful PPP，2003.

③ World Bank，"Public - Private Partnerships Reference Guide：Version 2.0" [R]. 2014.

④ Asia Development Bank，http://www.Adb.Org/public-private-partnerships，最后访问日期：2018年1月22日。

⑤ HM Treasury，"Infrastructure Procurement：Delivering Long - Term Value". March 2008.

⑥ 赵宏：《德国公私合作制的制度发展与经验启示》，《行政法学研究》2017年第6期。

⑦ [瑞士] 韦伯（B.Weber）、[德] 阿尔芬（H.W.Alfen）：《基础设施投资策略、项目融资与PPP》，罗桂连、孙世选译，机械工业出版社2016年版，第74页。

私人部门为提供公共设施和公共服务而形成的某种合作关系；PPP合作主体中，公共部门范围较广，除政府外，还包括其他公共部门，公共部门的合作伙伴仅限于私人部门，一般并不包括国有企业，这一点与我国颇为不同。

2. 我国官方机构对PPP的定义

在我国，发改委、财政部代表官方对PPP模式进行了定义，但认识上也尚未完全一致，即使同一机构在不同的时间段，其认识也有所不同。发改委在《关于开展政府和社会资本合作的指导意见》（发改投资〔2014〕2724号）中将PPP定义为：PPP模式是指政府为增强公共产品和服务供给能力、提高供给效率，通过特许经营、购买服务、股权合作等方式，与社会资本建立的利益共享、风险分担及长期合作关系。然而，财政部在《关于推广运用政府和社会资本合作模式有关问题的通知》（财金〔2014〕76号）中将PPP定义为：公共服务领域建立的一种长期合作关系，其通常模式是由社会资本承担设计、建设、运营、维护基础设施的大部分工作，并通过"使用者付费"及必要的"政府付费"获得合理投资回报；政府部门负责基础设施及公共服务价格和质量监管，以保证公共利益最大化。后来，财政部在《关于规范政府和社会资本合作合同管理工作的通知》（财金〔2014〕156号）中，将PPP模式定义为在基础设施和公共服务领域政府和社会资本基于合同建立的一种合作关系。发改委、财政部、中国人民银行在《关于在公共服务领域推广政府和社会资本合作模式指导意见的通知》（国办发〔2015〕42号）中，将PPP模式定义为是公共服务供给机制的重大创新，即政府采取竞争性方式择优选择具有投资、运营管理能力的社会资本，双方按照平等协商原则订立合同，明确责权利关系，由社会资本提供公共服务，政府依据公共服务绩效评价结果向社会资本支付相应对价，保证社会资本获得合理收益。

3. 学者对PPP的定义。学者对PPP的定义也尚未达成一致。有的学者认为，PPP是指公共和私营部门共同参与生产和提供物品与服务的任何安排，如合同承包、特许经营、补助等。[①]还有的认为，PPP是指一些较为复杂的、由多方面共同参与合作实施的并被民营化了的基础设施项目。[②]也有的认为，PPP是指公共

① ［美］E.S.萨瓦斯：《民营化与公私部门的伙伴关系》，周志忍等译，中国人民大学出版社2002年版，第105页。

② P Davis，Public - private partnerships：improving urban life. APS in conjunction with the New York City Partnership. 1986.

部门与私营部门之间签订长期合同，由私营部门实体来进行公共部门基础设施的建设或管理，或由私营部门实体代表一个公共部门实体（利用基础设施）向社会提供各种服务。①又有人提出，公私合作制是长期的公私部门之间在公共基础设施范围内围绕一个项目的整个生命周期而签署的合同，其是为了该项目经济性的实现。②Heinz则干脆把公私合作制定义为："就是指公私部门之间的紧密合作。"③另外，我国部分学者也对PPP进行了定义。例如贾康、孙洁认为，PPP是公共部门与私人部门在基础设施建设中通过正式协议建立起来的一种长期合作伙伴关系。④刘新平、王守清认为，PPP是企业获得政府的特许经营权，提供传统上由政府负责的基础设施、公用事业的建设与服务的方式。⑤学者们对PPP的定义都比较抽象、笼统，特别是有的概念外延太广，以至于无法操作。但学者们基本上都认为PPP是一种通过协议的正式合作。

4.本书对PPP的定义。综上，无论是机构还是专家学者，对于PPP仍未形成一个完全一致的概念表述。这主要是因为PPP本身是一个集合概念，其内涵十分丰富，外延难以准确界定。但其概念中均包含"合作"这个关键词，合作内容是利益共享、风险共担，目标是为公众更好地提供公共服务。⑥从广义上来说，凡是公共和私营部门合作参与生产和提供物品与服务的任何安排都可以称作PPP。但是由于广义上的PPP的内涵和外延不好掌控，难以有效规范和约束公私双方的合作行为，因此大多数国家和地区一般都是从狭义的意义上谈论和开展PPP模式。狭义上的PPP，从法学的角度来看，是指国家高权主体与私经济主体间本于自由意愿，透过正式之公法或私法性质双方法律行为，抑或非正式之行政行为型塑合作关系，并且彼此为风险与责任分担之行政任务执行模式。笔者认为，世界上没有两个完全相同的PPP模式，也没有两个完全不同的PPP模式。一国的PPP应该

① Kemaghan, Kenneth. "Partnership and Public Administration: Conceptual and Practical Considerations". Canadian PublicAdministration 36（1），1993.

② Arbeitsgruppen："Wirtschaftlichkeitsuntersuchungen bei PPP-Projekten" des Bundes und der Länder: Leitfaden "Wirtschafdichkeitsuntersuchungen bei PPP-Projekten"；2006，S. 8.

③ Heinz & Scholz: Public Private Partnership im Städtebau，Berlin 1996，S. 25.

④ 贾康、孙洁：《公私伙伴关系（PPP）的概念、起源、特征与功能》，《财政研究》2009年第10期。

⑤ 刘新平、王守清：《试论述PPP项目的风险分配原则和框架》，《建筑经济》2006年第2期。

⑥ 陈少英、吴凌畅：《公私合作制（PPP）认识误区之厘清》，载顾功耘主编：《公私合作（PPP）的法律调整与制度保障》，北京大学出版社2016年版，第31—42页。

根据自己的政治、经济、社会、文化等因素进行界定，对PPP这个概念不应进行封闭性界定，而应该为未来可能出现的新形式留下空间，但是特定的PPP应该明确化。

就我国来说，PPP却有着特定的内涵和外延。我国的PPP应该是GSP（Government Social-capital Partnership），即政府与社会资本之间的合作，也即GSP模式。GSP模式中的公共部门仅指政府，不包括其他公共部门；社会资本则既包括私人资本，也包括国有资本及其他性质的资本。PPP模式定义出现如此变化的背景，则是因为我国政府推出PPP的主要目的是解决政府建设资金短缺的问题。但由于公共建设项目的公益性和微利性甚至无利性，使政府当局认为如果把政府的合作对象仅限定于“私人资本”或“私人部门”，则恐怕很多“私人资本”或“私人部门”考虑到项目的微利性而不肯参与，结果导致公共建设融资目的难以达成，政府公共产品或服务提供职能也无法实现，这实际上意味着在我国PPP模式中，政府不仅希望和私人资本或私人部门合作，而且也希望同时可以和国有资本及其他资本合作。这种定义的微调，看似没有太大改变，实际上却使原有的PPP定义产生了本质变化，因为国有资本的非完全市场导向的决策机制与私人资本或私人部门的市场导向决策机制完全不同，相应地，政府与此两者合作所遵循的行为规范及其合作建设运营的机制、质量、效率也都将大相径庭。GSP模式的确立实际上反映了政府潜意识中的浓厚融资动机。其实，从它强调是与“资本”的合作，而不是与“部门”的合作也可以明显反映出其推出PPP模式的浓厚融资动机，因为与“私人部门”合作也有可能并不是借用其资本优势，而是借用其管理、技术或服务优势。①

二、PPP的特点

1. 平等合作

所有真正成功的PPP项目都是建立在双方平等合作的基础之上的。平等合作是PPP模式中最重要的基础性问题，没有平等，就没有合作，没有合作就没有PPP。PPP项目是一个长周期性的公私合作过程，从项目的审批、建设、运营，直

① 参见王增忠：《公私合作制（PPP）的理论与实践》，同济大学出版社2015年版，第31页。

至最后的移交，如果没有平等的合作精神，没有双方的真实意志表达，没有互相尊重和让步举动，PPP项目就不可能是一帆风顺的。PPP项目的全生命周期的良好运行，主要依靠的是合同。合同是PPP项目运作的主轴，没有在平等合作基础上协商达成的合同，PPP项目不可能行稳致远。从宏观的角度来看，PPP并不仅是一种简单的投融资方式，也不是一种简单的合作模式，而是国家治理能力和治理体系现代化的体现。我国之所以采取PPP模式提供公共服务，不仅是为了融资，更重要的是通过政府与私人部门在平等的基础上通过合作的方式提供公共服务，从而实现国家与社会的合作治理。

2. 风险分担

PPP模式由于受到长生命周期和各种意外因素的影响，具有很大的不确定风险。没有不存在风险的PPP项目，凡是PPP项目必然具有风险。无论是市场经济或计划经济、无论是私人部门或公共部门、无论是个人或企业，没有谁会喜欢风险。即使最具冒险精神的冒险家，其实也不会喜欢风险，而是会为了利益千方百计地避免风险。[①]而要避免风险，采取的方式之一就是把这些不确定的风险按照一定的分配原则，分配给适合承担相应风险的公共部门和私人部门。唯有合理进行风险分配，PPP项目才能取得最大的成功和效益，否则可能导致PPP项目夭折或铩羽而归。因此，PPP项目管理中最关键最重要的环节就是在公私部门之间进行风险的合理分配，而这也构成了PPP与其他提供公共任务方式相区别的显著特征。

3. 利益共享

利益就是好处。利益共享也就是好处共享。特别要注意的是，这里所说的利益共享并不仅是PPP模式中公私部门分享利润，而且还需要对私人部门可能获得的高额利润进行控制，即不允许私人部门在PPP项目执行过程中形成超额利润。[②]这是因为，PPP项目都是公共项目，它们不是以私人利益最大化为目标，而是以公共利益最大化为目标。PPP模式中的利益共享是指公私部门通过合作带来的社会成果或好处的共享，其中对政府部门来说，实现了其所代表的公共利益，满足了民众的公共服务需求；对私人部门来说，通过生产公共产品和提供服务，获得了一定的利润或投资回报。如果PPP模式中的私人部门不能从执

---

① 贾康、孙洁：《公私伙伴关系（PPP）的概念、起源、特征与功能》，《财政研究》2009年第10期。

② 贾康、孙洁：《公私伙伴关系（PPP）的概念、起源、特征与功能》，《财政研究》2009年第10期。

行的公共任务中获得合理的利润，那么必然会挫伤它们提供公共服务的热情和积极性；如果不能获得高质量和高效的公共产品和服务，那么公共部门也绝不会采取PPP模式提供公共服务。因此，公私部门利益共享，是PPP模式的重要特征。

4. 责任共担

在国家与社会二元对立的国家学理论上，无论是维持公共秩序，还是提供给付服务，基本上都是国家独揽公共事务，原则上私人不得染指。国家作为秩序维护和给付服务的履行主体，亲身提供秩序维护和公共服务，并承担由此而产生的全部法律责任。然而，在PPP模式中，基于公共任务的特性，这种责任分配发生了重大的转变，产生了一定程度的分离：私人部门承担履行责任，成为公共任务的履行主体；国家或政府承担担保责任，成为公共任务的担保主体，担保私人部门提供的公共产品和服务符合标准和要求。缺少这两种责任中的任何一种，都不能确保公共利益的实现。由此可见，唯有公私部门作为“责任共同体”，责任共担，才能实现公共福祉。因此责任共担也是PPP模式的重要法律特征。

综上，PPP模式的核心特征是：将之前由公共部门负责的公共基础设施的规划、建设、融资、维护及运营（按照生命周期方式）等服务职能整合起来，在有限期内转移给私营合作伙伴。其主要目标是提升公共服务的效率。另一个很明确的目标是解决公共部门的资金短缺问题。[①]

三、PPP的范围与类型

1. PPP的范围

任何事物都有它的边界、适用范围和领域。“PPP不是所有的领域都适用，也不是所有的问题都能靠它来解决。这世上并不存在适用于一切国家的统一模式，在运行具体PPP项目时，必须根据项目实际情况合理设计项目结构。”[②]PPP的适用范围可以分为肯定（适用）范围和否定（不适用）范围。

（1）PPP的肯定范围。2015年4月，财政部等六部委联合发布《基础设施和

---

① ［瑞士］韦伯（B.Weber）、［德］阿尔芬（H.W.Alfen）：《基础设施投资策略、项目融资与PPP》，罗桂连、孙世选译，机械工业出版社2016年版，第75页。

② 杨伟东等：《PPP项目法律实务》，人民法院出版社2017年版，第98页。

公共事业特许经营管理办法》，明确了特许经营范围五大领域，即能源、交通运输、水利、环境保护、市政工程。随后，2015年5月，国务院办公厅转发财政部、发展改革委、人民银行《关于在公共服务领域推广政府和社会资本合作模式的指导意见》指出，在能源、交通运输、水利、环境保护、农业、林业、科技、保障性安居工程、医疗、卫生、养老、教育、文化等公共服务领域，广泛采用政府和社会资本合作模式，从而将PPP的适用范围从基础设施和公用事业领域扩展到几乎所有的公共服务领域。但是，我们必须注意的是，基础设施和公共服务领域能够适用PPP模式，并不意味着任何一个具体的项目都可以采用PPP模式。因为采用PPP模式除范围外，还需满足物有所值、财政承受能力、收益稳定性、市场化程度等因素的影响和决定。有学者认为，对于非常小型的项目（除非这些项目可以打包组合）来说，PPP是不符合成本效益的。同样地，PPP也不适合特别大型的项目，因为附加于项目结构上的复杂性可能使项目瓦解。如果项目具有一个长期稳定的规划（例如公路和其他公共交通设施），那它很适合采用PPP模式。①

（2）PPP的否定范围。总体来说，公共主管部门无法明确加以界定、无法遵循项目的长期要求或科学技术快速发展变化的项目，不宜采用PPP模式。例如，因为IT行业技术发展变化太快，英国放弃了将PPP应用于IT项目中。②另外，对于涉及国家安全、国家秘密、公共安全的项目应当由政府直接提供，而不适合通过市场化方式提供，因此不适宜采用PPP模式。③

2. PPP的类型

由于意识形态不同，且处于PPP发展的不同阶段，导致各国使用的PPP术语不尽相同，或者对同一个PPP术语的理解也不尽一致，导致PPP可以依据不同的标准作出不同的分类。依据项目的不同方式对PPP模式的分类也存在区别，如按照付费方式可将PPP项目分为政府付费模式、使用者付费模式以及可行性缺口补贴模式；按照招标方式可将PPP项目分为应标模式和非应标建议模式；按照合作

① 参见［加］耶斯考比：《公共部门与私营企业合作模式：政策与融资原理》，杨欣欣译，中国社会科学出版社2012年版，第32—33页。

② 参见［加］耶斯考比：《公共部门与私营企业合作模式：政策与融资原理》，杨欣欣译，中国社会科学出版社2012年版，第32—33页。

③ 周兰萍主编：《PPP项目运作实务》，法律出版社2016年版，第23页。

形式可将PPP项目分为购买服务、特许经营以及股权合作等。根据政府和社会资本参与程度、承担的风险，我国财政部2014年《关于印发政府和社会资本合作模式操作指南（试行）的通知》（财金〔2014〕113号）将PPP分为委托运营、管理合同、建设—运营—移交、BOO、TOT（转让—运营—移交）和ROT（改建—运营—移交）等不同的运作方式。①但从理论上来看，PPP模式一般有“公办公营”“公办民营”“民办公营”“民办民营”四种模式。②

（1）“公办公营”。公共项目的建设、管理与营运角色均由政府担任。但是不排除将部分业务透过契约委托社会资本办理。但是关于营运管理的责任还是由政府机关承担。业务委托所需之费用则由政府负担。这是公私协力行为中最常见之一种活用类型。

（2）“公办民营”。由政府担任建设，但由社会资本担任公共基础设施之管理与营运角色。具体有以下四种模式：①管理营运委托：社会资本担任公共基础设施之管理与营运乃是透过委托的方式为之。委托管理营运所需费用仍由政府负担，例如OT。由政府投资新建完成后，委托社会资本营运；营运期间届满后，营运权归还政府。②设施出租：政府兴建设施后可以透过有偿或者无偿的方式租借给社会资本，而委由社会资本进行营运管理。管理营运之费用则由从利用人处收取之收入充之。例如ROT，即由政府委托社会资本，或由社会资本向政府租赁现有设

① 委托运营，是指政府将存量公共资产的运营维护职责委托给社会资本或项目公司，社会资本或项目公司不负责用户服务的PPP项目运作方式。政府保留资产所有权，只向社会资本或项目公司支付委托运营费。合同期限一般不超过8年。管理合同，是指政府将存量公共资产的运营、维护及用户服务职责授权给社会资本或项目公司的项目运作方式。政府保留资产所有权，只向社会资本或项目公司支付管理费。合同管理通常作为TOT的过渡方式，合同期限一般不超过3年。BOT指政府部门通过特许经营合同，授予社会资本或项目公司承担新建项目设计、融资、建造、经营、维护和用户服务职责；在合同规定的特许期内，社会资本或项目公司通过项目运营收回投资和运营成本，并获取合理的收益；合同期满后项目资产及相关权利等移交给政府的一种项目运作方式。BOO是指社会资本或项目公司在项目建成后拥有项目所有权并开展经营，特许期满后无须将项目所有权和经营权无条件转让给政府，一般适用于不涉及国民经济命脉和国家安全的行业，或者特许期满后收回项目所有权和经营权的意义不大的项目。TOT指政府将存量资产所有权有偿转让给社会资本或项目公司，并由其负责运营、维护和用户服务，合同期满后资产及其所有权等移交给政府的项目运作方式。合同期限一般为20—30年。ROT是指政府在TOT模式的基础上，增加改扩建内容的项目运作方式。合同期限一般为20—30年。

② 参见程明修：《行政法之行为与法律关系理论》，新学林出版股份有限公司2005年版，第243—246页。

施，予以扩建、整建后并为营运；营运期间届满后，营运权归还政府。③设施转让：政府兴建设施后可以透过有偿或者无偿的方式将所有权移转给社会资本，而委由社会资本进行营运管理。管理营运之费用则由从利用人处收取之收入充之。至于兴建所需费用，如果是在有偿转让情形，实际上形成社会资本负担；至于无偿转让时，则仍由政府承担。④DBO（Design-Build-Operate）：这是前述三种形态的进一步活用类型。不只营运管理，无论是设施的设计（Design）还是工程的施作（Build）均可以部分地委由社会资本为之。

（3）“民办公营”。由社会资本担任兴建公共设施，但由政府管理与营运角色。其中又可区分几种形态。①设施让受：这是由社会资本兴建公共设施，之后将该设施让受于政府，而由政府担任管理与营运之角色。因此，公共设施之兴建以及管理营运所需费用，实际上是由政府负担。②设施借用：这是由社会资本兴建公共设施，之后将该设施出借政府，而由政府担任管理与营运之角色。因此，公共设施之兴建以及管理营运所需费用，实际上是由政府负担。

（4）“民办民营”。均由社会资本担任公共基础设施之建设、管理与营运角色。其中也可分为以下几种类型。①PFI（私人财务投资，Private Finance Initiative）：这是将公共基础设施的设计、兴建、营运与资金调度全部交给社会资本完成。这是民办民营类型中最极致的形态。②BTO（Build-Transfer-Operate）：公共基础设施之设计、兴建、营运与资金调度全部委由社会资本完成，但是建设完成后将所有权移转给政府的类型。由民间机构投资新建完成后，政府无偿取得所有权，并委托该社会资本营运；营运期间届满后，营运权归还政府；由民间机构投资新建完成后，政府一期或分期给付建设经费以取得所有权，并委托该民间机构营运；营运期间届满后，营运权归还政府。③BOT（Build-Operate-Transfer）：公共基础设施之设计、兴建、营运与资金调度全部委由社会资本完成，但是建设与营运期间届满后，将所有权移转给政府的类型。④BOO（Build-Own-Operate）：公共基础设施之设计、兴建、营运与资金调度全部委由社会资本完成，但是建设与营运期间届满后，并不将所有权移转给政府的类型。

近年来，在一个PPP项目中多采用混合模式，例如BOT和TOT的结合，同时还有新的变种组合，例如DBFOT（设计优化—建造—融资—运营—移交）和BLOT（建租—租赁—运营—转移），这些灵活的搭配和组合更能适应不同综合性PPP项目的运作和基本要求。

四、PPP与相关概念之辨析

1. PPP与民营化

民营化指行政任务之执行主体由国家变更到私人之转移历程。[①]民营化的特征，乃在于将公共任务的履行责任，或是执行任务的实现，全部或一部移转于私权利主体。从而，民营化概念乃被运用在涉及移转之公共任务上。与此不同者，在公私协力之情形，则是着重在行为人及其彼此间，经由合作所引发的关系面向上。另外，PPP并不涉及相关资产所有权的永久改变，而民营化有可能涉及所有权的变化，例如实质民营化或全部民营化。民营化具有多达十几种形式[②]，一般认为，民营化类型中的"部分民营化"或"功能民营化"因具有公部门与私部门共同合作履行行政任务之特征，而为PPP之典范。[③]因此，可以说，PPP是功能民营化或部分民营化，是半私有化形式，是民营化类型中的特殊类型。随着国家与私人给付提供者合作情形的扩大，"许多民营化并非从此告别国家，而是转换为公私合作"[④]。

2. PPP与特许经营

特许经营主要包括商业特许经营[⑤]和政府特许经营。政府特许经营（Concession）是政府部门将一定区域范围内的自然资源或公共设施的开发建设权和一定期限内的经营权，以行政许可等特定的法律程序授予特定主体使用，被授

---

① 詹镇荣:《论民营化类型中之"公私协力"》,《月旦法学杂志》2003年第11期。

② 私有化的具体形式参见［德］汉斯·J.沃尔夫、奥托·巴霍夫、罗尔夫·施托贝尔:《行政法》（第三卷），商务印书馆2007年版，第370—372页。

③ G. F. Schuppert，Die oeffentliche Verwal-tung im Kooperationsspektrum staatlicher und privater Aufgabenerfullung - Erscheinungsformen von Public Private Partnership als Herausforderung an Verwaltungsrecht und Verwaltungswissenschaft，in：Budaus/Eichhorn（Hrsg.），Public Private Partnership，1997，S. 93 ff.（117，124）.

④ ［德］施密特·阿斯曼:《秩序理念下的行政法体系建构》，北京大学出版社2012年版，第166页。

⑤ 商业特许经营（以下简称特许经营），是指拥有注册商标、企业标志、专利、专有技术等经营资源的企业，以合同形式将其拥有的经营资源许可其他经营者使用，被特许人按照合同约定在统一的经营模式下开展经营，并向特许人支付特许经营费用的经营活动。参见我国《商业特许经营管理条例》第一章第三条之规定。

权方履行资源开发、公共产品和服务提供等义务的行为。[①]特许经营最初的设计是将由政府垄断的公用事业通过特许经营的模式授权给私人部门经营，由后者排他性或垄断性地向社会公众提供产品或服务。[②]特许经营的理论基础是德姆塞兹的“特许权竞标”理论。[③]Priest强调特许权竞标理论要具备两个要件：首先，法律制度授权政府可以将特许经营权授予企业，也可以不将特许经营权授予企业；其次，按照所有权结构，政府享有企业的资本设备，能够将经营管理权予以竞标。Priest主张，唯有在位特许经营权人对资本设备不拥有所有权时，才有希望达成第二轮经营权的竞标。[④]由此我们可以看出，特许经营狭义的含义，是指经营权的特许，经营者不承担投资的职责和风险，即基础设施运营和维护的外包与租赁（Operations And Maintenance Con-tract Or Lease）。[⑤]该种理解为欧共体法所采用。

但在上一轮我国公用事业特许经营的改革实践中，特许经营实际上采用了广义的概念，几乎跟PPP模式混同使用。无论是使用者付费项目、政府付费项目，还是政府补贴项目，都称为“特许经营”。尤其对于市政公用事业而言，特许经营权人通常是公私合营的机构，甚至是完全国资的主体[⑥]，这就使特许经营的概念变得模糊。2015年的《基础设施和公用事业特许经营管理办法》仍然采用了包含投资在内的较为宽泛的特许经营概念，即“政府采用竞争方式依法授权中华人民共和国境内外的法人或者其他组织，通过协议明确权利义务和风险分担，约定其在一定期限和范围内投资建设运营基础设施和公用事业并获得收益，提供公共产品或者公共服务”，具体形式包括BOT、BOOT、BTO和国家规定的其他形式。

通过上述论述，我们可以得知：特许经营和PPP并非一回事，特许经营更侧

---

① 侯吉建、袁东：《特许经营概论》，中国人民大学出版社2014年版，第178页。

② 魏艳：《特许经营与政府采购在PPP模式下的区分与适用》，载顾功耘：《公私合作（PPP）的法律调整与制度保障》，北京大学出版社2016年版，第116—117页。

③ “特许权竞标”理论认为，单一供应商也可以提供合理的生产成本，而无须政府为防止垄断价格而进行监管。政府需要做的就是设计特许权竞标制度以选择合适的服务提供者。See H. Demsetz, “Why Regulate Utilities? ”（April 1968）11 Journal of Law and Economics，pp.55-65.

④ See George. L. Priest，“The Origins of Utility Regulation and the 6Theories of Regulation’ Debate”（1993）36 Journal of Law and Economics 289.

⑤ 参见［美］E.S.萨瓦斯：《民营化与公私部门的伙伴关系》，周志忍等译，中国人民大学出版社2002年版，第255页。

⑥ 比如，在市政供水领域，当地的水务集团通过引入私人资本变身特许经营权人，如兰州水务集团、深圳水务集团。

重过程中的授权经营本身，即关键在于社会资本获得授权，得以“解禁”。而PPP模式并不仅有特许经营，还包括服务外包及私有化，故并非所有PPP项目中的社会资本方都必须获得政府方的授权。特许经营仅是PPP的一种特殊形式。欧盟2014年制定的《特许经营合同授予程序指令》备忘录中明确了PPP和特许经营的关系，即特许经营协议只是公私合作协议中的一种特殊形式，近60%的公私合作协议是特许经营协议。PPP模式本质是一种政府和社会资本间的多层面合作关系，特许经营权的授予仅是在这种合作关系下可能发生的形式之一。抛开向公众提供更高质、高效的公共服务的公益目的，政府在实施特许经营时，更多地考虑降低过程中的风险，而政府在实施PPP模式时，更多地考虑化解债务压力的问题，关注过程中融资责任的转移。[①]2014年作为大陆法系的典范且同时也是欧盟成员国的德国和法国，率先将欧盟指令转换为国内法，也即将政府特许经营作为PPP的一种具体类型适用于国内法。[②]在我国，特许经营主要适用于市政工程等领域在内的传统基础设施和公用事业领域的活动。PPP适用于中华人民共和国境内教育、文化、养老、旅游等公共服务领域开展的各类PPP项目。

---

① 参见曹珊：《PPP运作重点难点与典型案例解读》，法律出版社2018年版，第78页。

② 李明超、章志远：《公用事业特许经营监管机构模式研究》，《学习论坛》2011年第3期。

第二节 PPP的理论基础

一、公民参与（Citizen Participation）理论

“公民参与”一词，乃是来源于政治参与（Political Participation），是指个人或组织参与政府公共事务。[①]公民参与是现代政府推动公共事务不可或缺的要素或重要资产，强调公民基于自主权、公共性及对公共利益与责任之重视，而投入其感情、知识、时间与精力。其主要是因民众的需求日益多样，政府难以一一满足，故体认到需透过与民众或非营利组织的协力，来因应多元的需求。[②]这种公私部门的协力关系的建立，不应脱离“公民参与”的基本原理，否则，公私协力的政策将永远只是一种理念而无法被充分执行。因此，良好的公私协力关系的建构，须以成熟的公民参与作为基础。[③]

二、合作生产（Co-production）理论——共同承担责任

斯蒂芬指出，当民间团体及政府机关共同合作生产相同财货或服务时，即是所谓“合作生产”。[④]合作生产理论认为，在公共服务的供给过程中，市民和政府部门之间的合作，对于改善公共服务的供给至关重要。在合作生产模型中，市民不仅仅是政府服务的消极接受者，对公共服务供给过程也不是绝缘的；市

---

① 吴英明：《公私部门协力关系和“公民参与”之探讨》，《中国行政评论》1993年第3期，第1—14页；Amstein，S. R.A ladder of citizen participation. Journal of the American Institute of Planners，1996（35），pp.216-224。

② 林淑馨：《检证：民营化、公私协力与PFI》，巨流图书公司2013年版，第56页。

③ 吴英明：《公私部门协力关系和“公民参与”之探讨》，《中国行政评论》1993年第3期，第1—14页。

④ Stephen，L.P.Citizen participation in the coproduction of urban services. Urban Affairs Quarterly，（1984），19（4），p.433.

民在公共服务的供给过程中是政府的合作伙伴，他们的合作行为在本质上是正面的、自愿的和积极的。①“合作生产”更是强调一种“共同负责”（Conjoint Responsibility）价值观，也即民众与政府部门人员扮演着更广泛且弹性的合作角色，共同解决问题与承担责任。②其目的在于政府借由与民众携手合作，提升各项建设与服务的质量与数量，同时减轻财政负担。③

① 陈建国：《合作生产理论与公共服务治理的思维转换》，《天津行政学院学报》2012年第2期，第63—67页。

② 卢天助：《非营利组织参与公私协力关系模式之可行性研究》，南华大学非营利事业管理研究所2003年硕士学位论文。

③ 江明修、梅高文：《非营利组织与公共政策》，《社区发展季刊》1999年总第85期，第6—12页。

第三节　PPP规制的经济学理论

"规制"一词来源于英文的"Regulation"，在汉语词典中被解释为：规则；制度；或者（建筑物的）规模形制。规制是一个具有多重意义的概念，受到经济学、政治学、管理学、法学等学科领域的广泛关注及应用。在经济学领域中，规制总是以市场失灵作为其产生的前提条件，是通过一定的方式，将政府权力介入到市场经济之中，干预市场主体的活动，从而建立一种有序的秩序和规范，达到实现市场经济利益最大化的目的。[①]在政治学和管理学领域中，我国学者余晖则对规制作出了更为细致的界定："规制是指政府的许多行政机构，以治理市场失灵为己任，以法律为根据，大量颁布法律、法规、规章、命令及裁决手段，市场交易行为进行直接的控制和干预。"[②]在规制活动中，公共机构通过法律的授权而获得了大量的裁量权，可以为了保护公共利益，通过颁布行政规则等方式设定相应的标准，并具体采用指导、发放许可、行政处罚等方式来持续地对某一领域进行监管控制。[③]由此可见，在行政管理学和政治学领域中，我国学者对规制的界定更为具体，对规制机构和规制手段的理解隐含了更多的法律色彩。在法学领域中，学者们对规制的考察"主要集中于行政管理程序以及对规制机构行为的司法控制上，行政程序受到立法、执法、司法三方面控制，规制机构的行为必须遵守授予其权力的成文法和有关行政程序法"。[④]这些研究更注重规制过程中法律基本价值的实现，更强调规制的合法性、合理性。从行政法角度考量政府规制的定义，"规制是指一个公共机构针对具有社会价值的活动进行的持续、集中控制。规制是

① 戚建刚、易君：《灾难性风险行政法规制的基本原理》，法律出版社2015年版，第105页。

② 陈富良：《放松规制与强化规制》，上海三联书店2001年版，第5页。

③ 参见［美］肯尼思·F.沃伦：《政治体制中的行政法》，王从虎等译，中国人民大学出版社2005年版，第35—37页。

④ 陈富良：《放松规制与强化规制》，上海三联书店2001年版，第6页。

在认为市场行为具有社会价值，需要保护和控制时，才对其进行规制。规制也远非通过一部法律那样简单，它强调持续、集中控制，因此，成熟的规制常常被定义为三方面基本元素的结合：制定规则、监督与检查、执行与制裁”[①]。虽然学者对规制有不同的理解，但它首先是一个行政管理上的概念，是“结构、规则、体系和机制的总和”，[②]是一个动态和静态相结合的概念，是公共机构借助某些规制手段针对一定社会活动进行的持续、集中控制。[③]明确了规制的基本概念和内涵，下面我们就谈谈对PPP模式进行规制的经济学理论。

一、公共利益理论

公共利益理论，是传统意义上的政府规制的理论。它长期以来在规制经济学中以正统的理论从而位于支配地位。[④]该理论主张市场失灵是政府规制的必要条件和起因。市场不能有效配置资源时，市场就是失灵的，市场失灵的原因和形式主要包括：市场势力的存在（又称垄断性）、不完全信息（又称信息不对称）、市场具有外在性（又称外部性）、公共物品等。公共利益理论假定，市场会因为公共物品、外部性、垄断性、信息不对称、不完全竞争、不确定性等原因造成“市场失灵”，如垄断性会使社会财富从普通大众向垄断者转移，社会福利无法实现最大化；信息不对称会导致道德风险或逆向选择；外部性则会影响商品的供给与需求，从而导致因正外部性出现供给不足或因负外部性出现生产过度等问题，甚至导致社会不公正。那么，为了克服市场失灵，政府将代表公共利益，对市场经济中的低效率与不公平现象进行规制，由政府对这些行业中的微观市场主体行为进行直接干涉，借以达到保护公民权利，实现公共福祉之目的。

基于公共利益理论，为了克服PPP市场失灵，行政机关可以对市场和风险进行行政干预，从而控制那些对PPP模式的发展有潜在威胁的风险因素，并合理分配现有的PPP资源，实现帕累托最优。在这一过程中，行政主体被假设代表着全

---

① ［英］卡罗尔·哈洛、理查德·罗林斯：《法律与行政》（下卷），杨伟东等译，商务印书馆2004年版，第557页。

② 李欲晓：《论规制的有效性》，《聊城大学学报》2002年第2期。

③ 戚建刚、易君：《灾难性风险行政法规制的基本原理》，法律出版社2015年版，第105页。

④ 陈富良：《政府规制中的公共利益理论与部门利益理论》，《北京市财贸管理干部学院学报》2000年第3期。

体民众或者最大多数民众的最大福祉和利益，成为为了追求公共利益、公共秩序和行政效率而行使行政权力的利他主义者。公共利益理论不仅为行政机关规制PPP风险提供了理论基础，而且还为行政主体规制PPP的行为提供了价值指向——在规制过程中要排除自我利益的干扰，把行政行为建立在公民对话和公共利益的基础之上。

二、规制俘虏理论

规制俘虏理论的主要观点是：不管规制方案如何设计，规制机构对某个产业的规制实际是被这个产业“俘虏”，其含义是规制提高了产业利润而不是社会福利。在部分情况下，政府规制行为的确使一般公众有所受益，但这并非政府规制的原始初衷和实际目的，这些有益之处可以被视为仅仅是规制偶然的意外结果而已。[①]这一理论也为政府科学地制定和实施规制政策敲响了警钟，因为在政府规制过程中确实存在规制决策制定过程中的任人唯亲现象和贪污腐败现象，存在其他寻租和创租的情形。[②]具体到PPP规制领域，社会资本极容易诱惑官员腐败，政府官员完全可以滥用手中的权力攫取利益，或者公私双方进行暗地交易，损害公共利益。

综上，无论从哪一种经济学理论而言，都应该对PPP模式进行规制。国家采用PPP模式提供公共服务“并不意味着能够完全摆脱公法上的‘枷锁’”，[③]公法上尤其是行政法的规制是PPP模式必不可少的规整工具。

① 董炯：《政府管制研究：美国行政法学发展趋势评价》，《行政法学研究》1998年第4期。

② 王俊豪：《英国政府管制体制改革研究》，上海三联书店1998年版，第45页；王俊豪：《中国政府管制体制改革研究》，经济科学出版社1999年版，第141页。

③ [德]弗里德里希·肖霍：《国家任务民营化中的法教义学之角色》，李剑译，《北航法律评论》2017年第1辑。

第四节　PPP行政法规制理论

一、PPP行政法规制的基本含义和特点

（一）基本含义

法律规制，是以弥补和纠正特定的微观经济关系中市场失灵与政府失灵为宗旨，以促进竞争和公平交易为目的，以激励性规制和放松管制为手段，涵盖政府规制行为所涉及的依据、主体、程序、方式、体制、手段等法律规范的统称。[①] 法律规制包括民商法规制、经济法规制和行政法规制。对PPP的规制应该是民商法、经济法和行政法的"合作规制"，但由于研究旨趣不同，本书仅对PPP的行政法规制问题进行研究。所谓PPP行政法规制是指，制定PPP行政法规制内容并能体现行政法基本价值的法律规则，设立专门规制PPP的公共机构等规制活动，并通过一系列受法律制度规范和监督的手段来消除或者减轻PPP项目失败，达到保护公共利益的目的。

（二）特点

1.法律规制手段的多元性

由于PPP模式的复杂性甚高，所以法律规制的手段形式非常多，除传统的高权手段外，协商、指南等非正式行政手段也在PPP模式中大量采用。

2.法律规制手段的组合化

虽然对PPP模式进行规制的手段非常多，但是每一种管制手段都具有自身的局限性和功能上的不足，要想达到预期的管制目标，必须将具有互补功能的规制手段结合起来，方能取得令人满意的规制效果。例如，自我管制与政府管制相结

① 李亢：《PPP的法律规制：以基础设施特许经营为中心》，法律出版社2017年版，第68页。

合；“硬法”手段与“软法”手段并举；诱因性管制手段和惩罚性管制手段共存；阶段性管制与全程性管制相结合。

3.法律规制过程的全程性

PPP模式并非一场“婚礼”，而是一段“婚姻”。PPP项目从项目的识别到项目的转移交接不仅是一个阶段，而且是一个周期性很长的过程。这个过程的每一个阶段都存在不确定性和风险，同时工程项目的全程也存在大量的风险。而且各个阶段的不确定性、风险以及面临的问题也并非完全相同。因此，为了降低风险和不确定性，除了双方当事人合理分担和控制风险外，行政机关应该采取全程性的规制。PPP项目的全程性法律规制可以降低交易成本，增加产出，能够确保项目的整体利益。

4.法律规制目的的公益性

行政法对PPP的规制是为了杜绝和禁止政府权力的滥用，规范社会资本的行为，促进公私合作行为的良好运行，从而达到保护公共利益的最终目标。

二、PPP行政法规制的理论基础

行政法的理论基础，“是指能够揭示行政法所赖以存在的基础，并用以解释各种行政法现象以及指导行政法学研究和行政法制建设的最基本理论”①。它可以“指导我们安排合理的学科体系，采用更科学的研究方法界定学科的基本概念和范畴，防止学理研究过程中的失误与漏洞，避免不必要的资源浪费，保证行政法学遵循客观规律和法学的一般原理健康发展”②。如果没有较为深刻的理论基础和时机成熟的理念作指导，任何法律制度的设计、运作和执行均不会取得令人满意的效果。PPP行政法规制框架作为规范公私合作行为的法律制度建构的重要组成部分，要想取得预期效果，必然也要有自己的行政法理论基础。从本质上看，“行政法理论基础是要解决一个行政与人民、政府与人民之间基本关系的问题”③。这两者间的基本关系的问题其实也是一个国家理论问题。国家理论的核心议题就是

---

① 周佑勇：《行政法理论基础诸说的反思、整合与定位》，《法律科学》（西北政法学院学报）1999年第2期。

② 罗豪才主编：《现代行政法的平衡理论》，北京大学出版社1997年版，第1页。

③ 杨海坤：《行政法的理论基础——政府法治论》，《中外法学》1996年第5期。

处理国家与人民之间的基本关系问题。行政与人民、政府与人民之间基本关系的发展与变化，直接决定和影响着国家理论的发展与变化。由于“每一种行政法理论背后，皆蕴藏着一种国家理论”，[①]且“行政法在任何时候都是与当时流行的国家主导理论直接相关的”。[②]因此，国家理论的核心议题（行政与人民、政府与人民之间的基本关系）的重大变化，也必然引起行政法的理论基础发生相应的变化。只有正确反映和回应了政府与人民之间重大关系变化的行政法的理论学说，才能作为理论基础，解释、指导和促进行政法学的健康发展与行政法制之构建。

在PPP模式中，政府与私人主体作为“责任共同体”[③]共同实现公共任务，使得国家与人民之关系发生了重大变化，产生了新的国家理论，也即担保国家理论。担保国家理论主要意指：国家的形态从“给付国家”转变为“担保国家”；国家的角色从“执行者”转变为“担保者”；国家应负的责任从“履行责任”转变为“担保责任（Gewährleistungs Verantwortung）”。一言以蔽之，“国家不再承担所谓的履行责任，只须担保任务最终在合于公共福祉之利益下付诸实现”[④]。担保国家理论的核心内涵和具有法学指导意义及规范作用的是“国家担保责任”[⑤]。“国家担保责任”理论凸显出国家与普通民众之间的基本关系从直接的给付提供关系转变为间接的担保关系，也即国家与普通民众之间成为一种担保与被担保的基本关系。国家与人民之间的担保基本关系的形成和确立，必然要求指导和规范这种担保基本关系的行政合作法学和PPP行政法规制框架构建的理论基础是“国家担保责任论”，而不再是传统的行政法理论基础，例如管理论、控权论和平衡

① ［英］卡罗尔·哈洛、理查德·罗林斯：《法律与行政》（上卷），杨伟东等译，商务印书馆2004年版，第1页。

② ［美］Alfred C.Aman：《面向新世纪的行政法》（上），袁曙宏译，《行政法学研究》2000年第3期。

③ Rainer Pitschas，Verwaltungsverantwortung und Verwaltungsverfahren，1990，S.237 f.

④ ［德］Jan Ziekow：《行政契约之发展现状与前景》，李建良译，载李建良主编：《2012年行政管制与行政争讼》，新学林出版股份有限公司2016年版，第126页。

⑤ “国家的担保责任（Gewährleistungs Verantwortung des Staates）”是一种国家责任类型，指国家以公法上的担保人地位，担保责任任务民营化所要追求的公共利益目标能够顺利达成；“国家担保责任”有助于并附随相关社会组织的自我管制责任，对社会组织进行激励和控制，并担保这些组织或部门不会让社会权力集团所滥用和控制。参见Vgl. Wolfgang Weiss，Beteiligung Privater an der Wahmehmung oeffentlicher Aufgaben und staadiche Verantwortung，DVBI. 2002，S.1175 ff；类似见解也可参见J. Ziekow，Verankerung verwaltungsrechtlicher Kooperationsverhältnisse（Public Private Partnership）im Verwaltungsverfahrensgesetz，2001，S.179 ff。

论等。传统的行政法理论基础除各自本身具有重大的理论缺陷和不足外，[1]都是以国家与社会之间的分立为基础，这种分立导致政府与人民之间的基本关系成为对峙，而非合作；另外，传统的行政法理论基础都是以“行政公权”，而非以“责任”为行政法律制度构建之核心，从而导致行政法律制度的构建缺乏民主责任制度根基。一旦行政机关履行公共任务的方式转变为PPP模式，政府与人民之关系从对峙转变为“合作”和“担保”之关系，建立在公私关系对峙基础之上的传统的行政法理论基础就显得力不从心，对公私合作履行公共任务的现象和PPP行政法规制框架之建构难以提供有力的指导和解释。因此，随着PPP模式在我国的兴起和大力推广，传统的行政法理论基础必须予以修复、发展，甚至脱胎换骨。

以“国家担保责任”理论作为PPP行政法规制框架构建的理论基础，既能说明和指导PPP模式中行政管制路径和管制方式的重大革新，又能为合作国家中PPP法律规制框架的构建及国家与社会资本合作法律现象的阐释提供科学的理论依据。具体来说，以国家担保责任作为理论基础构建PPP法律规制框架，一方面，使得政府始终站在“担保者”的立场，明确自己“担保者”的角色和责任，更多地依靠契约、认证和验证[2]等新型管制手段监督和担保公共产品和公共服务的持续供给；另一方面，“责任是任何治理过程的基础”[3]。从“责任”的角度出发，摒弃传统的按照“先权力—后责任”的权力配置程序规则，采用科学的“先责任—后权力”的权力配置程序规则来配置和实施行政权力，实施对PPP模式的有效治理，理顺了国家责任和行政权力的源与流的关系，从源头上确保了PPP行政法规制框架建构的民主责任制度根基。但必须指出的是，“国家担保责任论”作为PPP行政法规制框架构建的理论基础，是就“担保国家”或“合作国家”模型下行政

---

① 有学者认为，管理论、控权论和平衡论虽已然形成了行政法学理论基础三分天下的格局，但是管理论理念粗糙，控权论存在价值盲点，而平衡论则陷入了价值迷茫，因此三分格局实为三分乱局。详情参见张治宇：《合作论——从政治哲学、法哲学到行政法哲学》，法律出版社2017年版，第17—53页。

② 有学者认为，认证与验证是担保国家的经济监控手段，并以德国《产品安全法》规定的产品认证与验证为例予以详细说明。参见［德］Matthias Knauff：《认证与验证作为担保国家的经济监控手段——以产品安全法为例》，李建良译，载［德］Jan Ziekow等：《国家与人民关系的变迁》，元照出版有限公司2017年版，第155—179页。

③ Dwivedi，O.P. Ethics and Values of Public Responsibility and Accountability. International Journal of Administrative Sciences51（1），1985，pp.61-66.

合作法律制度之构建而言的，而非就任何国家形态下构建的行政法制度而言，例如“秩序国家”或“给付国家”形态下的“秩序行政法”或“给付行政法”。

三、PPP行政法规制的基本原则

任何法律制度的建构都必须遵循一定的原则，否则所建构的法律制度极有可能脱离立法者最初的设想和预定目标，我国PPP行政法规制框架之构建自然也不例外。只有在科学、合理的原则指导下，才能确保我们所建构的PPP行政法规制框架是一个好的、优良的制度。我国PPP法律规制框架之建构要遵循的原则，必须能够体现民营化后或PPP过程中国家承担担保责任的精神和实质。据此，笔者认为，我国的PPP行政法规制框架之建构除应遵守合法、合理和公开透明等行政法基本原则外，在具体建构时，还需要遵循行政效率、诚信合作、公平竞争、公益维持、受管制的自我管制和公开透明六项特有原则。

（一）行政效率原则

行政效率原则要求我国PPP规制框架立法的设计不仅是控制和规范行政权，而且要认识到“行政效率是行政权的生命”，[①]要积极透过PPP法律制度之设计保障行政的效率效能，推进公共利益与福祉，排除和消弭影响公私合作效率提升之障碍因素，并积极协调相互冲突之利益。这要求立法者在具体建构PPP法律规制框架时，应对私人部门应该具备的专业知识、给付能力和可信赖性等资质进行通盘考虑，然后挑选出最优、最具效率的私人部门承担行政任务的执行责任，同时也应该对公共任务的履行方式与方法及业务执行的经济性与效率性进行持续性的评估与监管。另外，立法应该简化行政审批手续，减少审批环节，建立行政机关之间的职务协助制度和PPP项目的联审机制，提高行政机关的工作效率。只有以效率原则为引导方向建构的PPP行政法规制框架，才能实现良好行政。“良好行政之内涵，不仅为依法行政而已，更包括有效率地执行行政任务。”[②]

---

① 姜明安主编：《行政法与行政诉讼法》，北京大学出版社、高等教育出版社2015年版，第329页。

② 詹镇荣：《行政效率效能作为选择公私协力模式之基准》，载台湾行政法学会主编：《依法行政考核与风险治理/行政效能与组织变革/国境管制与行政法上之举发》（台湾行政法学会研讨会论文集），元照出版有限公司2012年版，第146—147页。

（二）诚信合作原则

诚信合作原则要求公私部门应本着诚实可信、真诚的态度立于对等之地位，自愿地共同就行政任务民营化后或公私合作过程中的双方合作事件交换意见，并以双方合意方式，共同决定合作的内容与事项。公私双方履行PPP协议时，应共担风险、相互协作、相互配合。但须注意的是，不能因为公私合作而使公私主体承担责任的界限不明、模糊不清。PPP行政法规制框架应该就公私双方或多方合作中的风险分配、权利与义务、相互协作事项等作出详细规定，并就PPP项目破局之预防和救济路径做到未雨绸缪。诚信合作原则是公私合作时代PPP行政合作法制的生命所在。公私部门良好的诚信合作精神作为PPP法律规制框架构建的原则贯穿于国家与社会资本合作法制设计的全过程。

（三）公平竞争原则

乔治·斯蒂格勒说过“竞争可能只是生活的调味剂，但在经济领域，竞争就是那道主菜”①。行政任务采用PPP模式的目的是充分运用市场竞争机制，释放民间活力，促进竞争，提高经济运行效率。然而，在我国，由于基础设施市场的刚刚开放以及配套制度的不完善等因素的影响，原先的提供给付服务的市场主体，基于其拥有的“重要设施”②，在开放初期仍将保有事实上之优势地位，例如可经由恶性削价竞争（Dumpingpreis）、拒绝或以歧视性条件提供网路互连等策略阻碍新业者进入市场。另外，我国的“社会资本”中大多是中小型私人企业，这些私人企业过去对国家垄断的基础设施和公共服务建设领域参与较少，经验缺乏，难以与大型的国有企业、国家控股企业或者原先处于垄断地位的竞争者进行公平的、充分的竞争。更为严重的是，不完全的市场竞争，有可能导致中小型的私人企业无能力参与竞争，也不愿参与竞争，最终出现没有私人企业参与基础设施建设之窘境。因此，PPP市场公平竞争机制的形成离不开行政法规制框架的引领和

---

① Stigler，G.“Competition”，International EncycloPedia of the Social Sciences. London：Macmillan，（1968），p.181.

② 所谓重要设施，是指竞争者为提供服务所不可或缺的设施。其主要指若干对经济行为具有瓶颈或守护功能的基础设施，例如机场、航港、铁路、电信网络或水、电力、天然气输送网等。参见陈雍之：《电信市场自由化及其管制之研究——以欧洲法与德国法为中心》，载《当代公法新论》（中），元照出版有限公司2002年版，第667—668页。

规范。立法者在型塑PPP法律规制框架时，必须要建构一个公平、公开的竞争程序，此乃基于平等原则以及竞争自由权客观面向所导出的宪法义务。公平竞争原则要求PPP行政法规制框架重点规范选择私人合作对象的程序、确保其质量的程序，以及规范竞争者、使用者与消费者之间的第三人保护法律制度。

（四）公益维持原则

公益维持原则要求，我国PPP法律框架之构建要基于国家担保责任，制定出能够确保私人给付提供的质量与结果的法律制度。行政主体尚必须肩负起“指导”“促进”以及“监督”之义务，以有效督促合作伙伴。并且建立官民相互学习机制，这除了有助于消弭双方执行上之误会，更可以使得官民共同具体化公共利益，而有更高服务质量的给付。[①]私人部门一旦出现无法有效提供或不能提供公共产品和公共服务之情势，严重影响到公共利益的实现时，PPP法律规制框架中应该具有国家接管之相关制度和程序之设计，以预防和确保公共给付产品和服务得以持续运作和可得。此外，PPP法律规制框架中应该对PPP项目公司的资产和主要经营设备之转让、抵押等事项作出限制或禁止性规定，以确保私人部门有能力执行行政任务，公益得以维持。

（五）受管制的自我管制原则

受管制的自我管制原则，是指由个人或团体基于宪法上的基本自由权对其个人或团体事务自我进行管制，最后再由国家或政府运用行政权对自我管制的“特定后果”进行考察、检验与监督。它是位于国家管制与社会自我管制光谱之间的一种混合式的管制类型。国家采行受管制的自我管制的混合模式，其目的是借此诱导私人机构发挥自主的创意、行动，以共同实现公共任务。但是“社会获得自我调控的能力之后，并没有使国家变成多余之物。之所以如此，乃因为这种欲借助个体自由来实现共同福祉的制度无力抵御干扰。在这种制度下，仍无法避免下述情形，即个体社会成员在行使其自由时，侵害其他成员同样享有的自由，进而使社会的自我调控机制归于无效。正是因为如此，一方面，有必要划定个体自由领域之间的界限，并保护这些界限不被侵害；另一方面，又要促进合作，激励人

---

① 林明锵：《担保国家与担保行政法——2008年金融风暴与毒奶粉事件谈国家的角色》，载《政治思潮与国家法学》（吴庚教授七秩华诞祝寿论文集），元照出版有限公司2010年版，第590页。

们自觉履行义务”[1]。具体到PPP法律规制框架之建构上，“国家与社会间管制责任之分配应以能同时兼顾人民基本权之保障以及国家公益维护责任为依归”[2]。国家PPP框架立法应该对私人部门自我管制的条件、类型、范围及后果，以及国家管制的条件、路径、程序及诱因设置等事项进行明确规定。受管制的自我管制原则由于很好地凸显了民营化后或公私合作过程中公私双方共同协作完成行政任务的精神实质，以及公私合作引发的重大管制方式之革新，故可以作为我国PPP法律规制框架之建构应该遵循的基本原则。

（六）公开透明原则

公开透明原则是公法上的一项重要原则，它要求公法主体将公权力行使的依据、过程和结果向社会公开，以便接受社会监督，是对公权行为进行规制的一项基本原则。在公私合作履行公共福祉的场景下，更应该坚持公开透明原则。这首先是因为缔约政府部门属于公共部门或公共机构，其会要求PPP合同须有利于保证透明度和信息披露，以最大限度地与公众分享PPP项目、PPP合同和相关文件的信息；其次是因为政府和社会资本方原有“距离”逐渐消失，公私之间融合成“责任共同体”，导致作为对抗屏障的“保险丝”已经熔化，从而可能出现公私合谋、私相授受、贪腐等损害公共福祉的现象；最后是因为PPP模式大量使用了私法的手段，从而有可能导致“公法遁入私法”，使得合作行政行为逃脱法律的规制和监管。因此，为了确保公共福祉不被公私协力所侵害，必然要求在公私合作全过程中贯彻公开透明原则，以规范公权行为和私人行为。在公私合作模式中，公开透明原则要求PPP项目的设计、建设、营运等过程都需要在阳光下运行，除商业秘密、国家秘密外，所有的涉及PPP项目运作及公众利益的资料和信息都应该向社会公开，接受社会监督。作为规范和管理PPP项目的发改委和财政部的项目库要及时公开入库的PPP项目信息，及时为政府、社会资本方、其他相关人员和公众提供权威规范的信息，既有利于PPP项目的参与人掌握信息，也有利于政府制定政策、防范风险和民众监督。此外，公开透明原则也要求政府和社会资本方之间相互及时公开PPP运作中的重要信息，以便双方更好地合作。总之，公开透明原则是预防和规范公私合作模式偏离和

---

① ［德］迪特儿·格林：《现代宪法的诞生、运作和前景》，刘刚译，法律出版社2010年版，第93页。

② 詹镇荣：《德国法中“社会自我管制”机制初探》，《政大法学评论》2004年总第78期。

损害公共福祉的一项重要原则。

由于上述六项原则基本上体现了PPP模式中国家担保责任的主要内涵和精神实质，因此能够作为我国PPP法律规制体系建构之基本依据和准则。国家立法部门只要严格遵循这六大基本原则，就可以制定出能够促进和规范PPP模式良善运行的行政合作法律制度，也即PPP行政合作法制。

第二章

我国PPP行政法规制的现实需求与规制困境

第一节　PPP的发展现状

起源于20世纪80年代的现代PPP模式，经过英美等西方国家多年的实践与发展，在国际上日益流行。当今世界，几乎所有国家，在面临人口增长及公共预算不足的局面时，采取的具体措施都是与私营部门合作，确保持续的国内经济增长。[①]例如，在90年代，日本政府就是在面临经济低迷、财政状况恶化、人口减少、老龄化加剧、公共设施老化、设施更新费用增加等问题时，客观社会环境导致日本政府不得不寻求引入PPP模式。除发达国家外，印度、巴西、南非等发展中国家也使用PPP模式提升国家核心竞争力和降低财政压力。自2014年以来，中国中央政府不断出台相关政策推进和引介PPP模式，同样也是基于缓解政府的财政压力和提高政府的运作效率。时至今日，PPP俨然成为公共部门进行自身改革的催化剂[②]和撬动私企资源的杠杆。

世界银行发布的《政府和社会资本合作（PPP）的基础设施采购报告》显示，截至2018年年底，全球至少有135个经济体建立了PPP模式的公共产品供给制度，其中85%的经济体为PPP制定了法律或专属性政策，57%的经济体允许社会资本自主发起PPP项目。绝大多数OECD（经济合作与发展组织）的高收入国家都将PPP拉入政府一般采购程序，即使在中低收入国家中，PPP也成为发展最快的区域投资支撑模式之一。根据世界银行PPI（生产价格指数）数据库的数据，2018年东亚和太平洋地区私人参与基础设施投资总投资额为410亿美元，占全球总投资额的近46%，撒哈拉以南非洲地区PPI项目总投资额为77亿美元，几乎是2017年的三倍，领域涵盖交通、能源、供水和水处理以及通

① ［瑞士］韦伯（B.Weber）、［德］阿尔芬（H.W.Alfen）：《基础设施投资策略、项目融资与PPP》，罗桂连、孙世选译，机械工业出版社2016年版，第6页。

② ［加］耶斯考比：《公共部门与私营企业合作模式：政策与融资原理》，杨欣欣译，中国社会科学出版社2012年版，第29—30页。

信基础设施等。[①]

从全球来看，未来PPP模式的投资规模、投资力度和投资范围将进一步加大。在2013年预算案中，加拿大联邦政府出台“新建加拿大计划”，其中指出在2014—2024年将出资530亿加元，用于加拿大各省、地区、市基础设施建设。这是加拿大历史上金额最大、历时最长的一项基础设施建设计划，这些项目主要采用PPP模式完成。根据加拿大安大略省的投资计划，在2016—2025年，将投资5500万加元用于交通基础设施项目，如公共交通、道路、桥梁和高速公路等；投资2700万加元用于医疗保健；投资2100万加元用于教育；其他项目投资2100万加元，如资助加拿大市级资本市场。而且，安大略省政府指出，在物有所值分析的基础上，该政府将优先考虑采用PPP模式进行基础设施建设。[②]日本内阁PFI推进委员会于2013年6月6日公布了《PPP/PFI基础改革行动计划》，明确提出深入推进PPP/PFI项目发展，增加基础设施运营和维护效率、提高服务水平并缩减政府财政支出。该行动计划明确了项目类型和雄心勃勃的体量目标，即在2013—2022年的10年里总计实现PPP/PFI项目投资10万亿—12万亿日元。[③]

在我国，历经六年多发展，截至2021年4月末，我国PPP累计入库项目10094个、投资额15.6万亿元。累计签约落地项目7286个、投资额11.9万亿元，落地率72.2%。累计开工建设项目4423个、投资额6.8万亿元，落地项目开工率60.7%。PPP模式的投资规模和力度不仅加大，而且投资的范围也将从国内逐渐伸向国外和相关地区。穆迪认为，在考虑不同地区和项目具体实际的前提下，PPP融资结构将继续在全球范围内汇合；在可预见的未来，政府资金将继续参与基础设施项目建设，这对加强PPP项目建设期间的流动性，预防运营期间成本上升具有重要影响。[④]因此，PPP模式不仅在国内，而且在国家层面上也将日益盛行，成为国家的一种创新采购方式和国内私人部门投资的绝佳机会。

---

① 孙祁祥、岳鸿飞：《全球PPP经验与中国实践》，《中国金融》2020年第6期。

② Treasury Board Secretariat，2015. Infrastructure Planning. In 2015 Annual Report of the Office of the Auditor General of Ontario，（pp. 282-306）. Accessed from http://www.auditor.On.ca/en/content/annualreports/arreports/en15/2015AR_en_final.Pdf.

③ 王天义、杨斌主编：《日本政府和社会资本合作（PPP）研究》，清华大学出版社2018年版，第41页。

④ Moody’s Investors Service，Credit Trends in New P3’s：Convergence，Divergence，Pressure Points：Infrastructure and Project Finance：Public-Private Partnerships-Global.Moody’s，April 6 2016.

第二节　PPP发展对行政法规制的现实需求

一、PPP项目自身存在众多问题

（一）政府有可能丧失公共事务的控制权

传统上，公共服务的提供被认为是政府应该履行的义务，一般由政府设立相关机构和组织人员亲力亲为，对公共事务具有完全的掌控权。但是在PPP模式中，公共服务的提供由国家转移到社会资本，社会资本依靠自己的专业技术、人员和物质为一般公众提供公共产品和服务，政府则处于一个监督者的地位。如果政府监督不力或调控不到位，就有可能丧失对公共事务的控制权，进而损害公众的合法权益，因此必须予以法律规制。

（二）PPP模式耗时较长且费用高

PPP模式虽然是现代国家提供公共产品和服务的创新方式，具有转变政府职能、疏解财政困境、促进经济发展等功能，但PPP模式本身也有缺陷。这些缺陷主要变现为：首先，PPP模式耗时较长，一般而言，一个PPP项目从立项、筹备、审批到建设，一般需要2—3年的时间，有些甚至需要3—5年的时间，如果PPP项目建成运营，那么期限有可能达到几十年。其次，PPP项目一般都适合大型的基础设施和公用事业，这些领域需要投入大量的资金、人力和其他各种资源，不仅耗时长，而且费用较高，如果没有法律的规制，社会资本中途任意退场或公私合作破局，无论对国家，还是对社会大众，都是梦魇。

（三）PPP的变动性较强

PPP不是一场“婚礼”，而是一段“婚姻”。PPP模式的合作期限一般都比较长，短的也有两三年，长的有可能达到二三十年，更有甚者有可能合作期限达五十年及以上。在这样长的期限内，PPP合作契约的变动，例如项目公司的股权变动、合作契约的调整与变更等都在所难免，而且对PPP项目来说，这也是很正常的，“万能钥匙式（One Size Fits All）的PPP合同并不存在”①。但是PPP项目的频繁变更有可能导致PPP项目违背当初的承诺和PPP契约的目标，因此法律必须对PPP契约变动的条件、程序等作出相应的规制。

二、公共利益保护的需要

PPP模式与传统的提供公共服务的方式虽有所不同，但其最终还是为了公共利益。尽管如此，但在合作国家中，国家受到公益要求的拘束性以及私法自治的观念之影响，便会模糊和弱化行政行为，②被私人部门所“俘获”，可能存在私相授受、腐败、社会资本追逐高额利润，以及社会资本垄断市场等弊病。另外，公私合作的制度安排有多种模式可以选择。每一种模式都十分复杂，需要公共部门和民营部门双方具备相当的专业知识才能获得成功。由于大多数模式都包含对自然垄断的特许，所以规制是必要的。③

所以，为了保护公共利益，必须对公私合作行为进行法律规制。

三、规制行政权的需要

行政权就是公共权力中最直接作用于社会成员和社会组织的权力。行政权天生具有扩张性，行政法天生就是“控权法”。在PPP模式中虽说政府不再承担公共任务的履行责任，但政府基于人权保障原则和国家担保责任的要求，仍需对社会资本进行管制和监督。在监控的过程中，政府有可能会滥用行政权力侵犯社会资本的经营权、收益权等权利，也有可能利用行政权形成的优势地位攫取部门利益，更有可能和社会资本合作起来架空公共利益，危害第三者合法权益。因此，必须加强行政法对PPP模式中行政权力的滥用进行法律规制。

---

① See.Guidance on PPP Contractual Provisions，2017 Edition.

② 程明修：《公私协力之行政行为》，载程明修：《行政法之行为与法律关系理论》，新学林出版股份有限公司2005年版，第246页。

③ ［美］萨瓦斯：《民营化与PPP模式：推动政府和社会资本合作》，周志忍等译，中国人民大学出版社2015年版，第257页。

第三节　我国PPP行政法规制的现状与困境

一、我国PPP立法规制现状

总体而言，我国目前还没有统一的规制PPP的法律法规，实践中主要依靠极个别的法律法规和大量的政策性文件规制PPP模式的全过程。当前我国PPP的规制主要是依靠财政部、发改委颁布的一系列政策性文件进行规制，因此可以说，我国的PPP规制主要是一种政策性的规制，而非法律的规制。

通过整理我国现行规制PPP的法律法规规章和政策可知，我国目前涉及PPP规制的法律主要有《民法典》《招标投标法》《建筑法》《预算法》《行政许可法》《政府采购法》等，由于PPP模式还涉及项目公司、承包商、银行、保险公司等其他相关利益主体，所以PPP模式还可能涉及《保险法》《公司法》《环境保护法》等其他法律；涉及的PPP行政法规主要有《政府采购法实施条例》《招标投标法实施条例》《政府投资条例》《城镇国有土地使用权出让和转让暂行条例》等；涉及的部委规章主要有《基础设施和公用事业特许经营管理办法》《市政公用事业特许经营管理办法》《收费公路管理条例》等；涉及的政策性文件非常多，跟PPP模式直接相关的主要有《国务院关于创新重点领域投融资机制鼓励社会投资的指导意见》（2014年11月16日，国发〔2014〕60号），《国务院办公厅转发财政部、发展改革委、人民银行关于在公共服务领域推广政府和社会资本合作模式指导意见的通知》（2015年5月19日，国办发〔2015〕42号），《财政部关于推广运用政府和社会资本合作模式有关问题的通知》（2014年9月23日，财金〔2014〕76号），《关于规范政府和社会资本合作（PPP）综合信息平台项目库管理的通知》（财办金〔2017〕92号），《财政部关于进一步加强政府和社会资本合作（PPP）示范项目规范管理的通知》（财金〔2018〕54号），《关于规范开展政府和社会资本合作项目资产证券化有关事宜的通知》（财金〔2017〕55号），《财政部关于推进政府与社会资本合作规范发展的实施意见》（财金

〔2019〕10号）等文件。

除此之外，有些地方政府也制定了地方性法规和政府规章规制本地方的PPP项目运作。例如，北京市人民政府颁布了《北京市城市基础设施特许经营条例》（2006年），深圳市人民政府颁布了《深圳市公用事业特许经营办法》（2003年），长沙市人民政府制定了《长沙市供水行业特许经营办法》《长沙市污水处理行业特许经营办法》（2004年），济南市政府颁布了《济南市特许经营管理办法》（2021年）等法规和规章。

二、我国PPP规制行政法规制困境

（一）缺乏较高层次的国家统一立法

我国缺乏专门统一的、层级较高的PPP立法。目前我国涉及规范PPP项目的上位法律法规主要有《政府采购法》及其实施细则，《招标投标法》及其实施细则，《政府投资条例》等，但它们的针对性不强，具体规定少，很难指导形式多样的PPP项目。目前PPP运行的维系大多靠各类文件来支撑，《国务院关于创新重点领域投融资机制鼓励社会投资的指导意见》（国发〔2014〕60号）以及《国务院办公厅转发财政部、发展改革委、人民银行关于在公共服务领域推广政府和社会资本合作模式指导意见的通知》（国办发〔2015〕42号）均不属于“行政法规”。国家发改委等六部委联合颁布的《基础设施和公用事业特许经营管理办法》及有关规范性文件不但效力层级较低，许多文件指导性与原则性较强，可操作性与稳定性较弱，法律规范不完整，不便于为社会提供明确的、可预期的、执行性强的指引，即使出台了《基础设施和公用事业特许经营管理办法》，但由于仅关注特许经营的问题，对其他的PPP模式无法进行规制。

（二）现有规制PPP的规范依据存在冲突

由于我国目前没有专门的较高位阶的立法对PPP进行统领和规制，从而导致我国现有的涉及PPP模式各个环节的法律文件之间、相关法律与法规之间，以及中央法规与地方法规之间存在冲突。例如，《政府采购法》与《招标投标法》在适用范围上存在冲突，《政府采购法》与《政府与社会资本合作项目政府采购管理办法》关于采购方式存在冲突。国家发改委、财政部两个部门制定的许多规制

PPP运作的政策性文件也存在矛盾和冲突。例如，国务院办公厅于2015年5月19日颁布实施了《国务院办公厅转发财政部、发展改革委、人民银行关于在公共服务领域推广政府和社会资本合作模式指导意见的通知》（国办发〔2015〕42号），已经对PPP作出定义，同时，《财政部关于印发政府和社会资本合作模式操作指南（试行）的通知》（财金〔2014〕113号）在对PPP给出特征性概念的基础上列举了PPP的运作方式。但是，以上两个文件给出的PPP定义与《基础设施和公用事业特许经营管理办法》中对“特许经营”的定义并不一致。特许经营与PPP的关系不明确，导致在实践操作中该如何适用法律规范的问题：单独各自适用相应法律规范，还是均可适用调整两者的法律规范，抑或仅就竞合部分适用？财政部和发改委分别建立了全国范围内的PPP项目综合信息平台和PPP项目库。我国现存两个PPP项目库，导致PPP模式实践操作过程中地方政府选择适用PPP模式规范时无所适从。实践中经常存在地方政府有选择地适用PPP模式政策规范的现象，即利用财政部和国家发改委各自主导规范衔接存在的漏洞，弱化PPP模式规制操作的要求。最后，现有的政策性文件与现有的法律法规也存在一定程度的矛盾和冲突。

（三）PPP决策和执行程序不健全

PPP决策和执行程序不健全主要表现在两个方面：

（1）程序复杂烦琐，且不透明。在我国，政府决策程序不规范，造成PPP项目审批程序过于复杂、决策周期长、成本高。首先，现行的PPP项目程序烦琐，往往存在程序上的障碍。按照PPP项目的基本原则，合作项目的基本条件、规划条件、配套设施等应由招标人负责提供，通常为政府城市建设部门，并在招标文件中要予以明确，社会资本方（投资人）也根据这些条件编制标书，对投资人提交的标书，招标方进行技术、经济、环保等方面的审查后，选出符合要求并有竞争力的投资人，但在中标后，按现行基本建设程序以及现有法律规定，投标人还需要到规划、土地、环保等部门审批，这些部门的审批程序非常繁杂，有的时候对城市建设部门的意见还不予以认可，并存在对PPP项目进行二次或多次审查的情况，拖延了项目执行的时间。但是，当前的法律规定要求进行二次审查和报批。其次，PPP项目的识别和选择上缺乏精细的科学的论证。PPP项目运行周期长、合同关系非常复杂，要求政府认真评估PPP项目运营的必要性和可行性，并根据地方财政目前和可预期将来的营收情况来作综合考虑。目前，国内的部分地方政府对PPP项目缺乏充分的论证，在项目识别、论证和测算等程序方面比较粗糙，论证流于形式。地方政府过度关注PPP的融资功能和稳增长效果，过度推广PPP模式，在筛选和发起PPP项目时未综合评估该项目建设的必要性及合理性、PPP模式的适用性、财政承受能力等因素，无论项目是否合适，都一律将其包装成PPP，导致程序规定存在“走过场”“表演”等问题。最后，政府和社会资本方或项目公司不按规定及时充分披露招标、投标、融资重大资产变更等信息，或者披露虚假PPP信息。

（2）规范公权力行使的程序不完善或缺失，导致执法恣意妄为。例如PPP项目的接管程序存在众多问题，①社会资本方订立和履行协议的程序缺失等。

（四）PPP合作协议缺乏有效的立法规制

PPP项目经营周期长，参与主体多，涉及的技术、融资方案较复杂，因此需要完善而严谨的法律合约加以保障和规范。然而，目前我国部分地方的PPP项目或由于专业技术欠缺或对项目合约重视不够，项目合约的订立趋于程序化，忽视了项目本身的独特性与实际特点，并且合约条款设计不够科学、内容不够周详。对于已经订立的合约的执行情况也不理想。政府不履行或拒绝履行合同约定的责任和义务的情况时常出现。尽管PPP项目双方事先订立了相关的法律合同，但在具体项目运营和实施过程中政府依然可以利用其地位与权力优势拒绝执行项目合同。②除政府违约之外还有企业的违约行为，这种情况可能因为社会资本出于利润最大化的目的而违背了合同中关于服务或产品的质量承诺，或因为项目收益不及预期，企业不愿再履行协议等多种原因。③因此，仅仅靠契约的自我规制是难以达到PPP的目的的，必须要加强法律对PPP的规制。此外，由于外界的不可抗影响因素和PPP合同的不完全性等原因，PPP再谈判次数过多，以及恶意的再谈

① 我国PPP项目的接管程序主要存在政府接管的前提条件和情形杂乱无章、临时接管的终止规定非常不完善、立法规范位阶较低且拘束力弱和“半吊子”式的接管制度等问题。

② 例如在长春汇津污水处理厂项目中，长春市政府于2003年2月28日废止了《管理办法》，而2003年3月起，排水公司停止向合作企业支付任何污水处理费，经过近两年的法律纠纷，2005年8月项目最终以长春市政府回购而结束。

③ 比如，常州横山桥污水处理厂便由于在经营上与镇政府有分歧，污水处理厂屡屡关闭进水闸门，越来越多无法处理的污水从窨井中外溢，造成当地多条河流严重污染，该问题直到2011年横山桥镇镇政府通过法律仲裁并强行接管了污水处理厂才得以解决。

判会对PPP项目产生很多的不利影响。比如再谈判很可能导致投机行为，让效率低下的竞标者有了进行投机的机会，竞标者可以隐藏实际生产情况先获得招标项目，之后又利用再谈判的方式获得不合理的收益。

（五）监管体制复杂，责任不明

我国目前的PPP项目的监管始终难以摆脱“条款分割”“多头管理”等历史遗留问题，各监管部门职权交叉重叠、分割难以实行协同高效监管。另外，公私合作模式使得各监管部门认识上出现了错误。监管部门认为，公私合作是市场竞争机制的产物，政府应该尽可能减少干预，甚至不作为，从而造成政府监管部门监管责任单薄、监管意识缺乏等现象。产生这种现象的原因主要是对PPP项目中政府的角色定位没有搞清楚，以及我国的计划经济时期传统的监管体制改革不到位。正是我国现行的监管体制与PPP项目需要的现代监管体制不匹配、不契合，从而导致面临规制难题。

由于我国PPP法律规制的上述问题，以及大部分行政官员对PPP项目缺乏正确认识和对有些专案建设欠缺可行性研究，导致大部分PPP项目谈判破局，或是执行风波不断。因此，迫切需要完善我国的PPP法律规制体系。

第三章 我国PPP行政法规制中的法律关系

第一节　PPP法律关系之界定

一、PPP法律关系的概念与特点

PPP法律关系是PPP法律关系主体在PPP项目的准备、招投标、建设、运营等过程中形成的法律关系，一般包括PPP基本法律关系和PPP非基本法律关系。PPP基本法律关系主要指政府与社会资本之间形成的法律关系；PPP非基本法律关系主要指社会资本与其他主体之间发生的法律关系，例如社会资本与建筑商、供应商之间发生的法律关系。PPP基本法律关系是PPP非基本法律关系形成的前提和基础，没有PPP基本法律关系就没有PPP非基本法律关系。PPP法律关系具有以下特点：

（一）参与主体多

PPP项目是一个系统性的工程，离不开多方主体的参与合作。PPP项目的参与主体通常包括：政府、社会资本、融资方、承包商和分包商、原料供应商、专业运营商、产品或服务购买方、保险公司以及专业机构等多个主体。众多的参与主体以及各主体之间形成的不同法律关系，客观上也加大了PPP项目的复杂程度。

（二）法益多元性

宏观的公共利益与秩序与微观的交易安全和效益，在特许经营法律关系中是必须统筹兼顾、整体考虑的，反映了法律调整机制的“二元价值”。特许经营法律关系具有法益多元性的特点。涉及公共利益的事项主要有：提供公共服务的持续性；遵守环境保护、卫生、安全和质量法规标准；执行政府制定的管制价格；对顾客或用户实行无歧视同等待遇；充分公开运营情况的资料；适应条件变化的必要灵活性，包括扩大服务满足更多的需求等。涉及私人部门利益的事项，通常包括：法律和宏观经济环境的稳定性；法律法规的透明度以及实施过程的可预见性和公正性；产权不受第三方侵犯的强制性；私人财产不受干扰的保证；当事各方按私人投资者承担的相应风险商定可确保投资资本合理回报的商业条件的自由。从认识论出发，特许经营法律关系的个性，不仅在于其构成要素本身的多元性质，更在于这些要素的组合、互动。特许经营法律关系的多元特征，从内部结构上表现为宏观调控、公共管理、市场竞争、协议合同等几类要素的有机联系、相互交织，并呈现出国家、权力、公共性与市场、权利、意思自治相融合的基本特征。[①]

（三）持续期间长

PPP过程中形成的法律关系不再是“一手交钱，一手交货”的简单的即时性交易，而是横跨时间段长达20—30年的复杂交易，甚至有的PPP项目持续期限长达近100年时间，这使得PPP法律关系成为一种动态的、周期性长的法律关系。

二、PPP法律关系的性质

PPP过程中由于参与主体众多，法律关系复杂，因此对其属性不能简单认定，而应该具体问题具体分析。PPP过程中形成的非基本法律关系，都是平等的民事主体间因民商事交易而产生的法律关系，一般可以认定为民事法律关系。PPP过程中形成的基本法律关系，也即政府与社会资本之间的合作法律关系，其主要是由契约关系和管理关系的本质决定的。[②]一般而言，只要是政府和社会资本在全面依据合同约定，全面履行合同的过程中发生的法律关系就是民事法律关系；而当行政机关在行使合同外的权力或者依法行使公权力时，其与社会资本之间发生的法律关系应该定性为行政法律关系，如果发生纠纷，可以适用行政诉讼途径予以解决。

---

① 李亢：《PPP的法律规制：以基础设施特许经营为中心》，法律出版社2015年版，第97页。

② Tamyko Ysa，Governance Form in Urban Public-private Partnerships，International Public Management Journal，Vol.10，No.1，2007.

第二节　PPP法律关系中的主体与角色定位

一、PPP法律关系中的主体

法律关系的主体，“是我们用以象征法律关系的线段的端点。它们是法律关系的支柱”①。因此，要想了解PPP法律关系，首先应该了解PPP法律关系的主体。PPP法律关系中的主体主要是政府、社会资本和公众。

（一）政府方

多数专家认为县区级及以上政府均可发起PPP项目。政府方应限定为政府、政府授权的行业主管部门或相关事业单位，不建议扩大范围。例如于安教授认为，政府方的行政级别，从操作能力、财力可承受等角度综合考虑，县级以上的政府作为政府方规定在《PPP条例》里更加合适。或者说类似于县级政府职能的一些机构，例如管委会。②王卫东认为，有缔约能力的政府主体层级需要提升，至少提升到市级政府，这样政府才有能力和相匹配的资源去配置基本公共服务，强化事中和事后的监管。但中铁（上海）投资有限公司刘新平、上海市建纬（北京）律师事务所谭敬慧、中信银行机构客户部张春中等专家则认为，没有必要对地方政府的层级做过多的限制。谭敬慧认为，街道办事处、村镇级别政府是否能作为主体要看它相应的经济属性和法律属性。政府主体一定具有法定的授权，而授权在行政职权范围内必须符合职权法定原则，政府方不能任意委托授权。张春中认为，政府的层级完全取决于这一级的财政，是否享有财政的决定权，是否有财力是决定政府层级的核心，不宜设置得过于严格。③笔者认为，PPP合作关系中的

① ［葡］曼努埃尔·德·安德拉德：《法律关系总论》，吴奇琦译，法律出版社2015年版，第20—21页。

② 千九玲、刘欣瑜：《新时代政府和社会资本合作立法研讨会综述》，《中国政府采购》2018年第10期。

③ 千九玲、刘欣瑜：《新时代政府和社会资本合作立法研讨会综述》，《中国政府采购》2018年第10期。

政府方不应该采取“一刀切”的方式，而应该具体情况具体分析。一般来说，政府方的层级限制在县级以上政府或一些具有特殊行政职能的机构，例如开发区管理委员会，是比较合适的。但是随着强权扩镇和政府治理重心的下移，基层乡镇政府管理的事项日益增多，越来越多地承担了大量的行政公共事务供给职能，从法律上不赋予它们与社会资本进行合作的权力和职能，不利于基层社会公共服务的改善和提供。因此，赋予乡镇基层政府与社会资本合作的资格和权力是行政体制改革发展的需要和社会治理的需求，也是目前PPP实践中存在的现象。①当然，法律上赋予乡镇政府从事政府与社会资本合作的权利和资格，并不意味着乡镇政府就一定能够采用政府与社会资本合作模式提供公共服务，还要看乡镇政府与社会资本合作的项目能否通过物有所值评估报告、财政承受能力评估报告等硬性指标要求。

（二）社会资本方

社会资本方是指与政府进行合作的相对一方，从理论上来说，法人、其他组织，甚至公民个人都可以成为社会资本方。前文已经说过，由于我国推行的PPP模式并非指严格意义上的公共部门和私人部门的合作，而是指政府与社会资本之间的合作。采用社会资本这一概念，实际上体现了一种导向，也反映了一种要求，也即意味着所有项目参与方应该履行相应的社会责任，只追求商业利润甚至暴利的资本方，不能称为合格的社会资本，因为他们并不愿意真正参与长期性、低收益的项目。②我国政府发布的《政府和社会资本合作模式操作指南》（财金〔2014〕113号）明确提出，“本指南所称社会资本是指已建立现代企业制度的境内外企业法人，但不包括本级政府所属融资平台公司及其他控股国有企业”，后来，《国务院办公厅转发财政部、发展改革委、人民银行关于在公共服务领域推广政府和社会资本合作模式指导意见的通知》（国办发〔2015〕42号）则提出，对于已经建立现代企业制度、实现市场化运营的当地平台公司，可作为

---

① 例如，福建省漳浦县赤湖镇政府与中国环境科学院环境技术工程有限公司就赤湖污染集中控制区电镀废水处理厂BOT项目签订“污水处理特许项目协议”；湖北帅丰房地产开发有限公司与咸丰县唐崖镇人民政府BT模式进行尖山集镇两桥之间地块进行民族风情一条街开发项目。

② 刘尚希：《在中国语境下准确理解PPP的本质与内涵》，载任中文：《政府和社会资本合作模式：领导干部公开课》，人民日报出版社2020年版，第62—65页。

社会资本参与当地政府和社会资本合作项目。如此政策安排就使得国有企业成了最主要的社会合作方。至于在理论上国有企业是否适合作为社会资本方，理论界是有不同认识的。例如龙元明城投资管理（上海）有限公司宋成馨认为，已经建立现代企业制度、实现市场化运营的国企，在其承担的地方政府债务已纳入政府财政预算、得到妥善处置并明确公告今后不再承担地方政府举债融资职能的前提下，可作为社会资本参与当地政府和社会资本合作项目，但建议限定参与当地项目投资的额度。张春中认为，地方国企更能够在本地发挥它的作用，管理和处理好本地的一些事务，可能比外来的央企有更好的作用。也有专家持反对意见，认为本地国企不论是不是融资平台，只要其参与本地PPP项目的投标，就有非本地国企的社会资本方不可比拟的优势，这样不利于社会资本间的公平竞争。然而从我国实践来看，国有企业是实实在在的占比重很大的社会资本方。据2018年全国PPP综合信息平台项目库最新一期的季报显示，在PPP项目社会资本合作方类型分布中，国有独资企业和国有控股企业的数量占比高达58%，而民营企业数量占比34%，并且该数量比2017年年末降低了4.2%。这种公—公合作方式不但与中央“放管服”方针相背离，而且国有企业经营的PPP项目一旦失败，就会对政府的财政造成直接压力，加剧金融体系的不稳定，危害国家金融安全。[①]因此，尽管PPP推广初期，由于我国的公有制性质决定，公私合作中大量国有企业的存在也是合理的、必不可少的，但我们要不断完善市场经济机制和做强非国有市场主体，使私人经济在社会资本中比重不断加大。同时，大力发展非政府组织的优势和作用，使其成为社会公共服务领域的主要社会合作方。有学者预言：“从国内PPP市场需求以及国际PPP实践来看，非政府组织都是PPP重要的参与主体。”[②]

最后必须注意的是，在PPP实践中，为了隔离风险，吸引投资，社会资本方一般不会直接作为PPP项目的合作契约方，一般会由社会资本方或者由社会资本方和政府协商设立“项目公司”作为PPP合同及其他相关合同的签约方和具体的实施主体。PPP模式签约和实施过程中设立的项目公司不能是一个纯粹的、只承担融资功能的特殊目的（SPV）公司，而应该是一个实实在在、能够提供长期运营服务、有效供给公共产品的实体公司，该实体公司通过提供有效的公共产品，

---

① 裴育、王璐瑶：《政府审计视角下的PPP实践与问题分析》，《中国政府采购》2018年第9期。

② 千九玲、刘欣瑜：《新时代政府和社会资本合作立法研讨会综述》，《中国政府采购》2018年第10期。

获得合理的回报。[①]

（三）公众方

公众虽然没有直接参与PPP项目的管理和运营，但理论上，公众也是PPP项目的一个特殊主体。公众是PPP协议里提供的产品或服务的最终消费者和使用者，是PPP法律关系中的消费主体，也是公共产品和服务质量的最终评判者。由于公共产品或服务天然的公共性和长期性，公众一般很难直接选择公共产品的供应商和服务提供者，对于公共产品和服务只是被动接受，因此，公众作为消费者主体，也基于国家的公民身份，对运作PPP模式提供的公共产品和服务具有天然的监督权，是PPP法律关系中重要的一方。

二、PPP法律关系中的主体角色定位

（一）政府的角色定位

"政府角色"是将政府人格化来定位其功能作用。[②]政府的角色是由政府在整个国家政治、经济、社会运行体系中的地位决定的，不同的政治、经济、社会运行方式决定了政府扮演不同的角色，而政府的角色又决定了政府所拥有的职能。[③]PPP背景下，运行体系发生了重大的转变，政府的角色也在发生相应的转变。要想发挥公私合作巨大的潜在收益，公共部门和民营部门各自的角色必须得到悉心的界定和维持。[④]如果政府与民营部门在展开合作的过程中不能坚守市场经济规律为自己划定的角色，出现角色的僭越或者错位，就会导致市场正常秩序的紊乱；如果政府和民营部门在开展公私合作的过程中不能很好地把握各自的角色，那么，在微观监管层面看起来效果良好的公私合作措施，很有可能在体制改革和市场培育这一总体宏观层面上起破坏性的

① 高宁、唐俊麒、肖洒：《寻求PPP纠纷解决之道》，《经济参考报》2018年8月29日第8版。

② 彭澎：《政府角色论》，中国社会科学出版社2002年版，第2页。

③ 彭澎：《政府角色论》，中国社会科学出版社2002年版，第208页。

④ ［美］萨瓦斯：《民营化与PPP模式：推动政府和社会资本合作》，周志忍等译，中国人民大学出版社2015年版，第257页。

作用。[①]因此，只有正确定位公私部门的角色，才能充分发挥公私合作制的内在优势，抓住公私合作制成功的脉门。

1.学界争议点

近年来，随着PPP模式在我国的大力推进和如雨后春笋般地发展，学界对PPP模式中政府角色及职能进行了初步研究，主要形成了以下观点：

第一，“双重职能”说。关于“双重职能”说，学界一般认为政府在公私合作制过程中既是监管者又是参与者或合作者。例如叶晓甦、徐春梅认为，政府在PPP项目上必须定位于促进、主导和管理的功能，同时又是参与合作的一方。[②]再如邢会强教授认为，在传统公共物品理论之下，政府是公共物品的垄断提供者，而在交易成本公共物品理论之下，政府不再是公共物品的垄断提供者，尤其是在PPP模式之下，政府应该转变角色，由公共物品的垄断提供者转变为合作者和监管者。[③]

第二，“三重职能”说。该种观点认为，在PPP模式中政府具有三种角色和三种职能，但对具体的职能认识上尚有差异。例如湛中乐、刘书燃认为，在PPP模式中政府具有三重角色的职责，分别为规则的制定者和执行者、公共服务的采购者和提供者、公共服务的监管者。[④]而王俊豪、付金存则认为，政府及其公共部门在PPP模式中至少承担三种职能：作为公众利益的代表，必须保证公共产品的质量和数量符合标准，一旦公共产品的数量和质量不能满足公众需要，或在公共服务活动中出现重大事故，政府必须承担相应的政治责任；作为PPP模式的主要参与主体之一的政府和公共部门还应承担规则制定与执行的职责，包括法规政策和PPP规则程序的制定、违规行为的纠正等；作为公共服务的采购者，公共部门主要承担确定采购标的、选择合格的私方合作者、签订与履行合约等职责。政府主管部门履行好这些职责必须要由传统的“经营者”向“监管者”转变，由传统的“命令—控制”的管理理念向“经济—激励”的服务

① 高家伟：《论大陆煤炭行业管理中的自律性监管与公私合作》，载政治大学法学院公法中心编：《全球化下之管制行政法》，元照出版有限公司2011年版，第392页。

② 叶晓甦、徐春梅：《我国公共项目公私合作（PPP）模式研究述评》，《软科学》2013年第6期，第9页。

③ 邢会强：《PPP模式中的政府定位》，《法学》2015年第11期，第19—21页。

④ 湛中乐、刘书燃：《PPP协议中的法律问题辨析》，《法学》2007年第3期，第68—69页。

导向转变。①

第三，“多重职能”说。该种观点认为，PPP模式中政府具有四种以上的角色，相应地，政府承担四种以上的职能。例如有学者认为，在PPP模式中政府承担“四种职能”，分别为规则的制定职能；项目的参与职能、公共产品或服务的购买职能；项目的监管职能以及争端的仲裁职能。②也有学者认为政府在PPP模式中承担的职能更多更广，例如，王东认为在PPP模式中，政府在不同的阶段承担着不同角色与职能：PPP项目启动阶段的规划者；PPP项目的发起者；PPP项目产品的购买者；PPP项目建设和运行进程的保障者；PPP项目的监管者及各方利益的协调者。③

以上学者分别从不同的角度对PPP模式中政府的角色职能定位提出了自己的看法，这些看法和观点对我们正确认识和定位PPP模式中的政府职能定位大有助益。学者都认为PPP中政府的角色职能不是唯一的，而是具有多重性。但是对于具体的职能认定存在差异，尚未达成一致。有的学者仅认识到政府的公法上的角色职能，没有认识到其私法上的角色和职能，例如三重说、四重说和五重说；有的是按PPP项目的全生命周期中的阶段不同，来认识政府的角色和职能定位，例如五重说。从总体上来说，无论是“双重职能说”“三重职能说”，或“多重职能说”，都没有从国家形态的转变和国家责任方式的转变来研究国家的角色定位。上述学者基本都认为在PPP模式中，国家仍然要承担监管职能，这是没错的，但他们没有说清楚，PPP模式中的国家管制或监管职能与给付行政时代国家作为公共任务的直接提供者时的管制职能和管制手段的区别，有可能导致PPP模式中的国家仍然采用传统的管制手段来进行管理，从而陷入传统的管制窠臼，而这完全与国家采用PPP模式的宗旨不符。国家采取PPP模式不仅是为了融资，更重要的是为了公共部门之改革和政府治理模式的转变。另外，大多数学者认识到了PPP模式中政府承担的管制责任，但是没有认识到政府应该承担的合作责任。尽管认同“双重职能说”的部分学者也认识到了政府的合作职能，但却是站在公法的角

① 王俊豪、付金存：《公私合作制的本质特征与中国城市公用事业的政策选择》，《中国工业经济》2014年第7期，第104页。

② 任超：《政府和社会资本合作（PPP）模式下政府职能重构》，载顾功耘主编：《公私合作（PPP）的法律调整与制度保障》，北京大学出版社2016年版，第158—167页。

③ 王东：《PPP主体关系中的政府：角色定位与行为机制框架》，《中国政府采购》2015年第3期，第76页。

度来谈论合作职能，而没有站在私法的平等的民事主体身份的角度谈论公私合作事宜。

2. 角色重塑

笔者认为，PPP模式中由于行政任务提供方式和履责模式的转变和革新，使得政府的角色转变为公法上的担保者和私法上的合作者，政府的职能相应地也转变为担保职能和合作职能。

第一，政府作为公法上的担保者。

政府作为公法上的担保者主要是在PPP模式中政府虽不再承担公共任务的履行责任，但是仍然要承担担保责任使然。20世纪后期，受新自由主义思潮的影响和国家形态的转变，公共任务的责任与公共任务的国家履行责任逐渐脱钩，国家虽然不再承担给付行政任务的履行责任，但仍须承担国家担保责任。所谓“国家担保责任”（Gewährleistungsverantwortung des States），是指在特定行政任务转由私人机构履行的情况下，国家必须通过管制立法与措施，积极促进其符合一定公益与实现公共福祉的责任。[①]政府承担的国家担保责任是一种公法上的预期责任。[②]作为一种公法上的预期责任，国家担保责任要求政府积极采取管制监督等措施去促成公益之实现，“不能等到不幸或者危机发生之后才去反映，而必须尽可能预见错误的发展方向，并通过及早的应对措施把它

① Wolfgang Weiss，Beteiligung Privater an der Wahmehmung oeffentlicher Aufgaben und staadiche Verantwortung，DVBI. 2002，S.1175 ff; J. Ziekow，Verankerung verwaltungsrechtlicher Kooperationsverhältnisse（Public Private Partnership）im Verwaltungsverfahrensgesetz，Wissenschaftliches Gutachten，erstattet für das Bunderministerium desInnern，2001，S.179 ff; W. Hofmann-Riem，Das Recht des Gewährleistungsstaates，in：Schuppert（Hrsg.），Der Gewährleistungsstaat - Ein Leitbild auf dem Prüfstand，Baden-Baden2005.

② 根据时间点，可以将责任分为过去责任和预期责任。但学者们的称呼不一，有的将过去责任称作回溯责任；有的将预期责任称为事前责任，本书统称为过去责任和预期责任。所谓预期责任，主要指在一个事件发生前，责任主体应当尽自己最大努力完成的事项，其常常与责任主体具有的特殊角色和地位相关。从广义上而言，预期责任可以被划分为会产生好的结果的“建设性的责任”、预防不好的结果发生的“预防性的责任”以及避免不良的结果发生的“保护性的责任”（protective responsibilities）。参见［澳］皮特·凯恩：《法律与道德中的责任》，罗李华译，张世泰校，商务印书馆2008年版，第49—51页；［德］底特·本巴赫尔：《责任的哲学基础》，易小明、聂文军译，《齐鲁学刊》2005年第4期，第127页；苗雨：《论我国政府责任实现的法治困境与出路》，山东大学2012年博士学位论文，第27页。

消灭在萌芽当中”[①]。如果私人部门出现运营困难，公共服务供给中断或有严重不利于公众的不良事态时，政府应该采取临时接管或最终接管的措施，以保障公众的利益不受损。因此，国家担保责任本质上是一种管制、监督和接管的责任，其目的是担保私人主体及其他竞争者能够在一个公平的、开放的市场中进行有序竞争；担保一般公众能够获得普适的、便宜的给付产品和给付服务。[②]

由于在PPP模式中政府不再承担公共任务的履行责任，转而承担确保公益实现的国家担保责任，从而使得政府的角色定位从“履行者”转变为“担保者”。我们将PPP模式中政府的角色定位为“担保者”，既表明了政府在公共服务提供方面严格贯彻了国家“辅助性”原则[③]，具有行政“辅助者”的角色和地位，又能够释明PPP模式的正当性和合法性，更能凸显出行政管制方式的重大革新。作为公法上的“担保者”，政府应该积极履行担保行政职能。担保行政，简单来说就是行政机关落实国家担保责任的行政行为状态或过程模式。[④]作为担保国家之展现和作用领域的担保行政是管制、影响与监督的行政，并借由国家最低限度的影响来确保私人执行公共任务可以符合公益或法定之要求。[⑤]然而政府履行担保行政职能所采用的管制和监督手段已经不同于以往所采用的强制性的命令、服从式的管制手段，而是采取契约、认证、验证、设置诱因等比较温和的管制和监督手段来间接地“驯服”私人部门以达成PPP模式之目的。这种管制手段的变化刚好契合政府“担保者”的角色定位。作为“担保者”，政府管制监督的重点应该是透过公平、公正的具有竞争性的甄选程序选出合格的私人部门，然后持续性地监控私人部门对合作契约之履行。正如Schulze-Fielitz强调的，在公私

---

① ［德］迪特尔·格林：《现代宪法的诞生、运作和前景》，刘刚译，法律出版社2010年版，第105页。

② 杨彬权：《论国家担保责任：担保内容、理论基础与类型化》，《行政法学研究》2017年第1期，第76页。

③ 按照辅助性原则，本于国家权力行使的补充特性，对于公共物品的制造与服务的提供等涉及人民生存照顾之事项，首先应由人民自身透过工作权等自由权行使之方式自由实现，唯有待人民或社会无法自行满足时，国家始得介入，进而扮演给付者与执行者之角色。参见詹镇荣：《民营化法与管制革新》，元照出版有限公司2010年版，第287页。

④ 林明锵：《担保国家与担保行政法——2008年金融风暴与毒奶粉事件谈国家的角色》，载《政治思潮与国家法学》（吴庚教授七秩华诞祝寿论文集），元照出版有限公司2010年版，第584页。

⑤ 许登科：《德国担保国家理论为基础之公私协力（ÖPP）法制》，台湾大学法律学研究所2008年博士学位论文，第258页。

部门伙伴关系的整体调控结构中，如何利用市场竞争机制选定受托执行任务之私人部门，以及决定合作对象后，如何持续性地调控私人部门履行任务之行为，实为公部门担保行政任务得以实现之两大关键问题。[①]只要政府立于“担保者”地位，严格依法履行担保行政职能，采用新式的管制手段和措施进行重点监控，PPP模式中的公益必然得以确保，也不会出现所谓的“利润私人化，损失国家化”的固有弊端。

第二，政府作为私法上的合作者。

政府在PPP模式中作为公法上的“担保者”角色已如上所述，然而，政府除作为公法上的“担保者”角色外，它还有一个重要的角色，那就是作为私法上的“合作者”。在PPP模式中，公共任务的完成必须依靠公私双方的相互协助、真诚合作、严格履约，唯有双方在平等、互信的基础上，尤其是政府要脱下“制服”，换上“便装”，将自己置于私法上的平等地位，作为一个真正的“合作者”，才能完成公共任务的高效提供。在PPP模式中，“热爱多样的公民们，他们会顾及使之联系在一起的相互依存性，自愿接受合作，接受共同体规则，并为共同体的利益和生存而放弃他们的一部分自由”[②]。政府之所以能够和情愿作为私法上的“合作者”，是因为，首先，PPP强调各个参与方平等协商的关系和机制，故伙伴关系是其首要特征，也是PPP项目的基础所在。[③]为了能够实现各自所需，公私双方必须以“合作者”的身份进行具有伙伴关系的合作。没有此种合作，就没有真正的PPP。其次，PPP模式中公私双方是一个“责任共同体”，都负有私法上的合作责任。私法上的合作责任，系因政府居于私人地位，与人民发生私法上法律关系或从事私法上行为，而依私法或契约应负的协作与配合责任。最后，各国政府大多陷入“预算赤字”“绩效赤字”和“执行赤字”的困局中，为了满足民众多样化需求，提升行政效能、扩大内需，政府情愿与私人部门合作，借由私人部门的资金、专业技术和先进的管理方式促进和提高行政效率和服务产品质量。

---

① Helmuth Schulze-Fielitz, Grundmodi der Aufgabenwahmehmung, in: Hoffmann-Riem/Schmidt-Aßmann/Voßkule（Hrsg.), Grundlagen des Verwaltungsrechts J, 2. Aufl., 2012, § 12, Rn.119.

② ［法］皮埃尔·卡蓝默、安德烈·塔尔芒：《心系国家改革——公共管理建构模式论》，胡洪庆译，上海人民出版社2004年版，第116页。

③ 参见刘薇：《PPP模式理论阐释及其现实例证》，《改革》2015年第1期，第78—79页。

政府作为私法领域的“合作者”应当积极履行合作职能。具体来说，在PPP契约履行的全过程中，政府要为私营合作者及时办理和提供PPP项目建设所需的各种许可文件文书，协助办理土地审批、政府补贴或投资、融资协助、筹资协助等，配合私营合作者做好物有所值评价、财政承受能力评价等技术工作，严格依据法律和契约的规定履行合同的相关条款，遇到订立合同无法预料之情势时，及时沟通协商解决，禁止单方擅自变更和调整合同条款，当然政府作为“担保者”时除外。营运期满，私营合作者移交项目、设施和相关资料时，应当积极不迟延地予以配合和接收。PPP模式出现纷争时，主动与私营合作者商定或约定纠纷解决管道机制。特别要注意的是，PPP的本质是合作，①然而“合作的本质是共享裁量权”。②因此，作为私法上的合作者，政府不应该独揽PPP发展过程中的自由裁量权，而应该与私营合作者在共享自由裁量权的基础上就相关的风险、责任与义务进行合理的分配，以图达到既能促进公共利益，又能使私人合作者获得合理的利润回报的目的。

综上所述，政府在PPP模式中的角色定位应当是公法上的“担保者”和私法上的“合作者”，并相应地履行担保行政职能和合作职能。政府“担保者”的角色定位不仅可以正当化政府的行为，也同时拘束了政府的行为。政府担保行政职能的发挥确保了公共利益不因PPP模式而受损害。政府“合作者”的角色定位不仅能够正当化政府的合作伙伴身份，也可以规范政府的契约行为。政府的合作职能强调政府应当作为真正的“合作者”积极履行义务，善意配合私营合作者顺利达成公共任务。PPP模式中政府的双重性角色定位决定了对PPP模式的规制，既有来自公法的规制，又有来自私法的规制，更有来自PPP契约群的规制。具体来说，在PPP模式之规制中，要以公私法“相互援助秩序”的理念③为指导，发挥公私法秩序之不同管制效能。“两秩序的相互援助过程，目的在于维持两法秩序之手段上

① 孙洁:《政府和社会资本合作模式概论》，山西出版传媒集团、山西经济出版社2016年版，第20页。

② ［美］约翰·D.多纳休、理查德·J.泽克豪泽:《合作：激变时代的合作治理》，徐维译，中国政法大学出版社2015年版，第259页。

③ “相互援助秩序理念”联系公私法秩序的不同管控效能，强调公共任务的一体性，在一部分法秩序框架下无法有效达成规制的必要性时，探寻与另一法秩序有关之效力要素来使之获得满足。参见［德］施密特·阿斯曼:《秩序理念下的行政法体系建构》，林明锵等译，北京大学出版社2012年版，第276页。

的差异性，同时有意识地重构其复杂结构来总体地提升法体系之问题解决能力。”①

（二）私人部门的角色定位

在PPP模式中，对国家与私人部门的责任进行了新的分配，也即私人部门承担执行责任，国家承担担保责任，形成所谓的“私人执行公共任务，国家担保私人执行”的模式。②在这种模式中，私人作为公共任务执行责任的归属者，系基于其财产权，营业自由等基本权以自己资金和风险从事私经济活动，并非国家任务行为或行政之一环，也非行政行为之一部性质或功能上执行，国家就公共建设兴建与营运在其行政组织权限和机关职务行使中既无执行责任，也就非将权限之执行移转或委托私人，私人此时也非国家于职务功能上执行公共建设行政任务的行政助手和受托人，③而是系PPP模式中的合作伙伴，具有独立的主体地位。进一步而言，私人部门在PPP模式中的地位主要表现在两个方面：一方面，私人部门是共同任务的“履行者”或“执行者”，《国务院办公厅转发财政部、发展改革委、人民银行关于在公共服务领域推广政府和社会资本合作模式指导意见的通知》(国办发〔2015〕42号)明确“作为社会资本的境内外企业、社会组织和中介机构承担公共服务涉及的设计、建设、投资、融资、运营和维护等责任”，也即明确了私人部门的执行者角色；另一方面，私人部门是“合作者”，私人部门必须严格按照法律和PPP合同规定，全面履行义务，与政府积极协作完成公共产品和服务的优质和高效供给。

总之，在PPP模式下，私人部门不再只是依靠或偏存于公部门之下的附合体，也不只是单纯配合公部门，而是与公部门形成一种水平式的锯齿融合的互动关系。④在这种公私互动关系中，私人部门是一个执行公共任务的平等的合作者。

---

① ［德］施密特·阿斯曼：《秩序理念下的行政法体系建构》，林明锵等译，北京大学出版社2012年版，第276页。

② 林明锵：《担保国家与担保行政法》，载吴庚教授七秩华诞祝寿论文集编委会：《政治思潮与国家法学》，元照出版有限公司2010年版，第580页。

③ 参见许登科：《民间参与公共建设法制中民间机构之法律地位——以解析法院2010年度台上字第4920号刑事判决为中心》，《台湾中正大学法学集刊》2012年第33期，第79—141页。

④ 吴英明：《公私部门协力关系和“公民参与”之探讨》，《中国行政评论》1993年第3期，第1—14页。

（三）社会公众

社会公众是PPP项目需求的创造者，同时也是公共利益的获得者和使用者。PPP模式的最终目标就是合理有效地为社会公众提供公共产品或服务。因此，虽然社会公众不直接参与公私部门的合作，但是其对公共部门和私人部门具有法律所赋予的参与权、监督权、投诉权等权利，当然也必须承担一定的法律义务。

第三节　PPP法律关系中的权利与义务

一、政府部门的权利与义务

（一）政府的权利

1.经营许可权

私人部门何时可以营运基础设施和提供公共服务，何时可以向使用的消费者收取使用费？这些事项都需要获得政府部门的许可和核准。私人部门于营运开始日前，应该具备政府部门要求及相关法规规定的须报请许可、核准之文件，经政府及相关行政机关审查核准后，方能开始营运。私人部门应于营运开始日开始营运。此外，政府部门除应针对私人部门经营应达到的水准，在契约中明定基本需求外，也有权要求私人部门自行拟订经营执行计划，经政府及相关部门同意、审查和备案后，方可据以执行。

2.建设执照许可及建筑管理

PPP合作契约的诸多履约事务虽然主要属于民事法律上之事宜，但涉及公共安全、公共交通及增进市容卫生和美观的PPP建筑物、构筑物的建筑许可，应受政府主管机关审批。结合我国《建筑法》第二条之规定，PPP合作项目在开工建设之前，社会资本方或项目公司应当依据我国有关规定向PPP合作项目所在地县级以上人民政府建设行政主管部门申请领取PPP项目建设施工许可证；但是，国务院建设行政主管部门确定的限额以下的小型工程除外。在私人部门提出申请时，PPP项目建设许可部门有权根据法定标准进行审查许可，如果遇到想提高法定标准之情势时，或变更许可标准时，由于涉及危险发生率、经济利益等问题，公私部门宜理性、专业、务实地协调，政府部门不得单方自由裁量。

3.核定使用费率

在公用事业领域，PPP合作契约应该规定主管行政机关核定的营运费率标准、调整的时刻表及调整方式。社会资本方应依《价格法》及相关法律、行政法规之规定，拟定PPP项目收取的使用费或服务费的费率标准与其调整时刻表和相应方式，然后向主管行政部门申报，请求其同意后，公告予以实施。社会资本方开始营运后，PPP项目费率标准如果需要作出修改，应该先行经过各该主管行政部门依法核定后，由行政主管部门修改PPP合作契约之相关规定，并向社会予以公告。如果该PPP项目并非公用事业，合作契约双方则依契约约定的原则、程序和标准，协商使用费及费率之调整。

4.强制接管和赎回权

PPP合作项目之建设、运营如果存在项目施工进度严重落后、质量有重大过失、经营不善或其他重大事由发生，出于情况紧急，迟延即有损害重大公共利益或造成紧急危难之时，PPP项目的实施部门有权命令社会资本方或项目公司停止全部或部分建设或运营的合作项目，并通知政府相关部门。有关行政部门在作出中止及停止社会资本方或项目公司运营之一部分、全部或终止PPP项目合作契约时，项目实施部门必须采取适当之措施，确保公共建设的正常营运。必要时，实施部门可以强制接管营运PPP项目。

赎回是指政府部门在PPP合同的期限完结之前，决定借助支付合理之损害赔偿，取回社会资本方正在负责的公共产品和服务职能而作出的行政行为。赎回主要是为了配合公共利益的调整而作出的必要措施。例如，对于处于困境中的PPP项目经过一段时间的强制接管如果无法摆脱困境，政府部门有权作出赎回的决定以终止合同。但是无论何种原因作出的赎回决定给社会资本方带来的经济损失，政府方都应当予以损害赔偿。“赎回所应负的损害赔偿，不仅旨在向私人立约人支付尚未被适当分期摊还的场所押金，也旨在支付按合同原定存续期计算该特许尚余期间所失的利益。”①

5.行政优益权

行政优益权是国家为确保行政主体有效地行使职权，切实地履行职责，圆满地实现公共利益的目标，而以法律法规等形式赋予行政主体享有各种职务上或物质上优益条件的资格。根据行政优益权，行政机关在PPP协议中对协议的履行具有指挥权、监督权、单方面变更和解除合同的权利。

---

① ［葡］迪奥戈·弗雷塔斯·亚玛勒（Diogo Freitas do Amaral）:《行政法教程》，黄显辉、黄淑禧、黄景禧等译，社会科学文献出版社2020年版，第395页。

（二）政府的义务

1. PPP项目用地取得之协助

（1）协助办理城乡规划变更。以PPP方式办理基础设施建设和公共服务项目所需用地涉及城乡规划变更的，实施部门应协调规划部门及相关部门依据《城乡规划法》第四十六条、第四十七条、第四十八条、第四十九条的规定办理变更。实施部门为有效利用基础设施和公共服务建设项目所需用地，必须协调土地、建设等部门等待直辖市或省级政府调整城市土地利用计划后，开发、兴建供该基础设施和公共服务项目之附属事业使用。

（2）国有土地使用协助。兴建PPP项目时，如所需用地为划拨国有土地时，实施部门应该协助社会资本根据《土地管理法》第五十四条、《土地管理法实施条例》第二十二条的规定，向市、县人民政府自然资源与规划部门申请核发国有土地划拨决定书。市、县人民政府自然资源与规划部门接到用地申请，应该主动作为，积极协助社会资本方取得PPP项目的建设用地。PPP项目用地的另一种取得方式是有偿取得，而且也是主要的方式。根据原国土资源部《关于扩大国有土地有偿使用范围的意见》（国土资规〔2016〕20号）之规定，对于可以适用划拨用地的PPP项目，鼓励以出让、租赁方式供应土地。依据该规定，通过土地出让、租赁以及作价出资入股等有偿方式取得PPP项目用地是大势所趋，是PPP项目用地发展之必然。根据《土地管理法实施条例》第十七条的规定，土地使用权有偿使用方式主要包括：①国有土地使用权出让；②国有土地租赁；③国有土地使用权作价出资或者入股。其中国有土地使用权出让方式，参照《城镇国有土地使用权出让和转让暂行条例》第十三条和《招标拍卖挂牌出让国有建设用地使用权规定》的规定，包括：①协议；②招标；③拍卖；④挂牌。但是，由于土地的有偿使用是通过竞争方式取得的，为了确保PPP项目的社会资本方能够顺利获得PPP项目的用地，建议政府应该积极协助社会资本方，必要时合并PPP项目本身和PPP项目用地的竞争采购程序，也即“土地招拍挂与社会资本方公开甄选”程序进行实施，当然，这还需要相关部门制定实施细则。

事实上，财政部《关于联合公布第三批政府和社会资本合作示范项目加快推动示范项目建设的通知》（财金〔2016〕91号）就明确规定：“依法需要以招标拍卖挂牌方式供应土地使用权的宗地或地块，在市、县国土资源主管部门编制供地方案、签订宗地出让（出租）合同、开展用地供后监管的前提下，可将通过竞争方式确定项目投资方和用地者的环节合并实施。”国土资源部办公厅也制定、印发《产业用地政策实施工作指引》（国土资厅发〔2016〕38号）将“合并实施”的适用范围扩展至有偿使用国有土地的PPP项目。只是目前这些规定适用起来还比较原则，缺乏可操作性，相关行政部门还必须深耕细作，制定规则，协助社会资本方完成PPP项目最关键的用地之获得。

（3）其他开发协助。PPP项目的建设，如果需要使用国有或集体所有土地的上空或地下，在没有必要拨用国有土地或征收集体所有土地的前提下，可依据《民法典》之相关规定以协议方式设定地役权。私人部门兴办PPP项目，需要穿越国有、集体所有土地的上空或地下时，应该与该土地管理部门或者相关使用人就其需要使用的空间范围协议设定地役权。其属国有土地而协议不成时，得由社会资本方报请实施机关核转省级政府核定；其属集体所有土地而协商不成时，准用征收规定取得地役权后，租给社会资本方使用，协议设定地役权方式解决PPP用地问题，除可减少对使用权人的损失外，也可节省需要使用土地的部门的用地费用。此外，为确保PPP项目之兴建或营运安全，建设周遭的相邻地不得进行与PPP项目无关的建设，不得有妨碍PPP项目建设营运的任何行为。在PPP项目有规划设计需要时，社会资本方或项目公司可以进入邻地及使用的权利，唯要注意的是必须适用损害赔偿规则。PPP项目的附属事业如有特殊需要，必须与相关行政部门协商放宽土地使用的限制的，相关部门应考量后予以协助。以上这些事项，均系为使PPP项目在兴建或营运阶段，充分考量经济上之需要，得请行政协助，同时也可提供PPP项目投资的经济诱因。

2.资金协助

（1）政府补贴或投资。PPP项目的建设经采购机构评定社会资本方投资不具有完全自偿能力的，应该就其不能自偿的部分，由政府实施机关补贴其所需要贷款的利息或投资PPP项目建设的一部分，以提高PPP私人投资意愿。但是，政府对PPP合作项目的出资或补贴资助，应该具有一定上限，以达到PPP案系因应政府财政短缺而公私合伙的目的。

（2）项目融资协助。政府应根据PPP合作项目建设营运资金融通的必要性，洽请银行、投资公司等金融机构或特种基金为社会资本方或项目公司提供中长期贷款或相关服务。银行等金融机构对于社会资本方提供用于重大的PPP合作项目的贷款，系配合政府政策，并报经银行监督管理部门（银保监会）批准，其授信额度不受国际相关贷款规定之限制。政府除为项目公司当然股东外，还有以下主要任务为：①原始出资；②在技术及经营管理方面支持协助项目公司；③依据融资契约的约定，在PPP项目的兴建营运期间，对项目公司维持一定的出资比例。项目公司具有独立的法人人格，为项目兴建营运的核心，负责管理运作整个项目计划，并与政府签订特许权契约，其亦为项目融资之借款人，与融资机构签订项目融资契约。当决定给予融资后，融资机构除了要求以PPP项目资产作为担保外，需透过融资契约约定，要求项目公司设立及维持特定账户、让与担保、出具反面承诺及项目发起人资金必须实时到位等措施，以掌握项目进行情况。当项目公司发生重大异常情事时，融资机构可以先行介入改正，以避免PPP项目被中断或特许权被撤销。社会资本方在PPP项目建设、运营期间，因不可抗力遭受重大损害时，政府实施部门应会商财政部门协调金融机构或特种PPP产业基金，提供重大损害复旧贷款。

（3）筹资协助。参与PPP合作项目建设的社会资本方或项目公司，往往因为PPP合作项目建设资金需求庞大，而运营回收期又长，在运营开始一段时间不易立即获利，为恐项目资金周转不开，甚至出现资金链断裂，参与PPP合作项目之社会资本方或项目公司可以公开发行新股，不受《证券法》第十三条第一款第二项和第三项之具有持续盈利能力和最近三年财务会计文件无虚假记载中的“三年”期限之限制。经依法办理股票公开发行后，为支应公共建设所需之资金，也可以发行指定用途之公司债，不受《证券法》第十六条第一款第二项和第三项规定之累计债券余额不超过公司净资产的40%，以及最近三年平均可分配利润足以支付公司债券一年的利息之限制，但是债券发行总额，应经证券主管行政部门核准同意。

3. 政府应办事项

政府应办事项系指政府在PPP项目中承诺自己要予以办理的事项。政府应办事项一般可以划分为两种：一种是“政府承诺办理事项”；另一种是“政府承诺协助事项”。对于政府承诺办理事项的不履行，政府部门需负债务不履行的责任；对于政府承诺协助事项的不履行，由于政府仅出于道义责任，故不可归责于政府，因此政府不承担违约责任。政府承诺办理事项系指主管部门在考量PPP项目整体计划后，认定的该计划办理必要事项。政府应考量个案性质，将PPP项目之必要事项且是主管部门权责范围内必须自行办理的部分事务列为政府承诺办理事项，例如净地交付、社会资本方符合一定标准后同意优先定约；提供土地出让金优惠；同意社会资本方将其因兴建、营运而取得的营运资产、设备设定负担于融资机构或其指定之第三人；出具社会资本方参与PPP项目的相关证明文件。如果相关主管行政部门未能完成其承诺的事项，属于违反合作契约的约定，主管部门须承担债务不履行责任。

4.政府协助事项

政府协助事项系指政府在PPP项目中配合办理的事项。PPP合作项目中，政府协助事项包括：PPP合作项目建设期间的临时用地的取得或使用；管线迁移；交通计划的维持、报请与核准；协助社会资本方或项目公司协调用水、用电、瓦斯、电信及通信等公用设备及地区防洪工程之申请等，但政府及相关部门不担保依据PPP合作契约约定所要做的这些协助事项必然条件，社会资本方或项目公司也不得因政府前述协助事项未能满足或达成而主张政府违反义务。社会资本方或项目公司要求政府协助之事项，除应符合行政法及相关法律法规规定外，应视PPP个案事实而定，而主管部门也应考量个案性质，对必要事项但不属于主管部门权责内社会资本方或项目公司应该自行办理的部分，根据社会资本方或项目公司所提的计划内容来决定配合办理事项，例如协助办理各项审查程序、执照或许可申请；协调各相关行政部门协助与配合；协助与当地居民或社会组织之沟通；协助办理项目管线之迁移。在契约责任上，政府就协助事项，不担保其必然满足和成就，如果政府部门已提供协助，即不构成违约。

二、社会资本方的权利与义务

（一）社会资本方的权利

1.特许经营权

在PPP合作项目中，政府基于公共福祉，将其特许经营权予以市场化与可交易化，引入市场竞争机制于PPP项目之建设。其目的在于通过市场竞争机制追求民众公共福祉的普遍化、高效益化及可得性，达成政府对人民基于给付行政国家的公共服务义务。在PPP项目中，尤其是PPP重大交通建设项目，因其投资额较为庞大，建设期间较长，投资回收期慢，并且运营面对的各种风险较大，政府将会赋予社会资本方或项目公司特许经营权，以确保其能够收回投资。但为了保障公众和消费者的使用权及其他权利，政府应对社会资本方或项目公司运用特许权的行为进行监督和管理，也可以对其以对价方式收取相当的特许权使用费、服务费和部分营运利润等，以公平地反映该PPP合作项目特许经营权的价值。

2.经营附属产业

政府实施部门为有效利用PPP合作项目建设所需用地，应当协调土地、规划等部门调整土地规划后，开发、建设供该PPP合作项目之附属产业使用。附属产业所容许的项目，由实施机关会同政府相关部门商定，但尽量开放附属产业之经营项目，以此作为诱因，吸引社会资本方的项目创意及经营活力。PPP项目实施部门应于招标文件中明确规定PPP项目中的附属产业允许经营的项目，供社会资本方或项目公司遵守。社会资本方或项目公司在本项目用地上办理开发并经营本业以外的附属产业，除PPP合作契约另有规定外，应该依据双方另行签订的“附属产业契约”，办理开发、经营附属产业，附属产业的经营项目与PPP经营项目的比例应该在附属产业协议中规定清楚，不得违反法律行政法规的禁止性规定。PPP项目营运期间内，社会资本方或项目公司如果认为原先的投资执行计划书所要求的附属事业范围有调整增加必要者，提供相关证明文件，说明理由，政府部门经审查，在不损害或降低公共利益的前提下，可以调整，但应该遵循比例原则。

3.取得土地开发权

政府部门协助私人部门取得土地使用权后，私人部门有权按照约定实施土地开发建设。私人部门为挹注PPP主体事业财务不足，可以进行土地开发，经营附属产业项目，例如商场、酒店等。实务上，很多PPP项目是以土地开发挹注公共建设资金回收的财务自偿性，公益与私利之权衡取舍，值得契约当事人双方沟通谈判。

4.费用收取权

在“使用者付费”和“政府缺口补助”的PPP模式中，私人部门可以依据合作契约的规定，向使用者收取相应的公共产品和公共服务的使用费。使用费的收取应该遵循公平、公正、公开原则，不得有歧视行为。由于投资成本的增长和经济的发展，私人部门在征得价格主管部门同意的情况下，可以调整价格或费率，但应该遵循正当法律程序和合理原则。

5.税收减免权

PPP项目的整个合作周期均会涉及税收问题，例如项目识别、准备、采购等阶段就会涉及企业所得税、增值税、印花税、城建税等税目，这些税收种类和税率的高低及变化直接影响PPP项目的公共产品或服务的价格，进而影响社会资本或项目公司的投资收益。面对如此众多的税种和税目，私人部门在法律和政策规定的范围内有权申请国家减免。目前我国对PPP模式还没有统一的税收优惠政策，实施过程中各环节的税收问题必须借助于所在行业的政策文件予以分析确定。例如，PPP项目运营环节的增值税免征，只能依据财政部的相关文件规定。[①]因此，PPP项目税收优惠减免程度不明确或税收法律的缺乏，导致税收优惠的诱因无法起到应有的激励作用，也使得税收部门无法准确执行税收优惠政策，从而不利于PPP项目的整体推进和社会资本方或项目公司税收减免权的有效行使。因此，要确保税收减免权开花结果，必须针对PPP税收免征和优惠相关事项进行统一立法。

6.财政平衡权

财政平衡权是社会资本方的一项重要的经济权利，在PPP合同中，社会资本方签订合同是为了寻求利润，但行政主体为了公共利益，有权单方面变更合同中的条款，也可能出现当事人所不能预见的重大情况变更，都会增加受特许人的负担影响，影响社会资本方的财政平衡。在这两种不平衡的情况下，社会资本方有权要求行政主体给予补偿恢复财政平衡权。财政平衡权对社会资本方来说，是非常重要的一项权利，无论PPP合同是否事先约定或由法律规定，社会资本方都当然地享有这项权利。

（二）社会资本方的义务

1.完成基础设施的兴建

社会资本方应该承担PPP项目之设计及建设。本PPP项目之建设，应该符合该项目应具备的功能规范标准或状态。PPP项目实务中，因为基于行政机关的效率及专业等考量，PPP契约中通常会约定由私人部门自己负责设计及兴建外，行政机关应将社会资本方或项目公司兴建本项目所要达到的功能规范标准作为PPP合作契约之附件，规定社会资本方或项目公司应达到的最低要求和标准，以确保PPP项目的质量。对于PPP项目的开工日期和完工期限也应该在PPP合作协议中

---

① 根据财政部、国家税务总局《关于资源综合利用及其他产品增值税政策的通知》（财税〔2008〕156号）的规定，从事BOT项目运营的企业，可以享受如下增值税优惠：一是销售再生水收入免征增值税；二是对污水处理劳务免征增值税；三是以垃圾为燃料生产的电力或者热力实行增值税即征即退政策；四是利用风力生产的电力实行增值税即征即退50%的政策；五是对销售自产的综合利用生物柴油实行增值税先征后退的政策。

约定清楚，以免阻碍或影响该项目的如期完成，及公众的按时使用。

2. PPP项目质量和进度受政府监督

由于PPP项目是公共福祉项目，其质量关系民众使用安全；且项目建设进度也直接影响国家经济建设的发展，所以PPP项目的质量与进度，必须严格受到政府的监督与管理。如果PPP项目于兴建或营运期间，具有项目进度严重落后、项目质量严重不过关、主要功能缺失、经营不善或其他重大事由发生，主管行政部门依据PPP合作契约和相关法律法规的规定，可以书面通知私人部门定期改善、终止其兴建和营运PPP项目的部分或全部。除项目进度严重落后及质量重大违失外，当民间机构发生经营不善或重大情事时，主管部门可以行使介入权和接管权，以确保PPP项目的质量和进度按照合同的规定，如期、高质量地完成并达到提供民众使用的公共用途与促进产业经济发展。

3. 缴纳特许费义务

特许经营费指的是在特许经营关系的发生过程中，受许人需要向特许人上交的费用。政府部门与社会资本方在签订PPP特许权转让协议时，应该在协议中对特许费的范围、数额和期限等进行明确规定，私人部门应该按期足额缴纳特许费。大型PPP项目契约期限可能长达30—50年，其未来的经营环境之收益、费用及利率或总体经济因素等具有高度不确定性，因此，PPP项目应该允许公、私部门进行调整，除降低双方共同面临的未来不确定性因素外，也会提高社会资本方对PPP项目投资诱因。除此之外，政府设定的PPP项目特许经营费不应过高，也不应过低，而应该以财务稳健运行为原则。唯有如此，才能达到政府、私人部门和社会公众三方共赢之局面。

4. 营运期间维修义务

社会资本方或项目公司应于运营前的约定日期，提出运营执行计划，依此计划进行营运，并随时维持营运资产和设备的可靠度、可维修度、安全度等之状态，社会资本方或项目公司对于营运资产和设备应随时维持堪用之状态。对于资产和设备的运转及消防安全，社会资本方或项目公司如发现设备故障或损坏，足以影响PPP项目营运安全时，应该立即停止营运，并立刻通知售后服务商到场进行维修，如发生意外，应由社会资本方或项目公司负损害赔偿责任。为了维护PPP项目所需的机械、机电、消防等各项设施之正常营运，社会资本方或项目公司应依相关规定聘用或雇用专业机构和服务人员营运PPP项目。为了营运PPP项目，社会资本方或项目公司应该依据相关法律、法规进行各项监督与检查，包括但不限于建筑物、构筑物的公共安全检查、消防安全设备检修及高低压电气设备定期检验、消防安全设备检修及申报等检查及报备，以避免行政当局一直不知悉或为时已晚才知悉那些有损公共利益的突发情况。

5.营运资产维护管理义务

社会资本方或项目公司营运资产维护管理义务主要表现为：首先，私人部门应随时维持PPP项目的营运资产和设备经营状况良好，并对PPP项目的营运资产和设备作必要的装修、置换及修缮，以确保政府接收后仍可维持正常的运营状态；其次，私人部门应该对PPP项目运营资产的保养、管理及维护负责；最后，私人部门有编列资产清册的义务。

6.资产移转义务

理论上，PPP项目终止后，大多需要将基础设施的所有权移交于政府。具体而言，私人部门应将现存所有的营运资产或营运权，依PPP合作契约有偿或无偿移转、归还予政府。如果私人部门被实施机关评定为营运绩效良好、信誉可嘉，实施机关应当于经营期限届满时与该私人部门优先续订PPP合作契约，委托私人部门继续经营。资产移转义务可分以下两种情况。

第一种，PPP契约届满时之移转。

PPP期限届满时，移转的标的物应该是私人部门现存的所有营运资产。私人部门应移转其所有且为继续运营PPP项目现存的全部运营资产、设备和资料文件。具体而言，移交标的物包括PPP契约运营的资产、设备及使用或操作的软件，各项文件、物品及相关智慧财产权的所有权文件、担保书、契约书、使用手册、计划书、图说、规格说明、技术资料等。契约期间届满时，私人部门应除去移转标的上的一切负担及其他法律上限制，并且于契约期间届满前将移转标的物无偿移转于政府相关部门。

第二种，PPP契约届满前之移转。

发生原因可分为：（1）双方合意终止：则公私双方应一并约定移转方式。（2）因可归责于政府方的事由终止：在此情形下，政府无权要求私人部门担保资产的使用状况及维修状况后始得移转之必要。（3）因可归责于私人部门的事由终止：则政府如果选择收买，如该资产有任何瑕疵，应反映于政府的收购价格上。（4）因不可抗力事件及除外情事而终止：在此情形下，资产可能已经严重毁损致已无再兴建或运营之实益；或政府方选择予以重建后继续兴建或运营。在这些情形下，政府方均无要求私人部门应担保资产之使用状况及维修状况后始得移转之必要。PPP契约届满前之移转，除合作契约或法律法规另有规定外，私人部门应该将PPP项目之移转标的移交于政府方或其指定的第三人。PPP契约因不可抗力及除外情事而终止时，由公私双方协议决定具体移交事宜。

三、消费者和用户的权利与义务

（一）消费者和用户的权利

1. 接近使用公共服务之权利

公共服务之轴心原则及其他法则的适用，是以所有人拥有接近使用服务之权利为前提。[①]此权利是平等原则的具体化，自此原则导出“平等接近使用公共服务”之原则。若使用者符合服务之法则所要求的资格和条件，其应在实际上得以接近使用设施以及服务给付，不得进行差别对待。但是当形式上的平等对待有违实质上的平等时，必须在接近公共服务方面给予必要的差异化，例如城乡之间的水费征收差别。

2. 服务正常运作之请求权

当公共服务存在且使用者能够接近使用时，使用者原则上还必须拥有此服务正常运作之请求权。唯有如此，接近使用公共服务的权利才具有现实性。服务正常运作之请求权是国家担保责任理论中的公共服务持续不中断原则的要求和体现，其在行政责任法上的功效是，“使用者得基于公共服务之不良运作请求损害赔偿，以延伸其权利救济的防卫”[②]。PPP模式下，服务正常运作之请求权潜在地要求公共服务不仅要依照现在的条件和环境正常持续提供，而且也要求公共服务的质量和水平随着技术、经济的发展而不断发展与更新。

3. 获取给付之请求权

此权利是服务正常、良好运作之请求权的必然后果，构成使用者地位的根本

① 王必芳：《“公共服务”或“普及服务”？——以法国学说的反思和法制的演进为中心》，载李建良：《2011行政管制与行政争讼——民营化时代行政法的新局势》，新学林出版股份有限公司2012年版，第113—197页。

② 王必芳：《“公共服务”或“普及服务”？——以法国学说的反思和法制的演进为中心》，载李建良：《2011行政管制与行政争讼——民营化时代行政法的新局势》，新学林出版股份有限公司2012年版，第113—197页。

权利。[①]有些活动对于维持社会关联而言是根本的，当人权的享有和基本自由的行使取决于这些活动的存在和规律的运作时，公权力即有义务组织和实现之，而使用者即可在实际上享有获取给付之权利，要求创设或维持这些不可或缺的公益活动。[②]当然这些公益活动并不一定是由公权力机关亲身提供，也可以由社会资本提供。当公共服务由社会资本提供时，消费者或者用户可以向社会资本方主张给付之请求权。

4. 争议解决及损害赔偿请求权

首先，当使用者与政府或服务提供者之间发生纷争时，能够通过多种手段获得救济。消费者或者使用者可以通过给付之诉请求承认其使用者的资格，从而接近使用服务，或是请求在实质上获得给付；当公共服务的管理和提供违反其所应遵守的规范时，公共服务之真实的或潜在的使用者拥有起诉的利益，可以请求撤销违法的行为。其次，公共服务设施和具体的公共服务行为因为瑕疵、不作为或违法而受侵害之实际的或潜在的使用者，可以向政府提起损害赔偿之诉。通过多种救济手段，使用者或消费者实际上是以一种特别的方式参与了公共服务的运作，有利于督促政府和社会资本提高管理水平，改善公共服务，也表明了公共服务是"众人之事业"。

（二）消费者和用户的义务

消费者和用户的义务主要有及时缴纳各种费用、不得损毁PPP项目使其丧失正常功能和作用、协助配合义务和必要的容忍义务。

---

① 王必芳：《"公共服务"或"普及服务"？——以法国学说的反思和法制的演进为中心》，载李建良：《2011行政管制与行政争讼——民营化时代行政法的新局势》，新学林出版股份有限公司2012年版，第113—197页。

② 王必芳：《"公共服务"或"普及服务"？——以法国学说的反思和法制的演进为中心》，载李建良：《2011行政管制与行政争讼——民营化时代行政法的新局势》，新学林出版股份有限公司2012年版，第113—197页。

第四节　PPP法律关系的客体

法律关系的客体，其实质就是权利的客体。所谓权利的客体，是指一切能被权利所指向，或者说能被构成权利的那些权力所指向的东西。它是一切获法律秩序承认具备这种资格的东西。一言以蔽之，它是被法律秩序认为值得在某些情况下（这些情况是多种多样的）透过赋予权利和施加相应义务，从而予以保护的任何种类的好处。[①]PPP模式法律关系的客体即运用PPP模式经营的项目，主要集中于铁路、公路、桥梁等交通部门，自来水厂、污水处理厂等水务部门，电力煤气等能源部门，电信网络等通信事业，以及医院、监狱、学校等社会公用事业。这些领域的项目本身就包含了多重法律关系，如项目前期、项目招投标、项目建设、项目运营等均是多个法律关系组成，因此，PPP模式的法律关系客体与一般法律关系的客体相较而言，具有复杂性和多重性的特点，在规定PPP模式法律关系内容时，必须依据客体复杂性、多重性对双方的权利和义务的界限进行明确，根据项目本身蕴含的各种法律关系对政府和社会资本的权责进行合理划分。

① ［葡］曼努埃尔·德·安德拉德：《法律关系总论》，吴奇琦译，法律出版社2015年版，第190页。

第四章

我国PPP行政法规制的合作契约手段

第一节 PPP模式下传统行政法规制手段的挑战与革新

一、PPP模式下传统规制手段的挑战

在传统的行政法学研究中，行政任务的履行是国家的“独角戏”，国家实现公益的方式主要依靠高权色彩较浓的行政行为形式来予以完成。行政行为形式理论是基于法概念操作技术之方便性，就行政机关为达成一定行政目的或任务所实施的各种活动中，选定某一特定时点之行为，作为控制行政活动适法之范围或界限时之审查对象（基本单元），以达成对行政机关进行适法性控制之目的。因此，行政行为形式理论之任务，主要借由厘清各行政活动基本单元之概念内涵与外延（范围）、容许性与适法性要件，以及法律效果等问题，以确保依法行政要求，并同时保障人民权利。[①]正是由于行政行为的方便性和易于合法性控制使得行政行为作为一种有效的管制手段成为传统行政法学理论研究的核心内容，是“全部行政法学理论的精髓和柱石”。[②]

然而，PPP模式下，公益实现的方式已经由国家单方采用行政行为的形式，改变为与人民一起通过合作模式予以实现。行政法学研究的注意力因此不会只限制在行政部门的法律行为形式，非正式的行政行为、信息，诱因（如补贴、各种公课等），以及其他合作与解决冲突的模式，皆可成为行政法研究的课题。[③]尤其是契约的作用日益凸显，作为一种管制手段并受到重视，又因为PPP模式的长周期性和复杂性，依靠单一的管制手段已经很难产生实效，多种管制手段的综合使用或混合并用将是常态。PPP模式引起的这些新的管制方式的变化对以规制单方

① 赖恒盈：《行政法律关系论之研究——行政法学方法论评析》，元照出版有限公司2002年版，第53页。

② 张树义：《行政法学新论》，时事出版社1992年版，第93页。

③ Andreas Voßkuhle，Verwaltungsrechtswissenschaft，in：Hoffmann Riem/Schmidt-Aßmann/Voßkuhle（Hrsg.），Grundlagen des Verwaltungsrechts，2. Aufl.，Bd. I，2012，§ I Rn. 23.

行政行为为内容的传统行政法学管制理论提出了巨大的挑战。

二、PPP模式下管制手段的革新

传统的规制工具被称为命令控制型规制，主要是为了弥补市场自身无法解决的垄断、外部性、信息不对称等不足，而采取事先许可、事后制裁（典型代表为行政处罚）、行政强制等方式。①然而，命令控制型规制受到了极大的批评，其经常被认为效率较低甚至是非理性的，②虽然其取得了一定的成果，但经常不计成本，效率低下，有时甚至事倍功半。③更为严重的是，命令控制型规制有时还可能会被产业俘获，有时又无法回应经济社会发展而导致企业遵从成本较高。回到PPP合作模式中，公部门借用私部门达成行政任务时，原本为公部门设计的各种控制手段不能全然援用，否则原本追求之减轻国家负担的目标即无从达成。④因此要想促进PPP合作模式的发展，必须改变解决问题的控制手段。正如美国学者霍贝尔指出的那样："法是一个动态的发展过程，在这个过程中，解决问题的方法很少是永久不变的。"⑤

笔者认为，在PPP模式中，政府采取的管制手段应该从单方的高权手段转化为合作的、柔性的、多元化的综合管制手段。这些管制手段主要有合作契约、PPP指南、认证和验证、软法以及其他的非正式管制手段。

（一）合作契约

由于持续的民营化带来的从履行责任转向担保责任的范式转换已经招致了对

---

① 参见谭冰霖：《环境规制的反身法路向》，《中外法学》2016年第6期。

② See Bruce A. Ackerman & Richard B. Stewart, "Reforming Environmental Law", 37 Stan. L Rev. 1333, 1334-40 (1985); Richard B. Stewart, "Models for Environmental Regula-tion: Central Planning Versus Market - B51 (1992).

③ See Howard Latin, "Ideal Versus Real Regulatory Efficiency: Implementation of Uniform Standards and ' Fine -Tuning' Regulatory Reforms", 37 Stan L Rev 1267 (1985).

④ H.-H. Trute, Verantwortungsteilung als Schlusselbegriff eines sich verandernden Verhaltnisses von offentlichem und privatem Sektor, in: G. F. Schuppert (Hg.), Jenseits von Privatisierung und "schlankem" Staat, 1999, S. 22f., 32 f.

⑤ ［美］F.A.霍贝尔：《初民的法律》，周勇译，中国社会科学出版社1993年版，第314页。

私法行为以及私法组织形式的“大抢购”，[①]特别是在民营化或公私合作领域，由于实体上的权利与义务大多主要依靠公私合作契约进行规范和约束，合作契约将是直接的规制工具，也是政府常用的规制工具[②]。以PPP合作契约条款作为担保国家的主要管制手段，除可以充分发挥PPP模式的制度特性，也即公、私部门双方透过平等对话，共商双方在任务执行，以及规范框架、财务、人事等风险及公益责任应如何分担之解决方案，更可以使PPP双方当事人于型塑合作法律关系时，对于彼此权利义务事项具有预见可能性，并且可以将“给付提供”及“公益实现”视为契约的整体责任，列入双方权利义务具体型塑之考量，使双方当事人于议约时即可以对主要风险及责任分担方式有一定程度的掌握，避免进入履约阶段后，使私人部门产生过多当初申请时始料不及的“契约外义务”而讶异，降低“民间参与失灵”的风险。[③]正是由于“契约所具有的拘束力与灵活度可以让国家在协力过程中适度调和利害冲突，并作为国家监督、管理之准据，故其成为各国当今在公私协力上最常用之调控形式”。[④]

（二）PPP指南

指南的本义是“指南针”，即行动的指南针。在《辞海》中“比喻正确的指导”；在《汉语大词典》中“比喻指导或指导者”；在《现代汉语词典》中则“比喻辨别方向的依据”。“指南”一词是由“指南针”“指南车”引申而来，在实践生活中的喻义主要是“指导”，即指示指导、引导的含义。很多书籍以“指南”命名，如维修指南、操作指南、管理指南等，都有“指导”的含义。指南作为词汇概念时是指导指示、引导的意思。在现代行政法上，指南不是经由立法程序制定的，不属于“立法性文件”，不是“法”；但从外在形式看，它是以规范性文件

① ［德］彼得·胡贝尔（Peter M.Huberr）：《公共部门的企业活动：对一个行政法现象的重新考量》，李剑译，《北航法律评论》2017年第1辑，第5—29页。

② 美国学者弗里曼教授认为，“政府看上去逐渐地通过契约实现它的所有功能”，政府利用契约履行其功能现在已经成为常态。See.Jody Freeman，“The Contracting State”，Florida State Uni’versity Law review，2000 vol. 28，pp. 154-155.

③ 詹镇荣：《国家担保责任之实践与检讨》，载台湾行政法学会主编：《现代行政之正当法律程序/公私协力与行政合作法制》，元照出版有限公司2014年版，第149—192页。

④ 陆敏清：《从德国修法历程论公私协力运用契约调控的发展》，《兴国学报》2013年第1期，第127—149页。

为载体的。[①]我国的指南、手册等规范性文件与日本的“行政规则”、英国的“非正式规则”的功能相类似，都在政府行政实践中发挥着“规则”的作用，都是介绍法律规定、规范行政权运行和控制自由裁量的有力工具。[②]那么，何谓PPP指南？笔者认为，PPP指南，就是行政主体为规范和推进PPP项目的高效实施和运作，依据自由裁量权制定或者授权制定的，介绍PPP项目相关法律政策、引导PPP项目具体操作、规范公私合作方及相关方交互行为的规范性文件。指南的目标与其说是控制行政行为，倒不如说是提倡和灌输一种以服务为导向和专业化的理念。PPP指南是PPP项目的研究部门或公共机构制定的用以指导和规范PPP项目具体的实务操作的程序和规则，在没有法律法规的情况下，PPP指南可以为PPP项目的运作提供专业化的指导服务和规范约束。PPP指南虽然没有法律约束力，但是它具有很强的针对性和事实上的约束力，容易为当事人接受，能够指导和规范PPP项目的运作行为。从全球来看，一些国家组织和大多数国家的PPP项目主要依靠PPP项目指南管理和运作。例如，联合国贸易发展委员会制定的《提高政府与社会资本合作（PPP）善治的指南》、印度政府财政部经济事务司于2013年和2006年1月分别出台的《核心部门公私合作项目规划、评估及批准指南》和《对基础设施领域PPP项目提供金融支持的计划和指南》，及我国现阶段实行的《政府和社会资本合作模式操作指南（试行）》《政府和社会资本合作项目通用合同指南》等。

（三）认证和验证

在PPP领域中，由于国家角色的转变，导致国家管制手段也不同于以往，国家逐渐放弃直接管制，采取社会自我管制策略。为了实现社会自我管制，国家以私部门提供检验合格证明的方式为之，国家则退缩至对这些验证机构加以认证，换句话说，国家仍保持有监督的权限。[③]具体来说，也就是国家和私人部门的合作管制，常采用的就是验证和认证手段。所谓验证一般是指，验证机构评定特定产品、服务、流程符合为此设定的标准；认证是指，由认证机构证明验证机构具有从事验证工作的能力与资格。具体来说，认证及验证，系由国家认证专业人士，

---

① 余凌云：《现代行政法上的指南、手册和裁量基准》，《中国法学》2012年第4期，第125—135页。

② 余凌云：《现代行政法上的指南、手册和裁量基准》，《中国法学》2012年第4期，第125—135页。

③ F. Schoch，Gewahrleistungsverwaltung：Starkung der Privatrechtsgesellschaft？ NVwz 2008，S.243.

从事食品安全或生产设备环境检测工作之监督及控制业务，受监测者若自愿由认证之专业机构进行检测，且通过检测者，即享有免受公权力机关检测之特权。[①]在行政法领域，验证机制作为一种行政手段的主要功能或在于取代行政机关之决定，或以验证机构之决定作为行政决定之前提要件。[②]不过，于私人检验之情形，仍须在国家的监督之下进行，以体现国家的担保责任。[③]这一现象被学者们认为是行政法实施的民营化，是一种公私合作的体现。[④]由于这种手段不仅很好地体现了担保国家理念，而且“可以充分利用私人资源，并有效创新与提升政府服务的效率与质量，因此颇受西方发达国家青睐”[⑤]。在德国与欧洲的法秩序中，认证与验证已经在各个专业领域广为运用，例如德国产品安全法[⑥]、循环利用法（Kreislaufwirtschafts-recht）[⑦]、联邦汽机车管理局设置法（Gesetz uber dieErrichtung eines Kraftfahrt-Bundesamts）[⑧]、法院外调解法规[⑨]、劳动促进法[⑩]，乃至于军事装备法[⑪]等领域，均可看到此等手段之运用。在我国，对PPP项目的产品和质量的全过程管控完全可以赋予第三方验证资格，发挥验证认证机制之功效，确保公共产品和服务的高质量持续供给。

---

① 林明锵:《担保国家与担保行政法——从2008年金融风暴与毒奶粉事件谈国家的角色》，收录于《政治思潮与国家法学》（吴庚教授七秩华诞祝寿论文集），2010年1月，第585页。

② 李东颖:《认证与验证制度在行政法体系中之功能与地位》，载《食品安全与司法审查》，元照出版有限公司2020年版，第287页。

③ Matthias Knauff:《认证与验证作为担保国家的经济监控手段——以产品安全法为例》，载《人民与国家关系的变迁》，元照出版有限公司2017年版，第163页。

④ See Michael P.Vandenbergh，The Private Life of Public Law，105 Colum.L.Rev.2029，2038（2005）.

⑤ See Jody Freeman，The Private Role in Public Govemance，75 N.Y.U.L.Rev.543，549（2000）.

⑥ 德国食品安全法（Gesetz uber dieBereitstellung von Produkten auf dem Markt，ProdSG）第二条第一款规定：认证，系指“由国家认证机构确认检验机构符合相关规范所定之要求及必要时之额外要求，包括各该相关分支认证体系提出之要求，俾使其实施个别之符合性评鉴工作”。认证“旨在透过确保（符合性评鉴机构）自身的必要质量与可信赖性，以建立产品的质量信用。经由对检验人员的认证，也就是审查，确保前速检验机构之能力，据以建立维护产品安全之工具”。

⑦ 循环利用法第五十六条：清除处理专业机构之验证（BGBl. 2012 I，S.212）。

⑧ 联邦汽机车管理局设置法第二条第一款第一项：技术服务及合格检验站之验证（BGBI. 2011 I，S.1124，1125）。

⑨ 调解法（MediationsG）第六条：调解员验证之命令授权（BGBI. 2012 J，S. 1577，1587）。

⑩ 社会法典Ⅲ第一百七十六条以下：主体及措施之许可（BGBV. 2011 I，S.2854，2905 ff.）。

⑪ 国防军需指令落实法（Gesetzes zur Umsetzung der Verteidigungsguter richtlinie）第二条：对外贸易参与者之验证（BGBI. 2011 J，S.1595）。

（四）软法

“软法”的规则是指那些不依靠具有约束力的规则或正式制裁制度，而同时又暗示着某种规范性义务的规制手段和治理机制。[①]软法一般有国家软法和社会软法。国家软法一般是具有法定立法权的机关制定的手册、指令、守则、指南、备忘录、通信信件、通告、协议、公报、雇员手册和培训材料等规则；社会软法是社会组织制定的规范其成员行为的规则，例如村规民约、自治章程、职业道德、交易习惯、行业规则等。由于在PPP模式中国家硬法因各种原因无法满足或难以满足实践的需要，各种软法规则必须粉墨登场发挥规制作用。在PPP模式中，“软法与硬法交融，形成了一种蛛网式的混合结构”，[②]共同合作规制PPP的良善运作。

（五）其他的非正式管制手段

其他的非正式管制手段是指，没有进行行政行为类型化，尚未成型的行政行为。除以上管制手段外，PPP非正式管制手段十分丰富，例如协商、协定、事实行为、提供诱因等都可以成为PPP模式的管制手段，甚至在这些手段难以确保公共利益实现时，仍可采取单方的正式的规制手段。例如公共利益持续供给中断时的国家行政处罚、强制接管等单方正式行政行为。

综上，在政府与社会资本方以PPP模式履行公共任务的场合，政府方必须履行自己的担保责任，采取有效的管制手段担保公共任务能够持续地高质量供给。合作契约是担保国家主要的管制手段，且较之于其他“契约以外的管制手段”而言，应该更具有优先性，比其他管制手段更为重要。[③]正因如此，本章以下内容将对PPP合作契约进行重点论述。

---

① Francis Snyder，The Effectiveness of European Community Law：Institutions，Processes，Tools and Techniques，Mod.L.Rev.（56），1993，p.19；K.C.Wellens &G.M. Borchardt）：Soft Law in European Community Law），Eur.L.Rew.（14），1989，p.267.

② 罗豪才、毕洪海：《软法的挑战》，商务印书馆2011年版，卷首语第2页。

③ 詹镇荣：《公私协力与行政合作法》，新学林出版股份有限公司2016年版，第202页。

第二节　PPP行政法规制的合作契约手段

一、PPP合作契约的概念与特征

PPP合作契约，是指政府与社会资本通过签订契约的方式，在公私部门之间分配风险、分担责任、共同执行行政任务的法律形式。PPP合作契约不同于传统的取代行政行为的行政契约，也不同于民事契约。其主要特点表现为：

（一）集合性

PPP合作契约是一个集合概念，它包括由政府和社会资本所签订的以合作完成公共任务为目的的所有合同类型。常见的PPP合作契约类型主要有BOT、BTO、ROT等，或者它们的组合，由此可以看出，PPP合作契约就是一个庞大的“契约体系群”。但是就一般层面而言，PPP合作契约主要指政府与社会资本方签订的双方合作契约，这是PPP模式中的主合作契约。

（二）平等性

PPP合作契约的伙伴关系决定了政府与社会资本在合作契约的全程履行过程中始终与政府部门处于平等的“合作者”地位，尤其是政府部门不得滥用公权地位，威胁或破坏平等合作关系。当双方出现了不可抗力事件时，双方应该立于平等的地位，进行平等协商和对话。所以，“公、私部门非立于平等伙伴地位，或是私部门非基于自愿而参与公共任务执行者，皆非当代主动国家理念下所理解之公私协力”[①]。因而，公私合作合同与传统以单方行使公权力为内涵的行政主体与

① 参见詹镇荣：《行政合作法之建制与开展——以民间参与公共建设为中心》，收录于《行政契约之法理/各国行政法学发展方向》，台湾行政法学会研讨会论文集，元照出版有限公司2009年版，第109—110页。

相对人之间上下从属的法律关系迥异，将合同两造处于隶属地位的其他行政合同也排除在外。[①]

（三）混合性

PPP合作契约涉及国家与社会的交叉领域（Uberschneidungsbereich）[②]，这个交叉领域不仅是公权主体与私权主体进行合作的舞台，同时也是公权主体与私权主体进行利益博弈的场合，是“聚集了国家与市场、公部门与私部门、公法与私法等不同场域的意志与利益的混合架构”[③]。

（四）不完全性

PPP合作契约是典型的不完全契约。[④]在这种契约中，在面对不确定性但协商成本、缔约成本给定的情况下，契约永远不可能列举和控制一项要延续一段时间的交易活动的所有方面。[⑤]因此，往往在合作契约中增设重新谈判条款以应对发生意外事件时对风险分担的调整，而这反映出PPP项目协议所具有的不完全契约属性。

（五）正式性

PPP合作契约具有“长生命周期取向”之特性，[⑥]法律关系复杂，易于变动，因此，应该采取正式的书面形式将政府与社会资本方的权利义务与风险分担明确规定下来，以免中途退场或破局，危害公共利益。

---

① 李霞：《行政合同研究——以公私合作为背景》，社会科学文献出版社2015年版，第144页。

② G. F. Schuppert，Verwaltungswissenschaft：Verwantung，Verwaltungsecht，Verwaltungslehre，Nomos Verlagsgesellschaft，2000，S. 174.

③ 李霞：《行政合同研究——以公私合作为背景》，社会科学文献出版社2015年版，第144页。

④ 不完全契约理论认为，受信息不完全性、人的有限理性及交易事项不确定性的影响，未来将要发生的事情难以准确预测，在契约中很难对各种可能情况下交易各方的责权利做出明确界定。因此拟定完全契约的交易费用相当高，不完全契约成为必然选择。参见Grossman and Hart，1986；Hart and Moore，1990；Hart and Moore，1999。

⑤ ［德］柯武刚、史漫飞：《制度经济学》，韩朝华译，商务印书馆2000年版，第233页。

⑥ Vgl. J. Ziekow，Wandel der Staatlichkeit und wieder zuruck? PPP im Kontext derdeutschen Diskussion um die Rolle des Staates，in：Ders.（Hrsg.），Wandel derStaatlichkeit und wieder zunick?，Die Einbeziehung Privater in die Efflillungjung LngofFentlicher Aufgaben（Public Private Partnership）in/nach der Weltwirtschafiskriserise，2011，S. 57ff.

二、PPP合作契约的性质

关于PPP合同的法律属性，从国外经验来看，大陆法系传统国家倾向于将其定性为公法合同，英美法系国家则大多将其定性为私法合同。而英国同时存在公法性质和私法性质的PPP合同，具体视合同情况来定，法官有很大的裁量权。

在我国PPP项目合同的法律性质在理论界与实务界历来有争议，主要表现为行政合同与民事合同之争。就合同主体而言，有人认为是平等民事主体之间的民事法律关系，亦有人认为合同双方之间为行政法律关系。就合同性质而言，有人认为，PPP项目合同属于民事合同，亦有人认为，该合同还应同时具备行政合同的性质。除此之外，还有一种观点认为，PPP项目合同充分体现出政府在社会管理工作中的行政主体和民事主体的双重角色，因而具有混合合同性质。下面对这三种观点分别进行介绍。

（一）行政协议（合同）说

持此种观点的学者主要是行政法学者。这些学者普遍认为，PPP协议是典型的行政协议（合同）[①]。他们的理由概括起来主要如下：第一，从主体上看，行政合同的当事人一方为人民政府，尽管在PPP合作协议中政府基于“合作者”的角色和地位也要和协议中的社会资本方或项目公司同样承担合同约定的义

---

① 持该种观点的学者主要是行政法学者，例如邢鸿飞、林明锵、梁凤云、李霞等。参见邢鸿飞：《政府特许经营协议的行政性》，《中国法学》2004年第6期；林明锵：《台湾BOT制度缺陷与修法建议》，《月旦裁判时报》2015年第36期；梁凤云：《公私合作协议的公法属性及其法律救济》，载中华人民共和国最高人民法院行政审判庭：《行政执法与行政审判》（总第69集），中国法制出版社2018年版，第3—18页；李霞：《行政合同研究》，社会科学文献出版社2015年版。特别值得注意的是，2019年11月27日，最高院对外发布《关于审理行政协议案件若干问题的规定》（法释〔2019〕17号），该规定第二条第五项将“符合本规定第一条规定的政府与社会资本合作协议”纳入行政协议案件的受理范围，从而明确了PPP协议的行政法属性。但此规定并未定分止争，反而引起业界哗然，批判质疑声众多。例如，北京大学法学院教授、法律经济学研究中心主任邓峰认为：政府与社会资本合作的PPP市场面临法律危机，行政庭管辖扩权冲击市场预期、仲裁管辖出问题、政府毁约概率增加而成本降低、民告官胜诉难、随着外资进入PPP可能造成内外不平等，并提出了司法解释不宜“单兵突进”；原中国财政科学研究所所长贾康认为：将PPP合同定性为“行政协议”，将颠覆PPP的创新根基，并认为立法应该确认PPP合同是民事合同。参见邓峰：《PPP市场面临法律危机？行政协议司法解释可能产生的影响》，《财经》2019年12月18日；贾康：《将PPP合同定性为“行政协议”，将颠覆PPP的创新根基》，《财经》2019年12月19日。

务，但政府基于“担保者”“监管者”的角色和地位要对PPP项目的全过程进行监管和管理，以最大限度地维护政府公共利益担保人的兜底责任，难免动用公权措施，单方作出命令与禁止行为。第二，PPP合作协议的签订目的在于采用民间之手从事其原本应该为公众提供的公共服务，其最终目的仍然在于为大众谋求公共福祉，只不过是提供手段和方式发生了转化，这一点与民事合同追求私人利益不同。从此角度以观，PPP合作协议是追求社会公益的行政协议。第三，从PPP合作协议的权利与义务内容以观，这些协议通常情况下都会约定政府部门对PPP合作项目的建设、运营等关键阶段具有进入查看、问讯等监督检查权，及在公共利益需要或政策重大调整时的单方变更、接管和撤回权，这些权利即使在PPP合作协议中没有约定，也不影响其在PPP协议中的存在，因为这是PPP协议的固有权利。除此之外，PPP合作协议中社会资本方或项目公司的许多民事权利的实现都离不开行政机关行政行为的配合与支持，例如税收之减免、价格之动态调整及政府部门各种允诺等兑现。第四，PPP合作协议由于具有公共利益性，其协议之签订程序往往较民事合同复杂，PPP合作协议的签订必须要经过严格公正的招投标程序，程序较为烦琐，流程较长，只有经过严格的程序筛选最终才能确定承接公共任务的协议方，也即社会资本方，但民事合同一般只需要简单的协商和谈判就能确定合同合作方。因此，PPP协议不同于民事合同，它是行政协议。司法实践中，也有一些法院将PPP协议定性为行政合同。①

（二）民事合同说

有部分学者认为，PPP合作协议的属性是民事合同。②该类观点主要理由如下：首先，PPP合作协议中双方当事人具有的法律地位平等。PPP合作协议的签订机关需要经过一些特殊的法律许可程序和竞争程序，但这些仅是PPP合作协议的成立要件和生效要件，并不关涉PPP合作协议自身的性质问题。处于协商谈判过程

① 人民法院认定PPP合同为行政合同的裁判观点的案例，例如海南中东集团有限公司、茂名市公路建设有限公司等与遂溪县人民政府行政协议一审案［案号：（2018）粤08行初395号］。

② 持这种观点的主要是民事法学者，例如辛柏春：《BOT项目协议的法律性质》，《行政与法》2005年第5期；林家琪：《BOT契约的法律性质》，载谢哲胜：《BOT契约法律与政策》，元照出版有限公司2015年版。

中的PPP协议，政府与社会资本方都有自愿签订协议的自由，所以，PPP合作协议体现的是政府与社会资本方真实的内心意思表示，并没有强制性意思所在，这完全契合民事合同的自愿、协商一致原则。其次，PPP合作协议中政府与社会资本方的权利义务基本上处于对等状态。PPP合作协议的本质是为公私合作提供公共产品和公共服务，创造福祉于民众，满足公众的基本需求。既然公私双方要进行合作，必然要进行一定的交易行为。唯有达成交易，政府与社会资本方才能进行持续合作。在PPP协议的交易中，政府将PPP合作项目具有一定期限的项目经营收益权和附属收益权许可社会资本方，社会资本方利用自己雄厚的资金、管理技术和经验作为对价和报酬与政府进行平等交易的互易合同行为。对社会资本方来说，PPP合作期限内其不仅享有约定的项目经营权，还可以根据合作协议的约定拥有合作项目和附属事业的有限产权，取得合理回报，必要时，还可以获得政府的补贴和税收优惠。相应地，社会资本方应当在合作期内确保项目能够按照协议的约定持续高效运营和提供公共产品和服务。PPP合作协议期满，除续约外，社会资本方应该按照法律规定和协议约定的、状态完好无损地将项目、设施设备、技术资料和相关人员移交政府方，尽管政府方在整个PPP合作期限内具有行政优益权，但其行使应以不妨碍PPP合作项目正常运作为前提。即使政府方因为公共利益行使行政优益权，也要受“财政平衡”原则约束，对社会资本方进行相应的补偿。因此，在PPP合作协议中，政府与社会资本方的权利义务基本对等，符合民事合同等价交换的特征。从这个意义而言，PPP合作协议是平等主体之间的民事合同。①司法实践中，也有一些法院将PPP协议定性为民事合同的案例。②

（三）混合合同说

除上述两种观点外，也有部分学者认为PPP协议不宜简单地定性为行政协议或民事合同，而应该定性为混合合同。例如有学者认为，PPP协议中反映了公共部门与私人部门之间对于公共服务的买卖合同关系，还反映了私人部门作为公共服务的生产者和经营者与公共部门作为公共服务市场的监管者之间的管理与被管

---

① 周兰萍：《PPP特许权协议的民事性质及立法建议》，《建筑》2015年第2期。

② 人民法院认定PPP合同为民事合同的裁判观点的案例，例如河南新陵公路建设投资有限公司与辉县市人民政府管辖裁定书［案号：（2015）民一终字第244号］。

理关系，应属于兼具公法和私法性质的混合合同，双方当事人应同时受到公法和私法原则约束。[①]再如有学者认为，无论将PPP合同定义为民事合同，还是行政合同，都存在理论上的缺陷，未能全面反映PPP合同的精神。如果单纯将PPP合同定义为民事合同，则忽略了其公共利益保护的功能；如果单纯将其定义为行政合同，则又不利于投资者利益的维护。因此，应该将“PPP合同定义为混合合同，或可称为民事行政合同较为妥当”[②]。

（四）笔者观点

笔者认为，上述关于PPP协议定性的观点都具有一定的合理性，都能说明PPP协议的部分属性，但尚难真正解决PPP面临的法律适用和争端解决等棘手问题。其实，在公私合作契约中，合作伙伴参与契约缔结的目的是解决问题，又加之合作契约规范内容的错综复杂，通常也难以判断其究竟属于公法性质还是私法性质，“特别是参与的契约当事人在实务上多半不会在意各该契约的法律性质”。当事人关注的重点“不在契约性质的严格区分，而在于共通原理原则的探寻，使其不论定性为何种性质的契约，在契约权利义务关系、契约效力与人民权利保护等问题上，能有尽量趋于一致的结果”[③]。“政府与社会资本缔结契约时，不论其为公法性质或私法性质的契约，其实也都在行政机关权限范围内、受法律拘束而活动。”[④]因此，合作契约现行问题之所在，并非在于其法律定性，毋宁在于契约无效效力所衍生之公益确保与国家担保责任维系问题。[⑤]那种将PPP契约定性为行政契约、私法契约，抑或是混合契约无疑都是缘木求鱼，不得要领，且常常会招致反对和批评，《最高人民法院关于审理行政协议案件若干问题的规定》（以下简称《行政协议解释》）将PPP协议定性为行政协议引发的反对和质疑就是例证。PPP协议属性由立法者或司法者预先决定，也即协议属性法定或法定行政协议，

---

① 湛中乐、刘书燃：《PPP协议中的法律问题辨析》，《法学》2007年第3期。

② 肖建华、黄华珍：《论政府与社会资本合作之善治——PPP合同的性质与纠纷解决路径》，《广西大学学报》（哲学社会科学版）2018年第2期，第93页。

③ 江嘉琪：《德国（含欧盟）行政契约理论发展之局势》，载台湾行政法学会主编：《行政契约之基础理论、法理变革及实务趋势/行政程序法之最新发展》，元照出版有限公司2013年版，第15页。

④ 江嘉琪：《德国（含欧盟）行政契约理论发展之局势》，载台湾行政法学会主编：《行政契约之基础理论、法理变革及实务趋势/行政程序法之最新发展》，元照出版有限公司2013年版，第8页。

⑤ 詹镇荣：《公私协力与行政合作法》，新学林出版股份有限公司2014年版，第54页。

自然可以省却法院判定协议属性的负担，且提高审判效率。

“法定行政协议”似乎是最理想的规制方式，因为其能避免协议属性的判断困扰与法院间的权限争议。然而在实际上，立法者直接定义协议属性的例子却相当有限。就算立法者直接决定协议之属性，并非因此就完全排除所有争议。在具体个案的认定上，究竟系争协议是否就是法律所明文规定的那种行政协议，或就是法律规定应由行政法院管辖的那种协议，仍有待法院判断；而法官在此领域也并非完全没有创造性空间。再者，所谓“法定属性”的概念，亦有值得商榷之处。盖若某种协议依其本质或一般特征，本就该划归为行政协议时，立法者是否明文规定其属性，似乎并不重要。在立法者积极界定其属性为行政协议的情况下，其协议属性与其说是“法定”，毋宁视为由其本质所决定；立法者只是理性地宣告其属性而已。反之，若立法者因一时的不理性，或特殊的政策考量，将本质上应具私法性质的契约划为行政协议时，此种“法定行政协议”是否尚能称为“行政协议”，亦非没有疑问。在此情形下，基于协议之本质力量，行政法院可能无法完全将行政协议的相关规定套用其上，而会或多或少地调整公法法规之适用或例外地引用私法之相关规定。总之，“法定属性”固有其便利性，但在个案适用时仍有可能产生疑义；同时立法者的不当界定，也会产生实务上的困扰。①

综上，我们应该跳出公法/私法协议争议之窠臼，从更宏观的角度来理解，如何吸取公私法之所长，建构一套统一的规范体系使PPP协议的内容和条款能够让该社会资本落实公共的价值；另外强化政府对PPP协议在法制上的监督机制，而又能兼顾社会资本的权益与参与基础设施的投资合作意愿，而不是纠缠于PPP合作协议的属性之争。②正如有学者认为，针对公私合作契约的定性，“唯长久之计则是应该走出公私法区别之迷思”。其实PPP法制若能有效确保公益，一方面政府便不会担心民营企业不受政府管控和有损政府施政威望，另一方面合作契约系

① 陈淳文：《公法契约与私法契约之划分——法国法制概述》，载台湾行政法学会：《行政契约与新行政法》，元照出版有限公司2002年版，第131—164页。

② 有学者甚至认为，讨论PPP合同是民事合同还是行政合同是没有意义的伪命题。因为PPP本身代表了政府和社会资本的一种合作关系，这种关系依照合作中政府行政角色的强弱，行政特权的多寡，大致包含了从服务外包到完全的私有化区间的所有可能形式，也就是说，PPP合同既可能是一个纯粹的民事合同，也可能是一个典型的行政合同，而大多数时候，它是一种包含了一定程度的行政行为的民事合同。参见宿辉：《政府和社会资本合作（PPP）合同有名化研究》，法律出版社2019年版，第42—43页。

行政契约抑或私法契约差异的重要性也就相对减少，亦凸显出公私协力行为“公私法混合”的本质等，否则，纵令其定位为行政契约亦非解决问题的万灵丹。[①]

三、PPP合作契约的主要内容与期限

（一）主要内容

合作契约型塑之重点一方面即在于落实公部门对于行政任务的担保责任，另一方面执行委托任务之企业亦须保有充分之弹性，以因应其获利与快速适应市场变迁之需求。[②]着眼于确保公部门对于行政任务之担保责任，德国行政实务上所使用之合作契约通常包含下列条款：委托之私人持续履行及维持任务一定质量之义务（例如清楚界定社会资本应执行任务之具体内容、遵守特定法规范之要求与达成约定之质量标准）。再者，为监督受委托之私人执行任务之行为，亦约定有厂商提供报告及提供营业信息之义务，以及容许公部门指示、监督、审查，甚至进入执行业务处所进行检查营业行为等权利。此外，为确保行政任务不间断履行，在私人履行不善之情形下，公部门如何终止契约取回执行任务所需设备及处理后续责任之条款，亦应一并考量。[③]至于契约的弹性需求之落实，在德国合作契约实务上亦以多样化的方式呈现。例如以功能性之方式描述合作之私人给付的内容，质言之，仅约定给付之质量与成果，至于执行方式则保留予合作厂商自行决定。此外，合作契约亦常设有奖惩制度（Bonus-Malus-System），鼓励合作之私人积极、妥善履行契约义务。[④]由于公私部门的伙伴关系，往往涉及长时间的合作，如何维持与增进契约当事人相互间之信赖，排解公私部门履约阶段之争议，或因应情事变化应如何调整契约内容等，皆属形成契约条款之重要课题。德国实

---

① 吴志光：《公私协力行为之公法化趋势：以委托经营管理及促进民间参与公共建设法之实务见解为核心》，《辅仁法学》2008年第36期。

② Hartmut Bauer，Verwaltungsverträge，in：Hoffmann-Riem/Schmidt Aßmann/Voßkule（Hrsg.），Grundlagen des Verwaltungsrechts II，2. Aufl.，2012，§ 36 Rn. 129.

③ Hartmut Bauer，Negative u. Positive Funktion des Verwaltungsvertragesrechts，in：Merten/Schmidt/Stettner，Der Verwaltungsstaat imWandel，FS für Franz Knöpele zum 70. Geburtstag，1996，S.22 ff.

④ Hartmut Bauer，Negative u. Positive Funktion des Verwaltungsvertragesrechts，in：Merten/Schmidt/Stettner，Der Verwaltungsstaat imWandel，FS für Franz Knöpele zum 70. Geburtstag，1996，S.23f.

务上因此发展了诸多解决模式，诸如成立调解委员会，约定情事变迁时之协商条款等，以强化合作关系，确保行政任务得以因应情事变化持续稳定地履行。

PPP合作契约应该包括哪些内容不能一概而论，而应该根据合作项目采取具体的PPP方式、合作期限、项目的复杂程度等因素确定。笔者认为，合作项目协议应当符合项目实施方案、招投标、竞争性谈判等文件的实质内容，载明下列主要内容：（1）行政合作的目标条款；（2）责任分配结果、社会资本方的义务以及由行政机关承担责任的实现；（3）由社会资本方提供给付的内容、范围与品质；（4）社会资本方遵守行政机关履行公共任务时应注意的法定义务；（5）社会资本方的义务，包括提供所有对于协议的履行具有重要性的信息，实现行政合作目标时充分信赖地合作，以及顾虑合作相对人的利益；（6）如果社会资本方无法履行任务时，行政机关自为履行或再委托其他第三人之权利；（7）评价社会资本合作方履约情况的客观标准；（8）法律、行政法规规定应当载明的其他事项。

行政合作协议欠缺前项规定的最低限度内容条款的，当事人有权请求在协议中补充加入所欠缺的最低限度内容条款。PPP合作契约除应该具备以上内容外，笔者认为，最重要的就是国家担保责任的具体化和落实。因此，PPP合作契约必须具有确保公共利益持续供给的保证条款、行政机关必须具有足够的影响力、合作契约瑕疵的认定、竞争者权利保护、契约无法落实国家担保责任的法律效果等条款之规定。

（二）合作期限

PPP合作契约的期限原则上难以作出统一规定，各国具体规定也不尽相同。如澳大利亚，各管辖区对特许经营期限规定各不相同：在联邦政府不少于5年，而在新南威尔士州、首都地区和南澳洲须在25年及以上，在维多利亚州则应在30年以上。美国自来水行业特许经营期限一般在15—30年，通信或者有线电视行业期限一般为10年，部分州对公路收费的特许经营期限长达9年。概括起来，合作期限的规定主要有以下三种：一是设定最长期限，特定项目的具体期限由当事方约定；二是针对特定类别项目及具体情况分别设定期限；三是不设定具体期限，例如哥伦比亚政府在第二代PPP项目中设计了收入与合同期满挂钩的机制，也就是当社会资本达到预期收益时，合同期限自动期满，并非于事前设定合同期限。

PPP合作项目的期限长短不仅关乎社会资本方的利益，更关乎民众的公共福祉和社会秩序的安宁与稳定。从理论上来说，PPP合作项目的期限太短，项目建设成本较大，社会资本方难以及时收回投资，即使能够收回投资，利润也很低，或是无利可图；反之，如果项目的合作期限太长，社会资本方或者项目公司将会获得不合理的高额利润或垄断利润，最终损害的是公众福祉和消费者的利益。

从实践来看，PPP合作契约的期限一般根据合作协议客体的建设和（或）改造周期、投资规模、资金回收期、社会资本方总收入期限，以及合作协议政府方和（或）社会资本方其他义务的履行期等因素在合作协议中确定。同时实施PPP模式的国家大多数都明确规定了合作的期间，供当事人选择。我国是公有制为主体的社会主义国家，基础设施和公共服务事业不仅涉及国计民生，而且在经济社会中居于重要地位。目前，我国特许经营实践和立法中也有明确规定合作的最长期限为30年[①]。PPP合作协议期限届满后，特许经营项目由国家所有，既保证特许经营者获得合理回报，又维护了公共利益。最后要注意的是，PPP合作协议期限届满后，可以延长期限，但需得到政府和社会资本方双方的同意。如果是垄断公共服务，还需得到政府反垄断行政机关的同意和允许。

四、PPP合作协议的管理和规制

PPP合作契约在PPP模式的生命周期中扮演着非常重要的角色，被学者称作“PPP之王”。[②]这是因为PPP成功的关键是讲信用、守承诺的契约精神的秉持，[③]以及PPP合作契约的完美履行。然而由于公私合作契约复杂的利益交织性、长的周期性和风险的无法准确预测性，导致PPP项目常常面临违约，甚至公私破局之

① 《公路法》规定，公路收费经营期限与投资者约定应按照国家有关规定办理审批手续，但最长不得超过国务院规定的年限；《收费公路管理条例》规定，经营性公路的收费期限，按照收回投资并有合理回报的原则确定，最长不得超过25年。国家确定的中西部省、自治区、直辖市的经营性公路收费期限，最长不得超过30年。部分地方性法规、规章规定了特许经营期限届满后的调整机制，即期限届满后确有延长的，经协商一致并报批准，可以延长；期限届满，重新组织选择特许经营者时，原特许经营者在同等条件下享有优先权。PPP合作契约的期限过长，是我国比较普遍的现象。一些地方政府为了招商引资而不惜代价，盲目确定经营期限。这使得一定时间段内的竞争机制形同虚设，在事实上的自然垄断情形下，经营者对垄断经营和垄断利润的追逐将长期存在；同时，期限过长势必削弱政府对公共基础设施的控制力，对社会稳定和经济安全带来隐患。参见徐宗威：《公权市场》，机械工业出版社2009年版，第199页。

② 王文宇：《PPP的机遇与挑战——以台湾BOT法制与实践为例》，载顾功耘主编：《公私合作（PPP）的法律调整与制度保障》，北京大学出版社2016年版，第89页。

③ 参见蒲坚等：《PPP的中国逻辑》，中信出版社2016年版，第56页。

压力和威胁。为了不因PPP项目夭折或破局而影响到公共利益，在整个PPP项目周期中应该加强对合作契约的管理。[①]行政机关对合作契约，尤其是对履约的管理是国家践行担保责任的一种重要方式和手段。通过对履约的管理，使国家能够及时发现民间机构偏离公共利益的行为，迅速采取必要措施，确保业务可由私人合乎公益地履行。“透过履约管理机制以担保公益是当代担保国家理念在公私协力履约阶段落实最重要，且最契合社会法治国原则之法制策略。”[②]因此，PPP法律规制框架应该对公私合作契约及其履行作最低限度的管理与规范。

（一）契约必须包含特定条款，确保民间营运所提供给付之品质与所应负之责任

除前述PPP协议应该具备的主要内容外，国家如何实施适法与适当的监督，以及如何制裁等事项，也宜在契约中订定清楚。[③]契约条款也应该确保民间营运所提供之给付必须持续性地保持一定品质。也就是说，宜透过契约之约定，使国家在民间机构给付有瑕疵时，有权运用限期改善、调整契约条款、终止契约，乃至“接管”“收回”自己营运等手段，以维护公众之利益。[④]如果移转民营的国家任务具有垄断性质，基于社会衡平原则（Sozialverträglichkeit），有必要在契约中保留国家对民间所提供给付之价格有一定之影响力。倘若行政任务移转民营有可能导致不利于公益的垄断状态，契约所约定的期间就不宜过长，尤其应约定对契约定期更新之机制。[⑤]

（二）PPP法律应该对合作协议的变更做出适当限制

协议的变更包括主体的变更、内容的变更和客体的变更，本书所讲的PPP的

---

① 参见［英］爱德华·法夸尔森等：《新兴市场公私合作模式》，唐李雅宁译，中国电力出版社2015年版，第145页。

② 詹镇荣：《公产委托经营契约之形塑与履约管理》，载［德］Jan Ziekow等：《人民与国家关系的变迁》，李建良译，元照出版有限公司2017年版，第49页。

③ Hartmut Bauer，Privatisierung von Verwaltungsaufgaben，VVDStRL 54（1995），S.276；Wilhelm，Henke，Praktische Fragen des öffentlichen Vertragsrechts-Kooperationsverträge，DÖV（49）1985，S.41ff.

④ Däubler，Privatisierung als Rechtsprobleilem，Neuwied/Darmstadt 1980，S.93；Hartmut .Bauer，Privatisierung von Verwaltungsaufgaben，VVDStRL 54（1995），S.276.

⑤ Hartmut Bauer，Privatisierung von Verwaltungsaufgaben，VVDStRL 54（1995），S.277.

变更主要是协议内容的变更。

PPP协议根据变更是否需经双方合意，可以分为单方变更和双方变更。PPP协议的单方变更是指政府方行使单方变更权[①]对协议内容所作的调整和更改；PPP协议的双方变更是指双方在协商基础上对协议内容所作的调整和更改。在PPP生命周期中，由于PPP契约的不完全契约特性[②]，“契约永远不可能列举和控制一项要延续一段时间的交易活动的所有方面”，[③]万能钥匙式（One Size Fits All）的PPP合同并不存在，[④]因此建立合同内容的调整和调节机制变得颇为必要。[⑤]实践中，PPP契约的重新谈判和变更调整也并非鲜事。据学者统计，1985—2000年，拉丁美洲授予特许权的1000多项基础设施项目，一半以上的初始合同后续有重大变更（交通部门占54.7%，水务部门占74.4%），并且从最初审定到第一次合同重新谈判的平均时间为三年左右。[⑥]由此可见，

---

① 真正的契约单方变更权是法国在1910年的“法国电车公司”一案中最初确立的行政机关基于公权力主体之身份所享有的特有权力。随后得到判决的多次承认，尤其是在1983年的“公共运输联盟”一案中，明确表示行政机关享有单方变更权属于行政契约法上之一般法律原则。换言之，该权存在于所有类型的行政契约中，而且无须援引契约关系外的其他实定法规范作为其权利基础。单方变更权的理论基础有三项：1.公共服务之持续原则；2.公共服务之组织权不可让渡原则；3.公共服务之适应性原则。参见陈淳文：《论行政契约法上之单方变更权——以德、法法制之比较为中心》，《台大法学论丛》第三十四卷第2期，第215—253页。在我国，学者一般都把单方变更权作为行政优益权权利谱系中的一项重要权力来予以研究。

② 2016年诺贝尔经济学奖得主奥利弗·哈特（Oliver Hart）认为不完全契约是指缔约双方不能完全预见契约履行期内可能出现的各种情况，从而无法达成内容完备、设计周详的契约条款。人们写合同时，很多情况下不会写得很完美。不管怎么做，合同最后都是不完备的。由于合同是不完备的，谁拥有剩余控制权就会变得很重要。参见［英］奥利弗·哈特：《不完全合同、产权和企业理论》，费方域、蒋士成译，格致出版社、上海三联书店、上海人民出版社2016年版；奥利弗·哈特：《合同理论和中国下一步改革》，《中国改革》2017年第1期。

③ ［德］柯武刚、史漫飞：《制度经济学》，韩朝华译，商务印书馆2000年版，第233页。

④ 世界银行集团、PPP基础设施咨询基金、全球基础设施基金：《PPP合同条款指南》（2017年版），经济科学出版社2018年版，第13页。

⑤ Alfen，Hans Wilhelm & Fischer，Katrin：Der PPP-Beschaffungsprozess，in：Weber/Schäfer/Hausmann（Hrsg）：Praxishandbuch Public Private Partnership，München 2006，S.56；BMVBW：Gutachten “PPP im öffentlichen Hochbau”，2003，Bd. I，S.89；Schäfer，Michaell & KarthaU8，Amim：PPP-Modelle im öffentlichen Hochbau-Vertragsstruktur，rechtliche Rahmenbedingungen und Projektablauf，in：Kapellmann & Vygen（Hrsg.）：Jahrbuch Baurecht 2005，S.191.

⑥ J.Luis Guasch. Granting and Renegotiating Infrastructure Concessions：Doing It Right. World Bank Institute，The World Bank，Washington D.C.，2004，p.78.

在PPP项目的整个履约周期内，几乎不存在没有不变更的PPP协议。但是，唯须注意的是，契约当事人原来依据PPP契约所承担之风险，可能由于过于宽松的契约变更条款，使得契约一方当事人要求他方办理契约变更而避免，或以将要提出契约争议程序等用语，形成他方压力；影响所及，倘若契约不具安定性，该风险自将纳入投资成本考虑，对契约当事人自属非福。从另一角度观察，办理契约变更后，亦可能发生契约条件变更为与公告招商文件或投资计划书完全不相同之内容，此对当初其他参与之投资人而言也不公平。①因此，PPP协议无论是单方变更还是双方变更都是有限的，并非无止境的。无限变更的权力可以演变成把被订立的合同完全改变为另一合同，从而危及作为确立合同目标的订立合同程序的透明度及公开性。②为了确保公共利益目标，法律法规应该对PPP契约的调整与变更做出规制。

1.加强PPP协议签约前的项目评估、审慎选择合格的社会资本，并采用弹性合同期限，避免PPP协议首次签约后的频繁变更。

2.政府与社会资本双方事先在合同中约定相关的“合同可变条款”，可以就特许期、价格、收益分配、股权变更等PPP合同的关键要素进行弹性化的约定，从而为PPP合作双方重新调整权利义务分配提供一套明确的依据。③从经济效率的角度来看，协议中若有协议变更条款的约定，承包商于投标时即不必考虑施工中可能遭遇未知不利条件的损失风险，自然能降低投标价格，且能吸引较多厂商竞争，有助于工程款的降低，以最低的工程费用完成工程，自属有利于业主；且承包商亦能专注于施工，而不必每遇不可预料的事故，即须徒劳耗费庞大人力物力以保存证据及提出诉讼请求，当然也就较能提高工程质量及加快工程进度，对于业主及承包商双方来说，均属有利。④

3.任何PPP协议的变更原则上不得增加或提高PPP协议提供的产品和服务的支付总额。

---

① 参见颜玉明：《BOT与契约调整》，载台湾地区法学会：《台湾法学新课题》（十二），元照出版有限公司2016年版，第40页。

② ［葡］迪奥戈·弗雷塔斯·亚玛勒：《行政法教程》，黄显辉等译，社会科学文献出版社2020年版，第378页。

③ 陈婉玲：《PPP合同弹性调整机制研究》，《上海财经大学学报》2018年第5期。

④ 谢哲胜、李金松：《工程契约理论与实务——兼论政府采购法》，翰芦图书出版有限公司2018年版，第330页。

4.变更不应过大以至于改变PPP合同的性质。例如，如果一项变更导致建设成本增加了50%，这显然是过大。因而，一定要对变更施加一些总体上的限制，例如西班牙PPP立法中规定，公共主管部门进行变更的权利应该限制在项目价值的20%之内。类似地，一个设施不能在规模上减半，或者一个监狱不能改为医院来使用。①如果变更过于重大，以致颠覆原始契约面貌，法院会认为缔约人于此应主张终止契约。②法国最高行政法院认为，行政机关单方面的变更超过一定限度或接近一个全新的义务时，对方当事人可以请求另定合同，或请求行政法院判决解除合同。③

5.契约变更不能增加项目公司在PPP合同下所承担的风险，例如，干涉到它提供服务的能力，或者要求它们进行运营的方式会使它们所获得的运营许可无效。实际上，贷款方通常希望对这方面的讨论有所控制，因为如果没有它们的同意，项目公司不会对PPP合同下的任何改变予以同意。④

6.在PPP合同中应该制定一个变更程序具体的时间表，例如，项目公司有多长时间可以对一项变更请求予以回复，此后各个阶段的对话会用多长时间。⑤

7.如果是政府方单方因为公共利益需要变更PPP协议，必须补偿协议相对方的损失。政府之所以要补偿对方当事人的损失，是因为对方当事人由于行政主体的特权行为而受到损失，如果不予补偿，将为以后行政主体缔结合同造成困难。恢复对方当事人的经济利益平衡，同时也是公务本身利益的需要。⑥政府行使单方变更权补偿的范围是指以全部实际损失为限，不能要求预期利益。

8.政府变更权的行使必须遵守程序正当原则。政府方单方变更PPP协议时，应该遵守法律规定的或者约定的程序和条件，如果尚无法定或约定的，也应该

---

① ［加］耶斯考比：《公共部门与私营企业合作模式：政策与融资原理》，杨欣欣译，中国社会科学出版社2012年版，第329页。

② 陈淳文：《论行政契约法上之单方变更权——以德、法法制之比较为中心》，《台大法学论丛》第三十四卷第2期，第215—253页。

③ 王名扬：《法国行政法》，北京大学出版社2016年版，第152页。

④ ［加］耶斯考比：《公共部门与私营企业合作模式：政策与融资原理》，杨欣欣译，中国社会科学出版社2012年版，第329页。

⑤ ［加］耶斯考比：《公共部门与私营企业合作模式：政策与融资原理》，杨欣欣译，中国社会科学出版社2012年版，第329页。

⑥ 王名扬：《法国行政法》，北京大学出版社2016年版，第155—156页。

遵守程序性比例原则，在未穷尽其他手段时，不得行使单方变更权。例如，政府在行使单方变更权时，应首先于五日内进行协商或申诉，未经协商或申诉，不得单方变更协议，但紧急状态或公共利益受到重大威胁者除外。[①]如果未经协商或申诉程序，政府径行变更PPP合同，视为PPP合同未变更，不发生合同变更的效力。

总而言之，PPP协议的变更，无论是来自政府方的变更，还是来自社会资本方的变更，抑或单方变更或协商变更，必须受到限制和约束，任何的变更都不能是重大变更。重大的PPP协议变更是一种对协议本质的违反，是违约行为。必须注意的是，根据“累积影响理论”，累积影响并非起因于单一的契约变更，而是在契约变更过程中发生许多的契约变更，每个单一的契约变更若做单独观察，均是正当的，但在结合之后，会造成承包商在营建过程中不利的影响以及不可预见的成本。因此，PPP协议的重大变更除应该防范单次变更形成外，更要防止多次变更累积形成的重大变更。必须注意的是，行政机关的单方变更权无论在PPP合同中是否有约定，行政机关基于公共利益之需求，都具有这种特权。另外，行政机关也不得放弃这种权力，PPP合同中放弃这种权力的条款无效。

（三）PPP法律应该针对PPP合作契约瑕疵设置“修复机制”

设置PPP合作契约瑕疵的“修复机制”的主要目的是不让公私协力破局，允许违法但是不具有无效原因的合作契约经过调整后继续保持其约束力。也就是说，除非合作契约无效，否则，为了公共利益，合作契约都可以进行调整和修复。“至于契约调整之方向及内容，自以能确保行政机关得以对私人履行公共任务行使充分影响力，以达担保公共任务合序执行目标为前提，始生‘修复’之效果，自不待言。倘若契约当事人不欲调整契约，或无法达成调整契约合意，或调整后契约内容仍无法修复瑕疵，确保行政机关之充分影响力者，则契约无效之法律效果将

① 我国学者也基本认为政府行使单方变更权之前应该进行协商，协商不成才能进行变更，也即将协商作为行使单方变更权的前置条件和程序。具体参见贺馨宇：《论PPP合同中单方解除、变更权的法律属性与控制机制》，《法律科学》2020年第3期；林明锵：《民营化与制度实践》，新学林出版股份有限公司2021年版，第345页。

仍发生，双方当事人应互负恢复原状之义务。”[①]

总之，PPP行政法规制对合作契约的管理和规范应该对双方当事人、一般公众和消费者、竞争者以及其他利害关系人之间的公益和私益进行公平合理的斟酌与平衡。

五、PPP合作协议的瑕疵与法律效果

PPP合作协议的瑕疵，是指缔约时自始存在的瑕疵，换句话说，是以缔结契约时的事实或法律状态判断契约是否有违法或其他的瑕疵存在：缔约后因事实或法律状态发生变更而产生的欠缺，应不影响行政契约原本的合法性。[②]关于契约瑕疵原因，可分为以下三类：1.属于机关权限欠缺、未依法定方式、内容不合法及违反法定程序者；2.有民法上有关意思表示或契约行为之瑕疵者；3.若作成内容相同之行政处分时，依其情形系瑕疵者。[③]行政契约若欠缺容许性或违反形式或实质合法要件的要求，便是违法而有瑕疵的行政契约。违法而有瑕疵的合作契约是否都应赋予无效的法律效果，是PPP合作协议法律规制的一个重要问题。若认为合作协议作为行政机关履行行政任务的行为方式之一，且以行政法律关系作为契约标的，基于依法行政原则，自然不能违背法令规范或行政法原理原则，在有违反时，也不能听任其违法性之存在而不加以制裁；[④]而在一般情形下，违法的法律行为应属无效，例如：我国《民法典》第一百五十三条明文规定：“违反法律、行政法规的强制性规定的民事法律行为无效……”就此推论，违法的合作协议，似乎亦应导致无效的法律效果。这种“概括地将规范契约自由原则所创设的诸多民法无效规定，全部准用于行政契约之中，且未有排除规定，即将不同且可能产生矛盾之体制，适用同一无效规定，不无有‘一锅炒、大杂烩’之感”[⑤]，但若考虑到合作协议的缔结是来自当事人的协议，基于信赖保护与法安定性原则，契约的拘束效力亦不容忽视；依

① 詹镇荣：《公私协力与行政合作法》，新学林出版股份有限公司2014年版，第279页。

② 林锡尧：《行政法要义》，元照出版有限公司2006年版，第444页；吴庚：《行政法之理论与实务》（增订九版），元照出版有限公司2005年版，第437页。

③ 吴庚：《行政法之理论与实务》，三民书局2012年版，第417页。

④ 陈敏：《行政法总论》，新学林出版股份有限公司2009年版，第596页。

⑤ 陈新民：《行政法学总论》，三民书局2015年版，第369页。

照“契约应予严守”（Pacta Sunt Servanda）原则，合作协议经当事人合意成立，应尽量使其有效。[①]一方面，若严格贯彻合法性要求，使任何违法的合作协议均归于无效，与合作协议本质上不应使其动辄无效的特性不相吻合，[②]亦可能有碍行政效率与行政目的达成；另一方面，若因此限缩合作协议无效的范围，使合作协议形式或实质上的瑕疵受到掩盖，又与依法行政原则要求任何行政行为均须合法的基本精神相违背。[③]因此，瑕疵合作协议的法律效果规制，应是在依法行政原则、契约严守原则与行政目的间取得平衡。[④]据此，瑕疵合作协议主要有无效的合作协议、效力待定的合作协议、可撤销的合作协议等类型。

（一）无效的合作协议

虽然行政契约系经由当事人之协议而缔结，法律所设定之限制较小，发生瑕疵之可能性亦较小，但亦不能因此而过于强化行政契约的存续力。在立法政策上，对罹有重大瑕疵之行政契约，仍应以无效为其后果，罹有其他瑕疵之行政契约，则可承认其法律效力，或赋予其他法律效果。[⑤]瑕疵合作协议的无效主要有两种情形：一种是在法律、行政法规中专门规定政府方的某些行政行为导致的协议无效情形；另一种是适用民事法律规范关于合同无效之规定导致的协议无效情形。

1.因政府方行政行为导致的合作协议无效

（1）甄选决定之撤销或废止后的合作契约无效。甄选决定之撤销或废止后，对于后续的合作契约的效力有何影响。有学者认为，甄审决定撤销后，其投资契约应严格地归于无效之见解，“此等安排，不仅可避免不具缔约资格之私人得假行政契约存续之由，违法但有效地与行政机关继续维持合作关系，致使甄审决定与行政合作契约完全脱钩，背离立法者有意将其对阶段性连结之旨趣，更可防止

---

① 吴庚：《行政法之理论与实务》，三民书局2012年版，第438页；许宗力：《双方行政行为——以非正式协商、协定与行政契约为中心》，载《新世纪经济法制之建构与挑战》（廖义男教授六秩诞辰祝寿论文集），元照出版有限公司2002年版，第288页。

② 林明锵：《行政契约法研究》，翰芦图书出版有限公司2006年版，第47页。

③ 吴庚：《行政法之理论与实务》，三民书局2012年版，第438页。

④ 江嘉琪：《行政契约的瑕疵及其法律效果》，《月旦法学教室》2007年第61期，第32—44页。

⑤ Vgl. Maurer，Allgeimverwaltungrecht. VwRn，§14 Rdnr. 47 ff.

甄审决定撤销之法律上实益荡然无存情况发生”[①]。如果主办机关欠缺不惜使契约无效之决心，一味规避契约无效之后果，最后结果就是将所谓替代无效方案从宽认定，亦即沦为重大违法投资契约之存续美化的帮凶。[②]也有学者认为，除法律有特别规定（例如政府采购法）外，在涉及两阶段行为时，不妨整体认作“行政契约”，前阶段之甄选行为，不另外成为独立之行政处分，以免产生双阶段理论之困境[③]。然而此说仍面临后阶段之契约标的内容，如果并非约定公法上权利义务关系时，又应如何将其认定为行政契约？此一争议仍有待厘清。也有学者认为，双阶理论问题之解决，应可“类推适用”“决标或签约后发现得标厂商于决标前有前项情形者，应撤销决标、终止契约或解除契约，并得追偿损失。但撤销决标、终止契约或解除契约反不符公共利益，并经上级机关核准者，不在此限”之基本价值判断，亦即前阶段基础处分（例如许可投资处分）被撤销或废止者，其后续之委托经营契约（亦即投资契约）之合法性基础发生变动，行政机关应可解除（在撤销处分之情形）或终止（在废止处分之情形）委托经营契约，但解除契约或终止契约反不符公共利益，并经上级机关核准者，不在此限。盖行政机关所缔结之委托经营契约，经常涉及公共利益，不宜仅能被迫解除或终止契约，而置公共利益于不顾。[④]

笔者认为，甄选决定被撤销或废止后，PPP合作契约归于无效是较为恰当的，这是因为：一方面，甄选决定程序是一个法定的资源分配程序，是PPP合作协议能否持续履行的关键环节，也是依法行政原则和公平正义原则的必然要求，如果其被撤销或废止后，合作协议不归于无效，将导致依法行政流于形式，公平竞争市场难以形塑；另一方面，从实际来看，违反甄选程序规定得到该资源的社会资本方，一般也难以担当提供优质公共服务的重任，例如我国台湾地区高速公路ETC案。

（2）政府没有落实国家担保责任时的合作协议相对无效。合作契约无法落实国家担保责任之基本要求时，行政合作契约瑕疵的效果如何？在德国行政程序法关于合作契约修订中提出了两种观点：第一种观点认为，对于行政合作契约

---

① 詹镇荣：《公私协力与行政合作法》，新学林出版股份有限公司2014年版，第272页以下、第277页。

② 盛子龙：《公私协力兴起下行政契约法制面临之挑战与回应》，载台湾行政法学会：《全球化/福利国家/特别权力关系/公私协力》，元照出版有限公司2012年版，第343—361页。

③ 吴庚：《行政法之理论与实用》，三民书局2016年版，第457页。

④ 陈清秀：《委托经营管理法制概说》，作者授权月旦知识库重新编辑，2017年3月，第1—26页；罗明通：《自公法与私法区别之起源论促参行为之定性及救济》，收录于《二十一世纪公法学的新课题——城仲模教授古稀祝寿论文集》（Ⅱ），行政法总论篇，2008年10月，第211页。

无法落实国家担保责任之基本要求的瑕疵效果，基本上采取无效的相当强硬安排；第二种观点认为，行政合作契约无法确保行政机关充分行使其影响力，而使公共任务依约定内容履行，却依然缔结之合作契约而无效，但该无效可借由适当有效之规定取代者，任何契约当事人得请求契约之调整，以取代恢复到缔约前状态。我国台湾地区学者詹镇荣教授建议影响力未获充分确保之瑕疵可毋庸比照上述甄审决定撤销一般，采取严格无效之法律效果；毋宁应可仅列为行政合作契约“相对无效之特别事由”而容许契约当事人享有以调整契约方式取代无效之空间。至于契约调整之方向及内容，自以能确保行政机关得以对私人履行公共任务行使充分影响力，以达担保公共任务合序执行目标为前提，始生“修复”之效果，自不待言。倘若契约当事人不欲调整契约，或无法达成调整契约合意，或调整后契约内容仍无法修复瑕疵，确保行政机关之充分影响力者，则契约无效之法律效果仍将发生，双方当事人应互负恢复原状之义务。[①]笔者也赞同这种情况下的合作契约之相对无效后果。只要国家采取调整契约的“修复机制”，能够确保落实国家担保责任，也就尽到了维护公共利益之责任，不宜使协议归零。这种行政合作契约的“修复机制”，应该也是行政程序法中一种尊重契约当事人意愿，优先于让契约归零的选项。同时若是契约当事人对于相对人所提出的调整请求置之不理时，甚至可以容许相对人提起行政争讼以资救济。[②]

（3）依其性质或法律法规规定不得缔结合作协议的。PPP模式是提供公共任务的重要模式，并非唯一的模式，也并非所有的公共任务的提供都可以采取PPP模式。对于一些性质比较特殊、变化较快、市场不稳定、公益性特强的公共任务，是不适宜进行民营化或采取PPP模式的，例如国家安全、犯人看管等。另外，国家的法律法规也会禁止一些公共任务的民营化或公私协力，例如，人民币的印制和发行。如果行政机关与相对人就此类事项签订和实施PPP协议的，该PPP协议无效。

2.适用民法规定的无效情形

《民法典》关于民事合同无效的规定主要体现在该法第一编第六章第一百四十四条、第一百四十六条、第一百五十三条、第一百五十四条等条文中。概括起来，无效的民事合同主要有：（1）无民事行为能力人实施的民事合同；（2）行

① 詹镇荣：《公私协力与行政合作法》，新学林出版股份有限公司2014年版，第279页。

② 程明修：《公私协力契约与行政合作法——以德国联邦行政程序法之改革构想为中心》，《兴大法学》2010年第7期，第129页。

为人与相对人以虚假的意思表示实施的民事合同；（3）违反法律、行政法规的强制性规定的民事合同；（4）违背公序良俗的民事合同；（5）行为人与相对人恶意串通，损害他人合法权益的民事合同。民事合同无效的规定是否可以适用于PPP合作协议？从最高人民法院《行政协议解释》的规定来看，答案是肯定的。《行政协议解释》第十二条第二款规定："人民法院可以适用民事法律规范确认行政协议无效。"根据该解释之规定，人民法院可以依据民法关于民事合同无效之规定，判定行政协议之无效。但民法上的无效事由太过广泛，如果原封不动地转用于行政协议，就会导致辛苦达成的行政协议动辄回到原点。此外，因为公法规范几乎都是强制性规范，如果按照民法所规定的"凡契约违反强制或禁止性规定的无效"，那么无效后果的扩散作用也会给行政协议的推广造成重大障碍，并严重损害行政协议的安定性。[①]也正是在这个意义上，在德国学者看来，合作协议在德国《联邦行政程序法》中的纳入，同样要以"行政合同的无效后果被弱化"为前提。[②]基于此，笔者认为民事合同的无效事由适用于PPP协议时，应该严格把控，充分认识到PPP协议的公益性和长周期性，尽量弱化和排除PPP协议的无效。正如有学者所言："即便适用民事法律规范，也要注意行政协议本身具有的公法属性。对于具有公法属性的规则应当优先适用，即便适用民事法律规范，为了防止国家利益和社会公共利益遭受损害，'重大且明显'的标准也应当继续坚持。"[③]更有学者针对行政契约准用民法无效规定导致的无效后果，表示出了巨大的担忧。例如林明锵教授认为，我国台湾地区"行政程序法"第一百四十一条关于"行政契约准用民法规定之结果为无效者，无效"之规定，"无疑是一颗掩埋在行政契约法中之定时炸弹，随时可能引爆摧毁行政契约法中有关其稳定性及适用性的优点，似不可不慎"。并认为应该删除该规定，"以避免无效（其法效果犹如炸弹，具摧毁效果）之法律效果肆虐已经缔结的所有行政契约"[④]。

笔者认为，民法关于合同无效的规定可以适用于PPP协议，毕竟PPP协议也是合同，但由于民事合同一般只涉及当事人的私人利益，而PPP协议涉及公共利益，因此民法中的关于合同无效的规定在此处并非不加改造和取舍地全盘适用，

---

① Kopp/Ramsauer，VwVfG，11.Aufl.2010，§59 Rn.l.a.

② Schuppert，Verwaltungskoopertationsrecht，S.124.

③ 梁凤云：《行政协议司法解释讲义》，人民法院出版社2020年版，第167页。

④ 林明锵：《行政契约》，载翁岳生：《行政法》，中国法制出版社2000年版，第753—754页。

而应该根据PPP协议的特点和公共利益等因素进行综合考量。据此，适用民法规定导致的PPP无效情形主要有：（1）非行政主体签订的PPP协议，且事后不能获得有关部门的授权的。（2）行政主体与相对人以虚假的意思表示实施的PPP协议，也就是实践中常见的各种假PPP协议或伪PPP协议。（3）违反法律、行政法规的强制性规定达到重大明显的违法程度的PPP协议。我国民法理论上将强制性规定分为"管理性规定"和"效力性规定"，认为合同行为违反了"管理性规定"并不属于无效，只有违反了"效力性规定"才属于无效合同。但PPP协议是以行政机关为契约当事人一方，行政机关为了公共利益，故应受依法行政原则之约束，受法律法规约束的程度远比私人要强，尚难以区分"管理性规定"和"效力性规定"。因此，PPP协议只要违反强制性规定达到重大明显的违法程度的，就可归于无效，例如未通过竞争性方式选择社会资本、未依照规定程序获取项目用地、政府对社会资本方兜底等。（4）其他严重危害国家利益、公共利益的PPP协议。这是一个兜底性规定，是为了更大程度地保护公共利益。

总之，PPP协议的无效限于"严重违法"，也即"违法情节严重"，而非"普通违法"。何谓"违法情节严重"？通说认为要依据个案进行判断，一般考量的因素包括：契约所抵触的法规文字与精神目的、违法程度属于轻微或严重、法规被遵循所代表的公共利益、当事人继续维持该违法行政契约的法益等，[①]此外，法律若在否定行政契约的内容，亦即否定行政契约所欲达到的法律或经济效果时，始属于严重违法而无效的情况；若法规仅在于规制缔结行政契约的行为与过程，尤其是有关程序与方式等事项时，则不认为情节严重。[②]

（二）效力待定的合作协议

效力待定的合同是指由于法律规定的某种原因，合同既非有效，也非无效，其效力有待于第三人的确定或者某种客观因素的确定。[③]在民法中，效力待定的合同通常包括：无权代理人以他人名义订立的合同、限制行为能力人订立的与其行为能力不相符合的非纯获利益的合同、附停止条件的合同、债务承担合同。根

① 陈敏：《行政法总论》，新学林出版股份有限公司2011年版，第586页以下。

② 江嘉琪：《德国（含欧盟）行政契约理论发展之局势》，载台湾行政法学会主编：《行政契约之基础理论、法理变革及实务趋势/行政程序法之最新发展》，元照出版有限公司2013年版，第25页。

③ 李永军：《合同法》，中国人民大学出版社2021年版，第137页。

据民法中的效力待定合同种类和PPP协议的特点，笔者认为效力待定的PPP协议主要有以下几种。

1. 签约主体不适格

从理论上来说，PPP协议的签约主体应该是政府方与社会资本方，但根据相关文件的要求，PPP协议的签约主体一般是获得政府授权的项目实施机构。《国家发展改革委员会关于开展政府和社会资本合作的指导意见》（发改投资〔2014〕2724号）规定："按照地方政府的相关要求，明确相应的行业管理部门、事业单位、行业运营公司或其他相关机构，作为政府授权的项目实施机构，在授权范围内负责PPP项目的前期评估论证、实施方案编制、合作伙伴选择、项目合同签订、项目组织实施以及合作期满移交等工作。"《国家发展改革委关于印发〈传统基础设施领域实施政府和社会资本合作项目工作导则〉的通知》（发改投资〔2016〕2231号）规定，由当地政府行业主管部门或其委托的相关单位作为PPP项目实施机构，负责项目准备及实施等工作。由项目实施机构与中选社会资本方正式签署PPP项目合同。因此，签约主体通常为获得政府授权的项目实施机构，如果签约主体没有获得地方政府授权，则其签约行为构成无权代理，PPP合同效力待定。

2. 法律、行政法规规定应当经过其他机关批准等程序后生效的行政协议，尚未获得批准的

由于PPP项目涉及公共利益，PPP项目合同须取得政府审批。《政府和社会资本合作项目财政管理暂行办法》（财金〔2016〕92号）第十六条规定："采购结果公示结束后、PPP项目合同正式签订前，项目实施机构应将PPP项目合同提交行业主管部门、财政部门、法制部门等相关职能部门审核后，报本级人民政府批准。"《国家发展改革委关于印发〈传统基础设施领域实施政府和社会资本合作项目工作导则〉的通知》第十五条规定："……公示期满无异议的，由项目实施机构会同当地投资主管部门将PPP项目合同报送当地政府审核。政府审核同意后，由项目实施机构与中选社会资本方正式签署PPP项目合同。"根据上述规定，PPP项目合同在未获得政府批准前，处于效力待定状态。

（三）可撤销的合作协议

在瑕疵"无效"合作协议与"有效"合作协议之间，是否还存在"可撤销"合作协议，争论较大。如果违法的PPP协议仅有无效或违法但继续有效两种法律效果，恐将造成行政机关借由合作契约规避违法行政处分，对依法行政原则造成损害，因此，就立法政策而言，合作契约应该具有“可撤销”的法律效果较为妥适。[①]德国联邦行政程序法认为，行政契约在有效与无效之间，并无得撤销之中间地带，其理由不外乎基于契约严守之原则，行政契约经当事人合意而成立，应尽量使其有效。实则，契约严守原则仍须以契约之合法成立为前提，有瑕疵之行政契约，法律仅就特定情形规定其为无效（如德国联邦行政程序法第五十九条），则甚多之瑕疵势必在尽量有效之情形下，受到掩盖，与依法行政原则要求任何行政行为均须合法者，自有不符。[②]德国北部之斯勒士威荷尔斯坦邦（Schleswig-Holstein）1979年3月19日修正公布之邦行政法典，对于公法契约有效及无效之外，另创一种性质上相当于限期撤销或撤回之所谓不生效效力（Unwirksarnkeit），而德国联邦行政法院亦不受立法之拘束，倾向于认为违法行政契约之效果不限于无效一途，违法行政处分不同之效果，原则上亦适用于行政契约。[③]斯邦行政法典第一百二十六条关于公法契约无效之事由除重复联邦行政程序法第五十九条规定：准用之结果而有民法上契约无效原因者，如作成内容相同之行政处分将属无效者、和解契约欠缺前提条件、双务契约违反对待给付之限制者等项事由之外，并且规定，公法契约有下列情形之一者，不生效力：1.如作成内容相同之行政处分，将因程序或方式瑕疵而违法者；2.以契约作为行为方式不为法律所容许者。前项不生效力仅得由契约当事人于订立契约后一个月内为之。不生效力应以书面方式声明并附加理由。此项规定限定当事人应于一个月之期间内声明契约不生效一效力，逾期契约即完全有效，学者认为相当于限期撤销或撤回。[④]此项制度之设计，可避免因提起诉讼造成旷日费时，除减轻法院负担之外，尚能节省时间、费用，简化并加速契约请求权之贯彻，达到早日实现公益之目的。[⑤]

笔者认为，PPP协议如果存在胁迫、欺诈、重大误解、显示公平等情形时，受害的社会资本方有权请求人民法院予以撤销。但为了保持PPP协议的安定性，需赋予社会资本方在一定期限内行使此项权利，例如一个月或两个月。特别要注意的是，可撤销的PPP协议中政府方不享有撤销权。如果政府方受到胁迫、欺诈、

---

① 参考林臆书：《论履行行政契约之行政处分》，高雄大学法律学系研究所2007年硕士学位论文，第92—93页。

② 吴庚：《行政法之理论与实务》，三民书局2012年版，第418页。

③ Vgl. Mayer/Kopp，Allgemeines Verwaltungsrecht，1985，S.305.

④ Vgl. H. Maurer，Allgemeines Verwaltungsrecht，13. Aufl.，2000，S.382.

⑤ 江嘉琪：《行政契约自愿接受执行之约定》，《月旦法学教室》2004年第23期，第22—23页。

重大误解、显示公平等情形时，其可以以公共利益为由行使单方变更和解除权。

六、PPP协议的终止

（一）PPP协议终止的原因

PPP协议的终止，是指PPP协议约定的权利义务关系终止。除了正常的协议终止原因（协议失效或期限届满）及其他较少见的原因（解除条件成就、嗣后之绝对不能、法院撤销、被宣告破产或无偿还能力，而政府方并没有允许由其承继者或债权人继续履行该协议）外，还有一些特殊的原因导致PPP协议的提前终止。这些特殊的原因主要是政府方违约、社会资本方违约、赎回、情势变更和不可抗力等情况。

（二）PPP协议终止的方式

1.双方当事人协商之终止

PPP协议尽管是履行公共任务的重要方式，但它不同于单方行政行为，它是公私双方合意的表现。既然公私双方能够通过协商订立协议，它们也就可以共同协商终止协议，这在民事法理论上是没有疑问的。唯应注意的是，PPP协议的本质是对公共任务的履行，公私双方如果要通过协商终止协议的履行，必须要对公益的保障做适当的安排，同时政府方同意与社会资本方协商终止协议的，还应当经过有关机关批准。PPP协议协商终止的原因理论上限于不可抗力或除外情事导致契约无法继续执行之情形。PPP项目提前终止时，会涉及双方当事人必须进行资产与设备之鉴定与评估，再由政府方以有偿方式取得该等资产设备，而此等鉴定与评估作业必须耗时甚久，计算所得鉴定与评估金额亦有可能作为主办机关主张各种费用及损害赔偿等抵销等问题，故难以在合意终止时即可迅速处理完毕，此亦为实务上PPP协议难以合意终止理由之一。因此，一般而言，合意终止多发生于无资产设备鉴定与评估问题之营运契约（OT）之情形。①

2.政府方单方解除

在民事法律中，合同可以约定解除，也可以法定解除，即协商解除，也可依

① 叶张基：《民间参与公共建设兴建营运契约提前终止时当事人间权利义务关系之分析》，《财产法暨经济法》2018年第52期。

据法定情形单方解除，例如我国《民法典》第五百六十二条和第五百六十三条之规定[①]。但PPP协议由于涉及公共利益，社会资本方一般无解除权，仅能由政府方单方解除，也即由政府单方决定终止协议。当作为协议相对方的社会资本方因为过错不履行或不完全履行其义务，以致公共利益受到严重损害时，则作为协议的政府方可以单方解除PPP协议。在PPP协议，尤其是特许经营协议中，政府方合理行使解除权的情形主要有："偏离协议目标；被特许人的解散；在未经特许人预先准许下将特许转让；被特许人拒绝保养及维修特许场所；屡次反对行政当局行使监督权；重复不遵从特许人的正当命令；不履行司法或仲裁的裁判；等等。"[②]另外，在民事合同中常常存在合同履行抗辩权，但PPP协议中一般不存在协议不履行的抗辩权，例如我国民法典规定的同时履行抗辩权、先履行抗辩权和不安抗辩权等。因此，除特殊情况外，社会资本方也不得因政府方违约而中止合同的履行。这源于"有必要保护公共利益，以免私人以轻率的解释作为逃避履行义务的借口"。

尽管在PPP协议中，通常情况下社会资本方没有解除合同的权利，但是在某些有限的情况下，也可以由社会资本方主动作出解除合同的意思表示。一般认为，基于政府方严重及明显违反协议或基于向社会资本方要求的修订超出合同目标之限制，社会资本方可以向法院要求解除协议。倘若政府方同意终止协议，则协议不用透过法院，可透过协议终止。[③]

3.政府方赎回

赎回，也称回购，也就是将委托给社会资本方执行的公共任务在协议的期限终止以前，以支付合理的损害赔偿金，取回或收回社会资本方正在执行的公共任务的行政行为。政府方作出赎回决定，将会导致其与社会资本方在PPP协议项下

---

① 我国《民法典》第五百六十二条：当事人协商一致，可以解除合同。当事人可以约定一方解除合同的事由。解除合同的事由发生时，解除权人可以解除合同。第五百六十三条：有下列情形之一的，当事人可以解除合同：（一）因不可抗力致使不能实现合同目的；（二）在履行期限届满前，当事人一方明确表示或者以自己的行为表明不履行主要债务；（三）当事人一方迟延履行主要债务，经催告后在合理期限内仍未履行；（四）当事人一方迟延履行债务或者有其他违约行为致使不能实现合同目的；（五）法律规定的其他情形。以持续履行的债务为内容的不定期合同，当事人可以随时解除合同，但是应当在合理期限之前通知对方。

② ［葡］迪奥戈·弗雷塔斯·亚玛勒（Diogo Freitas do Amaral）：《行政法教程》，黄显辉、黄淑禧、黄景禧等译，社会科学文献出版社2020年版，第394页。

③ ［葡］迪奥戈·弗雷塔斯·亚玛勒（Diogo Freitas do Amaral）：《行政法教程》，黄显辉、黄淑禧、黄景禧等译，社会科学文献出版社2020年版，第392页。

的权利义务之终止，故而也是PPP协议终止的一种情形。赎回的原因主要是公共政策的调整或是为了更好地维护公共利益。赎回由于社会资本方没有过错，而是对公共利益的配合，因此，必须根据公平原则和损失填补原则给予赔偿。赎回的赔偿正是旨在借着恢复被特许人的财产，重建“被扰乱的平衡”。赎回所应付的损害赔偿不仅旨在向社会资本方支付尚未被适当分期摊还的场所价金，亦旨在支付按合同原定存续期计算该特许尚余期间所失的利益，这个被称为基于收回之溢份金或产业损害赔偿。[①]

必须注意的是，赎回仅仅是政府方与社会资本方之间的协议的终止，并不能终止社会资本方基于PPP协议与其他承包商等之间的权利义务，也就是说，政府方必须承担社会资本方为履行PPP项目而与第三人签订的协议中所约定的全部权利和义务。另外，社会资本方还应该将自己占有的政府方的财产和相关资料返还或移交给政府方，倘若社会资本方的财产继续用于有关工程或服务的，则应该继续使用之，项目所需的相关技术人员、专业人员也得予以留用。

4. 情势变更下的终止

情势变更，是指协议成立后至履行完毕前，法律行为成立当时的环境或基础情况发生了变化，因不可归责于当事人的事由，致使发生了非当事人预料的后果，从而承认当事人可以对协议进行变动的一种制度。情势变更乃系基于衡平的理念，对当事人于法律行为当时所不可预见的情事，或其他为法律事实的基础或环境，发生剧变所设的救济制度。[②]情势变更原则的目的，系在排除因情势变更，而仍履行契约所将产生的不公平结果。PPP项目由于牵涉金额巨大、专业性强、周期长、用地取得困难、地质状况难掌握等特性，致履约过程中时常会遭遇不可预见的情事，而影响协议的顺利履行。因此PPP协议发生不可预见风险，导致情势变更乃是常事。在我国《民法典》第五百三十三条[③]所规定的制

---

① ［葡］迪奥戈·弗雷塔斯·亚玛勒（Diogo Freitas do Amaral）：《行政法教程》，黄显辉、黄淑禧、黄景禧等译，社会科学文献出版社2020年版，第395页。

② 我国台湾地区法院1950年台上字第1440号判决、2000年台上字第1529号判决、1999年台上字第2693号判决。

③ 我国《民法典》第五百三十三条规定了合同的情势变更制度，也即合同成立后，合同的基础条件发生了当事人在订立合同时无法预见的、不属于商业风险的重大变化，继续履行合同对于当事人一方明显不公平的，受不利影响的当事人可以与对方重新协商；在合理期限内协商不成的，当事人可以请求人民法院或者仲裁机构变更或者解除合同。

度中，当出现使合同无法维持其原来内容的情势变更时，法律规定的主要解决方法是协商、变更和解除合同。但在PPP协议中，由于涉及公共利益的维护和持续供给，社会资本方一般不能因为情势变更而解除合同，只能先行协商调整。此种调整手段处理“仍无法排除不公平的结果时，亦即情势变更已使原有约定失去应有的意义而无期待可能性时，才能动用最严厉的使法律关系终止或消灭的手段”。①社会资本方只有在政府方变更合同目标或拒绝遵守合同的财政平衡时，才有权解除协议，导致协议终止。但由于情势变更理论创设的基础在于“确保公共服务的继续性；为了避免未预见之情势危及公共服务之运作，故在财务上支援公共服务的执行者”。②

5. 不可抗力情形下的终止

何谓“不可抗力”？理论界、实务界对其莫衷一是。概括起来有“客观说”“主观说”和“折中说”。“客观说”强调不能避免并不能抗拒的客观情况。“主观说”强调当事人虽尽最大努力仍不能预见的客观情况。“折中说”强调当事人尽最大谨慎也不能预见、不能防止的事件为不可抗力。③各国立法对不可抗力概念的规定不尽相同，我国《民法典》第一百八十条第二款规定：“不可抗力是不能预见、不能避免且不能克服的客观情况。”不可抗力是独立于人的行为之外，不受当事人意志所支配的现象，是人力所不可抗拒的力量。根据《民法典》第五百六十三条第一款第一项之规定，因不可抗力致使不能实现合同目的的，当事人可以解除合同。PPP项目大多是基础设施和公用事业工程项目，必须在一定的土地上施工建设，且营运期限长，相较于其他的任何契约类型，更是容易受到地震、天灾等不可抗力因素的影响，如果已经造成PPP项目全部或部分履行不能时，当事人可以全部或部分解除或终止协议。

（三）PPP协议终止的法律后果

1. PPP协议终止后，尚未履行的，终止履行；已经履行的，终止前的既有权

① 谢哲胜、李金松：《工程契约理论与实务——兼论政府采购法》，翰芦图书出版有限公司2018年版，第268页。

② 王必芳：《论法国行政契约的特点——从台湾地区行政程序法行政契约章的立法设计谈起》，《台北大学法学论丛》2017年第102期，第135页。

③ 李适时、张荣顺：《中华人民共和国民法总则释义》，法律出版社2017年版，第561页。

利义务关系不受终止协议之影响。因可归责于一方的原因导致协议终止的，另一方有权请求损害赔偿。

2. PPP协议终止后，社会资本方应该向政府方移交PPP项目及相关资料、图纸等材料于必要的技术人员和专家。

3. PPP协议的权利义务关系终止，不影响协议中结算和清理条款的效力。

第五章

我国PPP行政法规制体系之具体构建

我国PPP行政法规制体系的“设计和实施应当以确保基础设施的公共用途和保护作为合作方的民营部门为出发点”。[①]其核心就是规制理念、规制目标、规制内容、规制机构等的具体法律制度的设计和落实。

第一节　PPP行政法规制体系构建的理念

PPP行政法规制体系构建的总理念是担保国家理念。“担保国家”（Gewahrleistungsstaat）理念生根于20世纪90年代的德国。担保国家的理念是指，公共任务民营化后，公共任务的履行转由私人主体承担，国家不再亲自履行之，但是国家仍应对私人主体履行公共任务及私人主体能够进行公平的自由竞争予以担保，从而形成的一个不同于传统给付国家的新的国家形态或模型。这样的担保国家理念，表明担保国家是一个“双重担保国家”。其一方面要担保一般公众的利益不受损害，另一方面要担保私人主体，尤其是新进入市场的私人主体的自由竞争权不受损害。[②]担保国家理念具体展现为安全、高效、公平、公益理念。

一、安全理念

安全，顾名思义“无危则安，无缺则全”，即安全意味着没有危险且尽善尽美。“安全，在任何人看来都是最重要的利益……人类不能无安全……除

---

① ［美］萨瓦斯：《民营化与PPP模式：推动政府和社会资本合作》，周志忍等译，中国人民大学出版社2015年版，第250页。

② 杨彬权：《后民营化时代的国家担保责任》，中国法制出版社2017年版，第81页。

物质营养外，是所有必要物中最不可或缺的……”[①]边沁（Bentham）将安全视作立法政策最重要的目标和效用的首要来源。[②]随着风险社会的到来，“安全已上升到国家最为重要的任务，国家存在的正当性也取决于是否能完成这一任务。这一任务不亚于国家保持物质的富裕，而且已经浓缩为一种人权地位的主体要求”。[③]PPP项目由于具有投资规模大、投标规划成本高、计划时间长、投资风险高、法令庞杂、契约协商期长、高财务杠杆、采用项目融资、要求高报酬率及特许经营权等特性，因此，相较于工程采购，复杂度及风险也较高。[④]正是由于PPP项目就是一个全程穿透风险的项目，因此它必然会给国家和社会的安全带来各种威胁和损害。例如，PPP项目不进行事先的环境保护评价，将会危害环境安全；建设的基础社施和公用事业没有达到国家或行业标准，产生质量安全和人身安全等。故此，作为规制PPP模式的行政法必须以安全为基本的立法政策对这些不确定风险因素和不当行为进行预防和规范。

二、高效理念

我国推介PPP模式的主要目的就是在借用私人资金、专业技术的基础上，提高公共产品和服务的供给效能，因此，在建构PPP行政法规制体系时，首先，应该提高政府融资的效率，减少不必要的审批环节，放开对民间资本的准入限制，使得民间资本可以在PPP项目中获得充分的释放。其次，将风险配置给最能控制和管理风险的一方。由于PPP项目是一个高风险的合作模式，风险的合理分配和共担是PPP合同当事人最关心的事情，直接影响到PPP项目的高效运作。因此，应该根据具体的PPP模式类型、具体的运行阶段、具体的风险来源等因素将风险配置给最有能力控制、管理和化解风险的一方当事人，对于双方都不能控制和管理的风险将由双方当事人共同负责。最后，行政机关应该简化

---

① J S Mill Utilitarianism，On Liberty and Representative Government（1910）(ed）at p.50.

② See P J Kelly Utilitarianism and Distributive Justice，Jeremy Bentham and the Civil Law（1990），p.73.

③ ［德］施密特·阿斯曼等：《德国行政法读本》，于安等译，高等教育出版社2006年版，第53页。

④ 蔡味保、谢博明：《BOT模式应用于休闲游憩事业开发之风险评估——以月眉育乐世界例》，《环境与管理研究》2009年第2期。

审批环节，缩短期限。PPP项目从立项、审批到移交，需要各个行政机关提高效率，压缩审批期限，遇到需要多个机关共同审批的事项，相关机关应该通力合作，提高效率。

三、公平理念

公平指的是PPP模式中的各相关主体平等地参与PPP投资、平等地进行PPP交易与平等地获得PPP带来的收益。PPP项目中的公平主要体现在公共部门与私人部门共同分配资源、共担风险和共享收益；投标的主体能够平等地参与到采购程序的各个环节，并能够获得公平的权利救济机会；作为公民的公众能够平等地接受PPP模式下私人机构提供的公共产品和服务，即使是边远地区的公众也能接受到最低限度的公共产品和服务，公众不因PPP公共产品和服务的提供而受到侵害。PPP公平不仅应包括私人部门的权益保护，更应包括私人部门的社会责任。PPP法律规制体系之构建应该体现出公平公正的理念。

四、公益理念

法律规制的根本目标是实现公共利益最大化。不论是对于公共利益范围的界定，还是公共利益受损后的救济，都离不开法律规制。罗尔斯认为，“必须通过政治过程而不是市场来安排公共利益的提供”。[①]PPP模式是由私人部门提供公共产品和服务的供给方式，在这种模式中，私人部门逐利性的动机有可能会损害公益，而且政府和私人部门也有可能“共同分赃”损害公益，出于对公共利益的维护，必须以公益为理念建构合理有效的行政法规制体系，平衡政府、企业和公众的利益冲突，既要规制被规制者，明确其义务和责任；也要规制规制者，防止其权力滥用和监管不力。“有证据表明，政府更热衷于满足那些能够从垄断中获利的利益集团的需求（例如民营化后企业的管理者），因为他们的游说能力远强于

① ［美］约翰·罗尔斯：《正义论》，何怀宏、何包金刚、廖申白译，中国社会科学出版社1998年版，第267页。

那些在这个过程中受损的阶层，尤其是消费者。”[①]要在立法、执法和救济等方面对于事实上的弱势方——消费者给予特别保护，“使得公民消极财产权的实现向积极受益权过渡”。[②]

---

① ［英］安东尼·奥格斯:《规制：法律形式与经济学理论》，骆梅英、苏苗罕译，中国人民大学出版社2008年版，第298页。

② 杨海坤、郭朋:《公用事业民营化管制与公共利益保护》，载刘恒主编:《行政许可与政府管制》，北京大学出版社2007年版，第280页。

第二节　PPP行政法规制体系构建的目标定位

一、导入公平透明的“竞争市场”机制

常规而言，公共产品和服务的提供是政府的职责，私人部门本没有提供的责任和义务，然而，PPP模式打破了国家与社会的分立机制，使得国家与社会合作提供公共产品和服务职能成为可能和现实。传统上，政府垄断公共产品和公共服务的提供，引入PPP模式能够在一定程度上改变公共服务提供垄断的境况，但是私人部门提供公共产品和服务也会逐渐形成垄断地位，这在公用事业领域是比较明显的。“如果某个制造商或提供某种服务的人拥有绝对的垄断地位，那么，他就能够轻易地将自己规定的条件和标准强加于顾客头上，顾客的自由只是‘要么全盘接受，要么干脆拉倒’。”①要想确保PPP模式中挑选出的私人部门能够真正地负起公共服务职责，必须在PPP行政法规制体系建构中导入公平透明的“竞争市场”机制，建构一个真正公平透明的市场竞争制度和环境。

二、确保公共利益之实现

PPP模式只是公共任务提供方式的一种变革，公共任务的本质仍然没有发生改变。但是，在一个市场竞争不充分或法治不发达的国家之中，PPP模式不可避免地会危害到公共利益，例如公、私部门之间的“私相授受”“私人利益部门化”“部门利益私人化”等都是PPP模式中不可忽视的危害公众利益的现象。因此，政府基于宪法上的基本权保障义务仍需承担国家担保责任，必须担保公共产品和公共服务的高效优质供给。国家担保责任对国家立法机关来说，就是制定和完善

① ［英］彼得·斯坦、约翰·香德：《西方社会的法律价值》，王献平译，法律出版社2014年版，第38页。

维护公共利益的行政法规制体系，为行政机关履职创设主要的指导原则和规制框架，并为担保、管制与监督等行政行为的实施提供合法性依据。

三、提升效能与促进创新

政府采用PPP模式的目的之一就是提高行政效能，以满足人民日益增长的物质、精神方面的基本需求。理论上，PPP高效的主要驱动力来自“把风险转移给私营部门、长期性质合同、激励机制和根据绩效支付、产出导向的服务标准、各投标者之间的竞争、在采购过程中嵌入反馈和谈判过程、私营部门的创新和管理技能，以及管理费的降低等”。[①]但是，PPP模式要想真正地达到高效，发挥其应有的撬动私人企业资源和效率的“杠杆”作用，除这些举措和因素外，行政法的规制也是一个重要的不可或缺的工具。法律的重要价值和功能之一就是矫正市场失灵，提升效能。行政法规制体系就是要将资源、风险等配备给最需要和最能控制的主体，减少和制止浪费资源、垄断、无效率行为等的存在和发生。通过运用法律的规制手段调和公私利益冲突，提升PPP模式的运作效能。同时，行政法通过赋予私人部门进行自我规制、创设诱因机制等措施，尤其是采用合作契约的规制方式，“既便于实现政府的意图，同时又对相对一方保留了一定的自由，可以激发其主动性和创造性，双方成为权利义务关系。这远比行政命令、单方面的命令指挥更易于让相对人接受，也更利于国家公务的推行”。[②]

① 丁保河：《中国PPP立法研究》，法律出版社2016年版，第31页。

② 张尚鷟、张树义：《走出低谷的中国行政法学——中国行政法学综述与评价》，中国政法大学出版社1991年版，第709页。

第三节　PPP行政法规制的主要内容

PPP模式健康稳定地持续发展，离不开法律法规的引领和规制，尽管各种政治承诺也非常重要。但是，“政治承诺终归无法引领PPP制度健康稳定地发展，唯有法律框架的搭建才是PPP长久治理之道”。[①]“由于PPP法律关系所要求的灵活性与开放性，PPP立法作为一种框架性法律应当只规定最为核心最为重要的条款，为PPP的进一步发展预留空间，同时把对PPP进行细节性和微观规制的任务留给PPP指南和PPP合同。”[②]结合我国PPP模式发展的历史阶段和制度困境，并借鉴域外PPP规制框架立法实践经验，我国PPP行政法规制框架之构建应该对以下内容予以重点规制和防范。

一、PPP模式的效益评估和风险管理

PPP模式是给付国家收缩财政，降低行政成本，提高行政效率，进行投融资机制改革的重要举措，被现代给付国家奉为圭臬。然而任何改革措施都是一把“双刃剑”，PPP模式除能够释放民间活力、吸收民间资本、提高行政效率等积极性功能外，也易导致私人主体的市场垄断、官商勾结、政府民主正当性丧失、给付产品和服务质量的降低及公私合作系统性失灵等问题。[③]而且，更重要的是，

① See Hammami，M.，Ruhashyankiko，F.，Yehoue，E.，Determinants of Public-Private Partnerships in Infrastructure. IMF Working Papers，2006，p. 1.

② 喻文光：《PPP规制中的立法问题研究——基于法政策学的视角》，《当代法学》2016年第2期。

③ 关于PPP模式的缺陷和不足，参见［瑞士］韦伯（B.Weber）、［德］阿尔芬（H.W.Alfen）：《基础设施投资策略、项目融资与PPP》，罗桂连、孙世选译，机械工业出版社2016年版，译者序第5页。喻文光教授认为PPP不是万能的，也不是免费的，PPP复杂的融资机构和合同安排蕴含着诸多风险和不菲的交易成本。PPP模式并不必然会提高公共产品和服务供给的效率和质量。参见喻文光：《PPP规制中的立法问题研究——基于法政策学的视角》，《当代法学》2016年第2期。

一个PPP项目不仅是一场“婚礼”，更是一段“婚姻”。[①]如果遇先前所未预测到之情事，要想中途改弦更张，实属不易。故此，政府如果决定采用PPP模式提供基础设施供给行政任务，基于国家担保责任[②]，必须未雨绸缪，提前采取积极措施预防政府的预期目标而不夭折以及私人部门“跑马圈地”之不良后果[③]。在国家所采取的众多担保手段和机制中，首要的和最重要的前提就是PPP模式的效益评估机制和风险分配机制之构建，这两项机制的法律建构事关PPP模式运行的良窳与成败，必须予以认真研究和正确对待。

（一）PPP模式的效益评估机制

尽管PPP模式能够节俭国家财政，提高经济效益，但却是一种高风险的提供公共任务的运作模式。为了有效地控制和预防PPP模式固有的高风险及缺陷，提高PPP模式运作的成功率和经济效率，应从以下四个方面着手构建符合我国国情的PPP模式的评估法律机制。

1.评估的主要因素

“公私协力合作过程其实是一种非线性的动态过程，其牵涉多元因素和复杂的参与者动机，充满了不确定性与矛盾性。”[④]“通过评估不仅可以发现资源最大化

---

① ［英］爱德华·法夸尔森等：《新兴市场公私合作模式》，唐李雅宁译，中国电力出版社2015年版，第9页。

② 国家担保责任是德国Woffgang Hoffmann-Riem、Gunnar Folke Schuppert、Christoph Reichard三位学者分别根据不同的标准而对行政任务民营化后国家责任进行划分而得到的责任类型。Ziekow教授认为国家担保责任，是指国家或地方自治团体确保公共任务得以由私人部门顺利执行，或是特定公共福祉得以由私人部门顺利实现的公法义务。Vgl. J. Ziekow，Verankerung verwaltungsrechtlicher Kooperationsverhältnisse（Public Private Partnership）im Verwaltungsverfahrensgesetz，Wissenschaftliches Gutachten，erstattet für das Bunderministerium desInnern，2001，S. 179 ff.

③ 例如，在美国，一个小镇的管理者将两座桥的修理工作合同外包了。中标的价格总共大约46000美元。这个管理者为建设项目的资金申请了两种资金补助。一种是基于该方案的资助，另一种是一年只提供一次标准资助。他提出了46000美元资助方案。然而，工作才开始不久，承包商就把管理者请到工地，告诉他实际需要的开支将是最初估计的两倍。此时在当地也没有其他的投标者，社区只能继续和这个承包商合作。参见［美］菲利普·库珀（Phillip J. Cooper）：《合同制治理——公共管理者面临的挑战与机遇》，竺干威、卢毅、陈卓霞译，复旦大学出版社2007年版，第121—122页。

④ Ansell，C.，& Gash，A. Collaborative governance in theory and practice. Journal of Public Administration Research and Theory，（2008），18（4），p.558.

的方案，而且可以试图将所有适当的因素纳入评价过程中”[①]，分析其利弊及风险概率，借以有效控制和规避风险及提高方案的成功率和经济效率。公私合作“没有基本的行政效率，就不可能实现行政权维护社会所需要的基本秩序的功能”[②]。所以对PPP模式的评估主要就是效益的评估[③]，也即从成本、效益的角度对PPP模式进行可行性评估。由于行政法上的效率概念应该作层级式的理解：由最核心且狭义的“经济效率”依顺序向外扩张到最广义的“公益效率”。也就是说，在公益效率概念下的成本考虑即不再单纯以金钱或财物为限，组织、人事、时间、风险等因素皆可包含在内。[④]故此，PPP模式的效益评估不仅要考虑财政因素，同时也要考虑专业知识、时间、品质，尤其是各种风险因素。其实，PPP模式的可行性评估，如果从风险的角度观察，就是在进行风险评估。[⑤]正如有学者言：“PPP不仅只是伙伴关系的一种‘模式’，而应该是一个确保以有目的的方式全面考虑并评估所有风险的过程。”[⑥]任何的PPP模式都会面临风险和不确定性，PPP模式运行中可能遇到的风险是相当复杂和多变的，主要有政治及法律法规变更风险；经济环境风险；财务风险；社会环境风险；技术风险；自然因素风险和不可抗力等。由于PPP模式具有BOT、BTO、OT、ROT及BOO等多种组合方式，不同的组合方式及合作类型，其生命周期和面临的风险也就自然有所不同。但是，无论PPP模式的结构和组织方式如何，在合作的行政国家理念下，政府和私人部门作

① ［德］汉斯·J.沃尔夫、奥托·巴霍夫、罗尔夫·施托贝尔：《行政法》（第三卷），高家伟译，商务印书馆2007年版，第748页。

② 姜明安：《行政法与行政诉讼法》，北京大学出版社、高等教育出版社2015年版，第335页。

③ PPP模式的评估可以分为事前的可行性评估和事后的监督评估。事后评估主要是对已经公私协力了的私人部门的兴建与运营行为和活动进行的监督与评估，属于一种监督手段。其目的是核实和检查行政任务采用公私协力模式是否达到了政府的预期目的，从而决定是否继续留用公私协力模式完成行政任务。参见杨彬权：《后民营化时代的国家担保责任研究》，中国法制出版社2017年版，第209—212页。

④ 詹镇荣：《行政效率效能作为选择公私协力模式之基准——对促参法上“可行性评估”之检讨》，载台湾行政法学会主编：《依法行政考核与风险治理/行政效能与组织变革/国境管制与行政法上之举发》，元照出版有限公司2012年版，第143—144页。

⑤ 李金松：《从风险分配与廉政观点谈BOT契约的权利义务》，载谢哲胜主编：《BOT契约法律与政策》，元照出版有限公司2015年版，第87—156页。

⑥ ［英］达霖·格里姆赛、［澳］莫文·K.刘易斯：《PPP革命：公共服务中的政府和社会资本合作》，济邦投资咨询有限公司译，中国人民大学出版社2016年版，第98页。

为“责任共同体”[①]，必须共担PPP模式的风险。PPP模式的运行过程就是一个风险识别、分配、预防和控制的过程。其中，通过评估，将PPP模式的风险在公私部门之间进行合理的分配对PPP模式的良善运行至关重要。对于PPP模式的风险应该如何进行适当合理分配，笔者将在后文详细论述，此处不再赘述。

2.评估的程序

PPP模式的评估，必须遵循严格的评估程序。唯有经过严格的评估程序，才能确保评估结果的正确性和可靠性。具体来说，PPP模式的效益评估应该按照三个步骤进行：第一步，在国家决定将某项行政任务采取PPP模式之前，组织相关专家和人员采用成本——效益分析方法、敏感度分析法等方法对拟进行PPP的方案就以上金钱、财政及风险等因素进行分析，看效益是否大于成本，如果效益小于成本，那么证明该项行政任务不宜采取PPP模式。如果经过效益评估，效益大于成本，那么也不能说明该项行政任务就必然能实行PPP模式。第二步，就是同样就该项行政任务在由政府亲自或依法设立的公有组织进行完成的情况下的成本与效益进行分析。第三步，将以上两种情况下的评估结果进行比较，如果在成本相同的情况下，政府亲自履行行政任务的效益劣于行政任务采取PPP模式后取得的效益，那么该行政任务采取PPP模式就是可行的，否则，就是不适宜采用PPP模式达成公共任务，该项公共任务仍须国家亲力提供。通过对公益效益因素的通盘评估和比较，不仅能够确认PPP模式的可行性，也能够有效防止PPP模式发起的盲动性。

总之，在政府设想采行PPP模式时，要将传统上由政府自负执行责任的模式与政府采用的PPP模式，例如BOT、OT、BTO等具体合作模式相比较，观察何种具体模式的经济效益更高，风险分配更加合理且可控，品质和时间更能保障，履约程度更高，更能实现物有所值（VFM），综合权衡各种影响因素，最终决定是否采用PPP模式达成给付行政任务。

3.评估者的立场定位

在PPP模式中，无论采取何种模式的评估机构和评估方法及手段，评估机构在进行PPP方案的效益评估时，始终要站在公部门的立场上，不能像我国台湾地区“促进民间参与公共建设法”（以下简称“促参法”）及其“促参法施行细则”规定的公私协力评估是站在私人部门的立场上进行效益评估。我国台湾地区的“促

---

① Rainer Pitschas，Verwaltungsverantwortung und verwaltungsverfahren，1990，S.237f.

参法”第四十二条规定：“经主办机关评估得由民间参与政府规划之公共建设，主办机关应……公告征求民间参与。”其中之可行性评估乍看之下似属类似之控管法律制度。然而“促参法施行细则”第三十九条第一项及第二项规定：“主办机关办理民间参与政府规划之公共建设前，应办理可行性评估及先期规划。但未涉及政府预算补贴或投资者，不在此限。前项可行性评估，应依公共建设特性及民间参与方式，以民间参与之角度，就公共建设之目的、市场、技术、财务、法律、土地取得及环境影响等方面，审慎评估民间投资之可行性。”对此“促参法施行细则”之该条规定，有学者认为其错置了“促参法”的制度目的。他认为促进私人参与公共建设的原始的主要目的，既然是提高公共建设的行政效率和行政效能，那么其是否可行，应该考虑的重点和关键点是，私人部门参与公共建设是否比行政机关自行办理公共事务更具有效率与效能。因此，PPP模式的可行性评估虽然要考虑和顾及私人部门的观点，以避免私人部门没有任何参与的兴趣及获利可能性，但是，从逻辑正确性上讲，PPP模式的可行性评估更应该从政府部门的角度出发，评估民间参与公共任务建设能为政府部门节省多少资源（效率可行），抑或能为公共建设提升多少品质，以及能为广大消费者争取多少利益（效能可行）等问题。“促参法施行细则”第三十九条明定可行性评估应从“私人部门参与”角度出发，恐怕错置了促参制度的目的，也误解了促参计划的主导主体是公共部门，而不是私人部门。[①] 如果公共部门一味地站在私人部门的立场来进行PPP模式的效益评估，就有亲自履行公共任务之嫌疑，将自己从行政任务的“担保者”或“管制者”的角色转化为“履行者”或“提供者”的角色，而这无论如何都将背离行政任务PPP模式降低行政成本，提高经济效益的终极目标。

笔者强调PPP模式的效益评估要站在公部门的角度和立场，并不是说不考虑私人部门的利益以及公部门给对方造成的额外成本增加。良好的给付服务输送和提供，必须以公私双赢为努力目标，如果公部门仅是单独评估对方的投资能否提高经济效益以及提高了多少效益，既不考虑和评估私人部门获得的利益，自己对合作关系可能造成的成本伤害，也不检讨自己可能对对方造成的交易成本，公私双赢势必难以达成。

---

① 詹镇荣：《行政效率效能作为选择公私协力模式之基准——对促参法上“可行性评估”之检讨》，载台湾行政法学会主编：《依法行政考核与风险治理/行政效能与组织变革/国境管制与行政法上之举发》，元照出版有限公司2012年版，第143—144页。

4. 评估报告的公告及诉讼预防

为了确保PPP模式的绩效评估制度能够落到实处，不至成为空中楼阁。政府部门可以将绩效评估报告予以事前公告，以便于公众和社会公益团体进行事前监督。同时，为了确保和防止公众和社会公益团体的事前监督流于形式，沦为狗吠火车，以及避免先斩后奏或“跑马圈地”引发的难以恢复的重大不良后果，必须引入公益诉讼和预防性不作为诉讼。[①]因为通过评估报告的事前公开及诉讼法律制度的构建，既可以避免行政机关与私人部门官商勾结、共同分赃，损害公众利益，又能担保采用公私协力模式履行的行政任务一直处于国家的管制和监督状态之下，实为一项不错的选择，值得我国在建构PPP模式的评估法律机制时予以参考和借鉴。在此应该注意的是，评估报告的公开时间不宜过长，而且针对公众和社会团体提起的公益诉讼及预防不作为诉讼应该采取诉讼速裁程序，以利于提高行政效率和达到适时监督之目的。

（二）PPP模式的风险管理

PPP模式虽然具有独特的优势，但受到长生命周期及各种意外因素之影响，其本身也具有缺点，其中一个重要的缺点就是PPP模式具有很大的风险。所谓PPP项目中的风险，是指那些对于提供服务（例如，设施无法按时修建）或项目在财务上的可行性（例如，收入损失或成本上升）有直接影响的不确定的结果。[②]PPP项目中的风险各种各样、千变万化，认识、分类和管理较为困难。例如，有学者认为：“BOT项目风险主要集中在政治风险、财务风险、收益和市场风险、激励风险、采购风险、形成风险、完丁风险和运营风险八大方面。”[③]也有学者认为：“发展中国家的BOT项目（特别是水力发电项目）的主要风险因素归纳为市场风险、财务风险、政治风险、法律风险、建造风险和经营风险。”[④]还有

---

① 盛子龙：《公私协力兴起下行政契约法制面临之挑战与回应》，载台湾行政法学会主编：《全球化/福利国家/特别权力关系/公私协力》，元照出版有限公司2012年版，第351页。

② ［加］耶斯考比：《公共部门与私营企业合作模式：政策与融资原理》，杨欣欣译，中国社会科学出版社2012年版，第292页。

③ Zayed T M，Chang IJ M. Prototype model for build-operate-transfer risk assessment. Journal of Management in Engineering，2002，18（1）：7-16.

④ Ozdonganm I D，Birgonul M T. A decision support framework for project sponsors in the planning stage of build-operate-transfer（BOT）projects. Construction Management and Economics，2000，18（3）：343-353.

学者按照项目阶段将PPP公路项目风险分为项目形成阶段风险、建造阶段风险、经营阶段风险和项目生命周期风险。[①]尽管PPP项目风险呈现“多”“乱”“杂”之图像，但从风险来源来说，主要有外来风险和内在风险。PPP模式运行中可能会遇到的外来风险主要有政治及法律法规变更风险、经济环境风险、政治风险、社会环境风险、自然因素风险和不可抗力等风险；内在风险主要指协议双方因为协议决策、判断失误，或无法适应客观环境变化而导致的风险，例如变更、供应质量等。

PPP项目的管理就是对PPP项目中遇到的风险的管理。“PPP应当理解为是以融资机制为基础、以风险管理为重心的长周期公共项目。”[②]具体来说，风险管理为透过对风险的确认、评估及分析后，以最低的处置成本达成最大安全保障的管理方法。[③]有效的风险辨识及评估既是风险管理的基础，其正确性自与效率有密切关系，错误的风险辨识及评估，将造成错误的风险处置，一旦风险事故发生，将使负担契约义务人蒙受巨大的损失，而他造亦会因为契约义务人的违约而同时遭受损害；相反地，若能有效地辨识及评估风险，而据此采取有效的风险处置策略，将有效降低风险损失，于契约双方均属有利。因此，正确而有效的风险辨识及评估是相当重要的，而且与效率不可分离。欲使风险分配能够合理，并增进效率，首先应将风险辨识及评估的责任交由最有能力进行风险辨识及评估的人负担。[④]例如，最有能力辨识和评估风险的人员有可能就是政府方或者社会资本方，也有可能是一些专业性的机构和组织。通过对风险的确认、全面的评估，将风险归由实际上最有能力可以控制风险的人承担，可促使其提高警觉并采取预防措施以降低风险。若从交易过程来看，能控制交易或生产过程的人，较有能力防止损失和预测损失，因此，将出差错产生的损失，交由有控制能力的一方承担，将是

① Thomas A V，Kalidindi S N，Ananthanarayanan K. Risk perception analysis of BOT road project participants in India. Construction Management and Economics，2003，21（4）：393-407.

② 于安：《我国实行PPP制度的基本法律问题》，《国家检察官学院学报》2017年第2期。

③ 蓝秉强：《由木栅线捷运工程仲裁案论工程迟延免责约款及风险分配》，东吴大学法研所1995年硕士学位论文，第151页。

④ 谢哲胜、李金松：《工程契约理论与实务——兼论政府采购法》，翰芦图书出版有限公司2018年版，第71页。

符合效率的。[①]据此，在PPP模式中，“公共部门通常承担立法风险（即规划变动风险）及政治风险，而私营部门承担余下的所有涉及项目规划、技术、建设、运营和融资有关的风险。不可抗力带来的风险，通常由双方共同承担”。[②]对于社会环境、土地征收、民众抗争和罢工等社会稳定风险，由于政府相较于私人部门具有较强的控制和化解的能力，故应该由政府承担此类风险。此外，一些难以在公私部门之间进行合理分配的风险可以转移给专业的第三方（例如保险公司）予以承担，当事人亦可采取分散来源，再与他人签订契约及互相保证等方式转移风险。[③]风险转移是可以的，但切记不能政府与社会资本方合谋将风险转移到纳税人和使用者身上。总之，按照“较有能力控制该风险”“较有能力承担和化解该风险”和“较能最大限度地实现公益”的原则，在公私部门之间进行的风险分配不仅较为合理，而且也符合效益要求。同时，PPP项目必须要在政治上得到支持、理解和帮助。“一个没有得到政治偏爱的PPP项目可能会面临很多困难。如果一个项目得不到政治上的支持，坚持全面履行PPP合同是不大可能符合项目公司和其投资者的长远利益的。”[④]

接下来要讨论的一个问题是PPP模式中经常遇到的一个较大风险，即政策变更风险。在我国的PPP模式的签约、履行过程中，政府惯常以政策变更为由单方终止协议履行，例如在最高人民法院通报的典型指导案例“重庆某豪投资案”[⑤]中，当事人双方签订协议后，原告依约投入亿元资金进行开发建设，但在后续不久的协议履行过程中即发生被告不按约定数量提供土地、不按约定完成房屋拆迁等不诚信履约行为，并借用PPP协议违背相关国家政策、社会资本方存在失约等理由单方面终止协议的履行。对于政策变更风险，可以分为两种情况：第一种是

---

① 李金松：《从风险分配与廉政观点谈BOT契约的权利义务》，载谢哲胜主编：《BOT契约法律与政策》，元照出版有限公司2015年版，第125页、第131页。

② ［瑞士］韦伯、［德］阿尔芬：《基础设施投资策略、项目融资与PPP》，罗桂连、孙世选译，机械工业出版社2016年版，第183页。

③ 谢哲胜、李金松：《工程契约理论与实务——兼论政府采购法》，翰芦图书出版有限公司2018年版，第73页。

④ ［加］耶斯考比：《公共部门与私营企业合作模式：政策与融资原理》，杨欣欣译，中国社会科学出版社2012年版，第299页。

⑤ 见中国裁判文书网：http://wenshu.Court.gov.cn/content/content?Doc:ID=993c4413-1842-4c1f-b74b-dd71c9dc2825，最后访问日期：2020年11月25日。

政策变更发生在PPP协议签订之前，风险应由行政机关承担，也即行政机关因政策变更废止给社会资本方造成信赖损失的，行政机关应当给予补偿；第二种是政策变更发生在PPP协议签订后的协议履行阶段，由此产生的风险应该依据PPP协议的约定办理，如无约定，考量政策变更之原因可否归责于行政机关。如果可归责于行政机关，风险由行政机关承担，如果不能归责于行政机关，可由行政机关和社会资本方共担风险。

综上，在政府采行PPP模式时，要将传统上由政府自负执行责任的模式与政府采用的PPP模式，例如BOT、OT、BTO等具体合作模式相比较，观察何种具体的模式的经济效益更高，风险分配更加合理且可控，品质和工程进度更能保障，履约程度更高，更能实现物有所值，综合权衡各种影响因素，最终决定是否采用PPP模式达成给付行政任务。最后值得注意的是，在整个PPP项目运行过程中，公共部门需要监控所有的风险，甚至是那些分配给第三方的风险，因为如果PPP项目失败了，最有可能的情况是公共主管部门投入更多的成本来维持公共服务，[①]它们负有向公众提供充分服务的最终责任，也即国家担保责任。

二、私人合作对象的甄选机制

通过对PPP模式的可行性评估，如果评估结果确定该项行政任务可以采用公私协力模式，那么接下来的问题便是如何甄选出合格的私人对象作为行政任务的具体承担者和执行者。由于行政合作契约的缔结最重要的问题在于，原本由国家自己执行的公共任务，必须仍能透过私人参与而顺利符合应提供给付之标准完成，所以选择相对人至关重要，倘若所托非人，而使民营化不幸沦为“政府卸责”，乃至“官商勾结”“利益输送”的代名词，则推动民营化将是未蒙其利而先受其害了。[②]因此在国家和私人部门欲以PPP模式履行行政任务的过程中，合格私人部门的选择是最为关键的一环。德国学者舒伯特认为：“合作对象的选任是

① ［加］耶斯考比：《公共部门与私营企业合作模式：政策与融资原理》，杨欣欣译，中国社会科学出版社2012年版，第24页。

② 许宗力：《论行政任务的民营化》，载《当代公法新论》（中），元照出版有限公司2002年版，第581—610页。

公私协力或行政合作最核心的调节螺丝”[①]；这是因为它直接关系到实行公私协力模式的私人部门能否按质、按量、适时地提供公共产品和公共服务。然而要甄选出合格的私人部门，必须要有完善的科学的甄选法律机制。综观我国，仅有《政府采购法》对采购过程中的选商程序进行了简单规定，这些选商规定本应可以直接应用于公私协力之中[②]，至少可以为公私协力模式中的选商程序提供指导和参考。但由于《政府采购法》规定的选商程序先天的不科学和不完善，以及公私协力与政府采购毕竟不是一回事[③]，两者适用的程序也不一定完全相同，所以对国家以PPP模式完成行政任务时的私人部门的甄选法律机制必须予以重新规划和设计，才能确保选定出具有充分履行公共任务能力的合作伙伴。

（一）甄选主体

我国《政府采购法》虽对甄选过程中的甄选主体进行了一定程度的规范，但一些规定显得不甚合理。我国《政府采购法》第二十三条规定，采购人可以要求参加政府采购的供应商提供有关资质证明文件和业绩情况，并根据本法规定的供应商条件和采购项目对供应商的特定要求，对供应商的资格进行审查。单从《政府采购法》第二十三条的规定来看，资格甄选的主体应该是急需商品和服务的政府采购人。但是，我国《政府采购法》第十八条却规定，采购人采购纳入集中采购目录的政府采购项目，必须委托集中采购机构代理采购，自行采购只限于未纳入集中采购目录的政府采购项目以及属于本部门、本系统有特殊要求的项目。由此可见，根据我国《政府采购法》的规定，绝大多数的政府采购项目都是由专门设立的集中采购机构集中进行，然而我国《政府采购法》又没有明确赋予集中采

① Vgl. Gunnar Folke Schuppert，Grundzüge eines Verwaltungskooperationsrechts.Regelungsbedarf und Handlungsoptionen eines Rechtsrahmens für Public-Private-Partnerships，Gutachten fü r den Bundesminister des Innem，Juni 2001，S.4.

② 行政任务的公私协力与政府采购虽然不是一回事，两者适用的行政程序也不一定完全相同。但是由于政府以PPP模式完成公共任务，与以采购方式完成公共任务，在选择承包或承办厂商方面，具有相同的目的，且都要遵从公平性与公正性。在选商的过程中，若涉有不公平的情形，其结果与政府采购的不公平情形并无不同。参见罗昌发：《政府采购法与政府采购协定论析》，元照出版有限公司2004年版，第59页。

③ 例如有学者认为，PPP与政府采购内在属性不同，并不具备适用性上的照搬性。参见陈少英、吴凌畅：《公私合作制（PPP）认识误区之厘清》，载顾功耘：《公私合作（PPP）的法律调整与制度保障》，北京大学出版社2016年版，第31—42页。

购机构的甄选主体资格。这种不甚合理的法律规定的结果就是，能够进行审查的主体却不能与提供货物和服务的供应商见面，能见面的却又不能从事审查的尴尬局面。这种尴尬局面最终不利于PPP模式的健康发展。笔者认为，甄选主体的选择和组成决定着公私协力模式运行的成败，因此，承担甄选主体的法律机制建构颇为关键和重要。

在我国台湾地区，2000年制定的所谓“促参法”规定，甄选程序中的甄选主体就是主办机关和主办机关专门设立的甄审委员会。主办机关的职责是进行资格审查，甄审委员会的职责是进行综合甄选。我国台湾地区“促参法”对甄选主体的规定既考虑到了甄选程序中资格甄选与综合甄选的区别和差异，又考虑到了甄选的方式及难易程度，依次将资格甄选的权力赋予主办机关，将综合甄选的权力交给了甄审委员会。我国台湾地区依据甄选内容、甄选方式、甄选的难易程度的不同，设立专门甄选委员会的做法值得我国其他地区予以参考和借鉴。我国台湾地区的“促参法”及“民间参与公共建设甄审委员会组织及甄选办法”，将资格甄选的权力交由主办机关，将重要的综合甄选的权力交由主办机关成立的甄审委员会行使。甄审委员会作出的综合甄选结果，“主办机关完全没有否决或更改之权限，只能照章全收”。①可是，甄审委员会并非一个常设性机构，其仅是个临时性组织机构，在完成甄选事宜且没有后续处理事项后便予以解散。如果甄审委员会甄选出了最优申请人，与其签约的并不是甄审委员会，而是主办机关。这样就造成了后续基础设施的兴建、营运及移转更加与甄选委员会毫无瓜葛，使得甄选委员会变成了一个只管前半段，而不管后半段的甄选委员会，②也即一个“半吊子式”的甄选委员会，只管基础设施的“生”，而不管基础设施的“教养”。这种“生而不负责教养”的立法安排最终导致了甄审委员会的有权无责、主办机关有责无权之乱象，其最终结果还是无人对甄选过程及甄选结果进行有效的管制、监督和负责。

综合以上分析，笔者认为，我国的甄选主体应该根据甄选内容分为对私人部门的资格甄选以及综合甄选两个阶段，将私人部门的资格甄选事务交由各项

① 林明锵：《促进民间参与公共建设法制与检讨——从地方自治团体有效管制观点出发》，《月旦法学杂志》2014年第11期，第48—72页。

② 林明锵：《促进民间参与公共建设法制与检讨——从地方自治团体有效管制观点出发》，《月旦法学杂志》2014年第11期，第48—72页。

行政任务领域内的主管行政机关进行，综合甄选事务交由县级以上人民政府组成的甄选委员会进行。甄选委员会应于发布征求私人部门参与行政任务的通知公布前成立，并于完成甄选事宜后解散。甄选委员会由专家、学者以及主管机关的成员组成，这里所指的专家是行政体制外的专家。虽然传统行政法对于行政官僚的定位也是“专家”，但由于科技全球化的发展相当快速，在专业知识上的进展与汲取，官僚体制内的专家往往无法赶上官僚体制外的专家。[①]甄选委员会的委员应该是单数，但人数不宜过多，7人至11人最为适宜。其中专家、学者人数不得少于二分之一。甄选委员会应选出一人作为委员会主任，如果选举不出来，则由县级以上人民政府首长或其授权人员指定，甄选委员会主任统领甄选事宜。甄选委员会委员应亲自出席甄选会议，不得无故旷缺。甄选委员会作出决议，须征得全体委员的过半数同意。特别重大的、复杂的、涉及面广的公私合作案件，须经全体委员的三分之二以上通过同意，以增加甄选的专业性和公信力。甄选委员会委员与申请人或申请事项有利害关系的，应该回避。甄选委员会的主要职责就是，依据招商文件规定的甄选项目、甄选标准及甄选方式，就主管行政机关选出的合格申请人所提交的投资计划书及其他文件进行公平、公正的甄选，以选出最优申请人及次优申请人。“行政主体利用私法方式时，公正性要求行政主体有义务以透明和适当的手段选择私人合同方，以保障所有人都有机会以同等条件签订合同。”[②]为了保障甄选委员会不受利益诱惑，公平公正地选出最优申请人，不使公私协力后的行政任务落空，在甄选期间，县级以上人民政府应给予甄选会委员原收入的二倍到三倍的收入补贴。甄选委员会作出的甄选决定，主管行政机关一般应该予以尊重，但主管行政机关也可以予以推翻，但需要有合理的理由，并将该理由予以公布和公开，最后上报所属的同级人民政府备案。对于被推翻后的甄选决定，甄选委员会应该再次甄选，如果甄选委员会作出的甄选结果仍与首次甄选结果相同，那么主管行政机关必须遵守该甄选结果，并与其选出的最优申请人签订投资契约，且承担由此产生的法律后果。

---

① Martin Shapiro，Administrative Law Unbound：Reflections on Government and Governance，8IND. J. GLOBAI IEG. STUD.（2001），pp.371-372.

② ［意］罗西（Rossi，G.）：《行政法原理》，李修琼译，法律出版社2013年版，第65页。

（二）甄选标准

甄选标准就是甄选主体在选择合格的私人部门的甄选程序中应该遵循的客观标准。甄选标准应由甄选委员会拟定，并于发布招商公告时予以公布，以便申请人了解甄选标准。我国《政府采购法》第二十二条、第二十三条虽也对甄选程序中的资格甄选和综合甄选的要件和标准进行了一定程度的规范，但过于笼统、抽象和简单，不易在实践中操作。笔者认为，对合格私人主体的挑选应该遵循四项标准：第一项就是资格标准；第二项就是业务、给付能力、信誉标准，即有足够的专业性、充分的给付能力与可信赖性；第三项就是经济性标准；第四项就是环保生态标准。

1. 资格标准

资格标准可以分为积极资格审查和消极资格审查。积极资格审查主要审查私人主体的资格证明，有无法律行为能力、有无营业执照、特种行业的有无特种行业资格、资质证书、私人主体的组织机构是否健全及运营正常、主要领导人的履职情况以及招商公告上载明的其他资格要求；消极资格审查主要审查私人主体有无违法犯罪行为、有无被暂扣或吊销过营业证书或资格证书、有无严重违约行为以及数额较大的到期债务尚未清偿、主要领导人有无因经济犯罪被追究刑事责任或个人负有数额较大的到期债务未清偿。联合国贸易法委员会《货物、工程和服务采购示范法》第六条对供应商的资格从积极和消极两个方面作了较详尽的规定，值得我国在选择承担公共任务的私人主体的资格审查时作为借鉴。该条规定："具有履行采购合同所需的专业和技术资格、专业和技术能力、财力资源、设备和其它物质设施、管理能力、可靠性、经验、声誉和人员；具有订立合同的法定权能；并非处于无清偿能力、财产被接管、破产或结业状态，其事务目前并非由法院或司法人员进行管理，其业务活动未中止，而且也未因上述任何情况而成为法律诉讼的主体；履行了交纳本国税款和社会保障款项的义务；在采购过程开始之前（由颁布国规定一定时限）期间内未被判犯有、其董事或主要职员也未被判犯有与其职业行为有关的或与假报或虚报资格骗取采购合同有关的任何刑事犯罪，也未曾在其它方面由于行政部门勒令停业或取消资格程序而被取消资格。"[①]

---

① 朱少平、张通：《中华人民共和国政府采购法与政府采购项目运作实务全书》，中国财政经济出版社2002年版，第389页。

2.有足够的专业性、充分的给付能力与可信赖性

该项甄选的标准和甄选的重点是审查申请人的投资计划内容是否满足相关行政任务领域的基本功能和基本规范。主要审查以下内容：第一，基础设施完工或提供服务，并满足功能及服务品质等方面的需求评估；第二，基础设施进展情况的可行性评估；第三，如果由私人部门直接向使用者收费，使用者付费能力的评估；第四，投资申请人相关产业过去的按时完工情况；第五，如果采用新技术或新系统，要对拟使用的新系统或新技术所涉及风险进行评估；第六，建设用地取得和开发的难易程度；第七，基础设施建设对自然环境、社会环境和人文环境的影响；第八，其他对专业、给付能力有影响的因素。通过对这些内容的审慎审查，确保承接行政任务的私人部门不仅有足够的专业性，且具有充分的给付能力与可信赖性。

3.经济性标准

经济性审查的目的就是审查投资申请人是否能够在同等条件下，被政府亲自履行该项行政任务节省更多资金，或者让政府投资更少且能取得更大的收益。经济性标准主要从成本、效益以及节约性的角度审查入围申请人提供的投资计划书，在确保品质的基础上，投资计划的各种成本是否比公部门计划成本低？或者比其他私人部门投资计划的成本低？政府投资是否最少？哪些申请案件工期较短？融资款项是否顺利？项目公司及相关机构的财务状况是否良好？基础设施与附属设施之间的比例是否合理等？通过对上述这些内容和事项的认真考量和评价，必将能够顺利地甄选出合格的私人部门。

4.环保生态标准

PPP项目不仅工程量大、工期长，而且由于建设施工、后期经营，都会给生态环境造成一定的破坏，因此，在对协议相对方的选择上，对行政相对人的环保意识、维护环保能力、处置污染的能力等资质，都要进行审核考察，以确保PPP项目不会给生态环境造成不必要的污染损害。2020年3月31日，财政部发布的《政府和社会资本合作（PPP）项目绩效管理操作指引》在对项目公司（社会资本）的绩效评价中的“效果”维度里，强调了“生态影响”这个指标，这表明国家对PPP项目生态环境效益的重视。

总之，“在对合作对象的选择上，应该注意到合作对象的个人条件，是否具备了专业知识、给付能力、可资信赖性等资格能力之适合性。因为选任有能力提供技术性设备与适格之人选，毕竟还是可以提供契约义务履行时必要不可或缺之保障。甚至委托机关也可以透过对于参与合作人选要求提供经济性、财务性之给付能力证明的方式，更加确保上述要求之落实”①。当然，笔者提出的以上四项甄选标准，仅是各种公私协力模式甄选的共同标准，为了将合同给予最优的投标者，还需按照不同的合同标的细化上述标准或插入其他标准。

（三）甄选程序

公平的甄选程序不仅可以确保PPP项目的所有申请人享有公平竞争的机会，也可以弥补评选实质标准难以寻求之困境，甚至还可以促进甄选结果的正当性与合法性，故在现代法治国家中已经成为甄选行政最为重要的法律控制机制。②因此，在我国大力推进和发展PPP模式之际，缘于国家担保责任的要求，国家立法机关有责任和义务建构一个公平的甄选和分配程序。③

1.资格审查程序

资格审查系由主管行政机关依招商文件规定的资格条件，就申请人提送的文件，进行审查，以选出合格申请人。申请人提送的资格文件如有缺漏或不完整，但其资格事实确实存在，主管行政机关得通知申请人限期补齐相关文件和资料。资格审查过程中，主管行政机关如认为申请人所提送的相关文件和资料不符程序或有疑义，依招商文件规定，通知申请人限期补正或提出说明，至于补正或说明的次数，应由主管行政机关基于甄选效率、公平公正原则的考虑，进行自由裁量。申请人没有在主管行政机关通知补正或说明的期限内进行补正或提出说明者，申请将不予受理。资格审查的结果，主管机关应通知申请人，最迟不得逾甄选委员会选出最优申请人时或评决无最优申请人时；对审查不合格者，应向当事人陈

① Vgl.Hartmut Bauer，Zur notwendigen Entwicklung eines Verwaltungskooperationsrechts —Statement，in：Gunnar Folke Schuppert（Hrsg.），Jenseits Von Privatiserung und >>Schlankem <<Staat，1999，1.Aufl.，S.259ff.

② 詹镇荣：《公私协力与行政合作法》，新学林出版股份有限公司2014年版，第159页。

③ 合作契约缔约人的甄选程序几乎就等于必须先开启一个最佳缔约人之调查程序，因此，PPP模式中的甄选程序也应该遵守行政调查的相关法律规定。关于甄选程序基本上等于开启最佳缔约人的调查程序的观点，请参见Franz Joseph.Peine，Grenzen der Privatisierung —Verwaltungsrechtliches Aspekte，DöV.1997，S.353；Hartmut Bauer，Privatiserung Von VerwaltungsAufgaben，VVDStRL54（1995）S.273ff。

述理由。

2.综合甄选程序

（1）一般审评程序。综合甄选时，由甄选委员会依招商文件规定的甄选项目、甄选标准及评定方式，就资格审查所选出的合格申请人所递送的投资计划书及相关文件，选出最优申请人，必要时可以增选次优申请人。甄选委员会对申请人所提送的投资计划书及相关文件有疑义时，可以通知申请人限期说明情况，逾期不说明情况者，不予受理。综合甄选的甄选项目，大致主要对“公司筹组计划及组织架构”“土地使用计划”“兴建计划”“营运计划”“财务计划”“权利金”等多个项目作综合思考。[①]

（2）分段或分组审评程序。主管行政机关可以根据申请人申报的个案性质的不同，在政府的招商文件中明确规定综合甄选阶段采取分段或分组方式办理。主管行政机关采用分段方式办理者，甄选委员会应当于综合甄选时就合格申请人所提出的投资计划书及相关文件，择优选出3家以下（含3家）作为入围申请人，综合考量权利金最高、政府负担最少或其他公共利益等因素，甄选出该项目的最优申请人，必要时得增选次优申请人；主管行政机关采用分组方式办理者，主管行政机关应该根据个案特性，依据甄选委员会委员的专业特长予以分组甄选，再汇整办理综合甄选。此时应该注意的是，如果申请人或入围申请人所呈报的投资计划书及相关文件经过甄选委员会审查后，发现均没有达到甄选标准或者均不符合公共利益时，甄选委员会不得违背甄选原则和甄选规定甄选出最优申请人或次优申请人。

（3）协商审评程序。主办机关可以根据个案需要，在政府招商文件中明确规定，在综合甄选过程中，必要时可以采取协商方式。如果综合甄选需要采用协商方式，应该由甄选委员会先进行初步甄选工作，就合格申请人所提出的投资计划书及相关文件，依据甄选标准，择优选出3家以下作为入围申请人，再由甄选委员会与各入围申请人进行协商，并依入围申请人重新递送的投资计划书选出最优申请人，必要时得增选次优申请人。甄选委员会与入围申请人进行协商时，应该平等地、公正地对待每一个入围申请人。无论采取何种评审程序，甄选委员会最终都应该作出甄选决定。申请人对甄选决定不服的，可以向人民

---

① 综合甄选中甄选项目的具体内容请参阅洪国钦：《促进民间参与公共建设法逐条释义》，元照出版有限公司2008年版，第244—248页。

法院提起行政诉讼。

3.甄选决定正式生效前的公告异议程序

甄选委员会作出的甄选决定不仅事关行政任务的良善履行，同时也关系到申请人的合法权益能否得到切实的保障。因此，为了确保甄选结果的公正性和合法性，甄选决定正式生效前应该加入公告异议法律制度。有学者认为，假如商人最了解和懂得商人的理由成立，那么在甄选决定初步作出之后，暂时不要使其发生法律效力和约束力。而是规定一个公告异议期间，在这个期间内，由甄选委员会将初步作成的甄选决定的相关资料予以公开。然后由相互角逐的私人部门挑出竞争对手的投资计划可能存在的问题及种种缺失，或者由公众或社会团体对此提出种种质疑，再由提出投资计划的私人部门针对质疑进行答辩。在听取异议和答辩意见的基础上，甄选委员会最终作出正式甄选决定。公告异议法律制度设计的终极目标就是避免暗箱操作及秘密交易，并且避免甄选决定生效后导致难以挽回的“生米煮成熟饭”之困局。其他对甄选决定不服的私人部门，可以及时地针对甄选决定提出行政诉讼，并申请中止执行或终止执行。[①]笔者认为，除建立公告异议制度，我们也应该建立公益诉讼制度，赋予提出异议之公民或团体诉讼权能。因为PPP模式中合格私人部门的选择关系到公共利益的良善提供，只有赋予他们诉讼权能才能够培养公民的公益责任精神，也才能够有效地监督和抵制官商勾结，更好地保护公共利益。

4.递补程序

通过严格的甄选程序，甄选委员会最终甄选出了申请案件的最优申请人。然而，如果申请案件的最优申请人在法定或约定期间内不与行政主管部门签订投资合同或者放弃最优申请人资格，都将可能导致公私合作之破局。我国台湾地区的政府招商甄选决定之模型更多地采取“排序制”的立法例。我国台湾地区“促参法”第四十五条第二款规定：“经评定为最优申请案件申请人，如未于前项规定时间筹办，并与主办机关完成投资契约签约手续者，主办机关得订定期限，通知补正之。该申请人如于期限内无法补正者，主办机关得决定由合格之次优申请人递补签约或重新依第四十二条规定公告接受申请。”具体来说，就是行政主管部门并不是从合格申请人中间挑选出唯一的合作伙伴或签约对象，从而淘汰其他参与竞选的私人部门，

---

① 盛子龙：《公私协力兴起下行政契约法制面临之挑战与回应》，载台湾行政法学会主编：《全球化/福利国家/特别权力关系/公私协力》，元照出版有限公司2012年版，第356—357页。

而是从参加甄选程序选出的合格申请人中，根据甄选所得总分高低评定出最优申请人和次优申请人，并作成排序的甄选决定。在甄选法律制度的设计上，最优申请人固然具有与行政主管部门签订投资契约的优先签订权，但是，如果有法律规定或双方商定的签约障碍事由时，行政主管部门也有可能径行与次优申请人签订投资契约，也即直接与递补者签约。①

从我国台湾地区“促参法”关于申请人递补的规定来看，当公私协力破局之情势出现，次优申请人递补并不是唯一的补救办法，还可以重新公告接受申请，也即重新公布招商公告进行招标予以解救将要破局的公私合作案件，但最终是否递补应由主办行政机关自由裁量决定。我国在构建PPP法律框架中的次优申请人递补法律机制时，也可以设立“排序制”甄选模式。我国台湾地区的甄选递补制度只考虑到了最优申请人没有签约的情形，没有考虑到如果最优申请人的选商程序有瑕疵或违法的情形以及最优申请人签约后的行政任务履行不能情况下的递补。而在这些情况下，从经济的角度考虑，次优申请人都有递补的可能，应该赋予其递补的机会。而且，行政主管部门应该将递补申请人作为优先考虑方案，将重新公告招商作为次优方案。具体来说，次优申请人递补法律机制可以这样规定：通过甄选程序，经甄选委员会评定为最优申请案件的申请人，如未能在主管行政机关规定或通知补正的期限内进行补正签约的；或者最优申请人的选商程序有瑕疵或违法的；或者最优申请人签约后的行政任务履行不能或行政任务的履行条件发生重大变更的，主管行政机关得决定由合格之次优申请人递补签约或重新公告招商接受申请。当然，主管行政机关进行裁量时，不得有裁量逾越、裁量滥用及裁量怠惰之一般性裁量瑕疵之情形，同时，主管行政机关还应该对“先前甄选程序的合法性”以及“程序经济原则”两项无瑕疵裁量行使的必要衡酌要素并同考虑。②

综上，当国家在以PPP模式提供给付行政任务时，基于国家担保责任的要求，国家仍担保甄选出的私人部门或社会资本方能够持续地提供高品质的公共产品和公共服务，从而使得PPP模式真正成为公民的“福音”，而非“梦魇”。

---

① 詹镇荣：《论公私协力法制上之“递补签约机制”》，《月旦法学杂志》2014年第2期，第130—131页。国务院2014年通过的《政府采购法实施条例》第四十九条也规定了缔约不能时的递补签约制度。

② 詹镇荣：《论公私协力法制上之“递补签约机制”》，《月旦法学杂志》2014年第2期，第130—146页。

三、价格管制和质量确保

（一）价格管制

价格管制是一项历史悠久、适用范围广泛，政府惯常使用的规制经济的管制工具。“几乎可以毫不夸张地讲，只要有政府的地方，就有价格管制。”①价格管制主要有两个目标：第一个目标是通过制定最高管制价格，保护消费者利益，实现分配效率；第二个目标是刺激企业优化生产要素组合，充分利用规模经济、不断进行技术革新和管制创新，努力实现最大生产效率。②当然，随着环境污染问题的日益加重和形势所迫，价格管制还具有节约环境资源和维护人类可持续发展的长远目标。在公共任务民营化和PPP模式下，国家虽不再承担公共任务的执行责任，但基于国家担保责任，仍须采取价格管制及其他管制措施担保公众能够以普惠的价格获得给付产品和服务。

从域外经验来看，在PPP模式运行中，政府对私人厂商提供的给付产品和服务的价格的规制主要采取投资回报率和价格上限规制两种规制措施。投资回报率的价格管制，是透过对投资回报率的直接控制从而间接管制给付产品和服务的价格，即产品价格=（企业成本+投资回报率 × 企业投资总额）/总产量。“价格上限规制就是在一般物价上涨率中扣除预先设定的该产业生产率上升率，在此基础上，加上被允许的价格转嫁费目的上升率，只要不超过所限定的平均价格上限，企业就能够自由变动所限定范围内的各项产品或服务的价格。”③两种价格管制方式各有优缺点，例如投资回报率价格管制措施能够有效刺激私人厂商大力投资，但难以刺激其提高效率，价格上限规制措施能够促进企业提高效率，但常常会抑制私人厂商投资动力，尤其是执行期限太短和临近管制结束时。从各国PPP项目的价格管制实务观察，由于“价格上限规制通过赋予被规制者更多定价的自由决策权，可以更有效地促使被规制者考虑成本提高效率，因此是目前应用最为广泛、效果最明显的一种激

① ［英］安东尼·奥格斯：《规制：法律形式与经济学理论》，骆梅英译，中国人民大学出版社2008年版，第300页。

② 仇保兴、王俊豪等：《市政公用事业监管体制与激励性监管改革研究》，中国社会科学出版社2009年版，第65页。

③ 杨建文：《政府规制：21世纪理论研究潮流》，学林出版社2007年版，第25页。

励性规制”。[①]我国对PPP模式，尤其是对于具有垄断性的基础设施和公用事业的价格管制也可以考虑采取价格上限管制模式。但是“过高的价格上限使得企业实际上变成了一个不受规制的垄断者，过低的价格上限又使企业缺少竞争能力，而介于两者之间的‘正确’的价格水平又难以计算确定”。[②]为此，对具有垄断特性的PPP项目可以采取多种价格管制模式，除价格上限管制外，还可考虑边际成本定价和高峰定价等管制模式。对于其他不具有垄断性的PPP模式，例如养老、文化和教育等，可以采取自由灵活的定价方案，不必固守一种模式。正如有学者所言：“如果我们已经意识到，根本无法消除厂商的利润最大化私欲的话，那么就应该设计不止一种方案，迫使厂商在利润率水平高低与利润规模多寡之间权衡和选择。”[③]

由于PPP项目涉及行业广泛，具体采取的PPP模式各不相同，无论采取何种价格管制模式，给付产品和服务价格的确定和调整，都应当在具体的PPP模式类型中由政府招商文件规定或通过具体的PPP协议加以约定。在PPP框架立法中，不仅要强制私人厂商及时、准确地披露相关信息和规定价格调整的条件、时机和程序，也应当明确价格管制的原则，以及构建竞争激励机制的定价、调价模式，并授权有关部门定期或不定期地监控和掌握私人厂商的生产成本、投入资本、真实运营状况等调价依据。最后要注意的是，价格管制是一把“双刃剑”，在保护公众利益的同时，有可能会打击和损害投资者的兴趣和利益，不利于公共事业的持续发展，而且也有可能在保护公众利益时损害公众利益。故此，在PPP领域，“价格控制还必须辅之以其他的规制措施”[④]。

（二）质量确保

价格管制虽然能够保护消费者利益，但同时也是私人部门降低给付产品和服务质量的动力源泉。因此，对PPP项目的质量管控方面，国家要采取有效措施消弭质量与价格之间的“跷跷板”现象。为了确保以PPP模式提供的公共产品和服

---

① 杨建文：《政府规制：21世纪理论研究潮流》，学林出版社2007年版，第25页。

② ［法］让-雅克·拉丰、让·梯若尔：《政府采购与规制中的激励理论》，石磊、王永钦译，上海三联书店2014年版，第14页。

③ 参见周林军、曹远征、张智主编：《中国公用事业改革：从理论到实践》，知识产权出版社2009年版，第198页。

④ ［英］安东尼·奥格斯：《规制：法律形式与经济学理论》，骆梅英译，中国人民大学出版社2008年版，第302页。

务符合质量标准，应该考虑建立以自我管制为主的多层级的品质管理机制。[①]具体而言，私人部门自我设立质量控制组织，制定标准和设定程序，监督产品质量；行业协会应该建立产品质量保证系统，成立组织机构，对私人部门的质量执行情况和执行记录进行抽查，分析其存在的问题和不足，并提出改进的建议；国家位于中立的立场，对产品和服务质量进行复查和评价，评价的优劣结果可以作为补贴、税收减免以及PPP项目续包或参与新的PPP项目的重要参考依据。多层级的品质管理体制能够有效地确保和提升产品和服务质量，实为一项可行的质量保证机制。例如，在我国台湾地区，为达成工程质量目标，建立了多层级的品质管理体制。首先，应由承包商建立施工质量管理系统。该管理系统要求，工程开工前，承包商应依工程之特性与合约要求，拟订施工计划并提出品质管理计划，设立品质管理组织，订立各项工程质量管理标准、材料及施工检验程序、自主检查表、缺失改善记录，以及建立文件记录管理系统等，以便施工人员熟习图说规范与各项品质管理作业规定，从而落实质量管理。其次，为确保工程施工成果符合设计及规范，监造单位应建立施工质量保证系统，成立监造组织，制订监造计划，办理施工及材料设备之抽（查）验作业，并对抽（查）验结果留存记录，检讨成效与缺失，达成提升工程质量之目标。最后，为确认工程质量管理工作执行之成效，主管机关应实行工程施工质量查核，以客观超然的方式，评定工程质量优劣等级。督导结果可作为考评主办工程单位之依据，并可作为改进承包商品质管理作业及评选优良厂商之参考，借以督促监造单位落实品质保证及承包商落实质量管理，达成提升工程质量的目标。[②]

此外，由于“质量问题本质上则是信息问题，并且在很大程度上可以通过信息规制来解决”[③]。因此，政府机构应定期向社会公布其查核结果和相关信息，接

---

① 对私人提供的产品和服务的质量的控制和担保，更多地应该通过自我管制方式予以实现。例如2004年1月13日欧盟《关于欧盟服务指令的建议》表明，质量的保障特别应当通过自我管制（认证、行为准则、责任保险）来得到实现。参见［德］施托贝尔：《经济宪法与经济行政法》，谢立斌译，商务印书馆2008年版，第445—446页。

② 参见陈爱娥：《公私协力的规制——以受管制之“社会自我管制”为考察重心》，载台湾行政法学会主编：《全球化/福利国家/特别权力关系/公私协力》，元照出版有限公司2012年版，第281—282页。

③ ［英］安东尼·奥格斯：《规制：法律形式与经济学理论》，骆梅英译，中国人民大学出版社2008年版，第196页。

受公众与媒体的监督，促使私人部门自觉提高产品和服务质量。私人部门只有达到政府规定的或者PPP协议约定的质量标准，才能按政府规定或PPP协议约定的价格收费，否则，就必须降低价格，或者无偿延长供给时间。同时，政府要对低质量的私人部门实行经济的、行政的多种制裁措施。尤其要注意的是，政府机构如果采用最低报价准则决出合格的私人部门时，由于私人部门可能会以不正常的、低的、十分优惠的报价获得中标，事后为了获得应有的利润，通常就会在适用的材料质量上、提供的服务水准上以及其他方面进行偷工减料、以次充好、恣意节约，从而使产品和服务质量面临巨大的风险。因此，PPP规制立法应该排除那些不正常的私人部门的报价，一旦初步确定为不正常的报价，应开启一个由政府部门和最低报价者参加的"对质程序"，在认真聆听最低报价的私人部门的陈述意见和理由的基础上，最终确认该最低报价是否正常、该私人部门是否为合格缔约人的决定。经过政府部门严格的审核后，如果发现最低报价确实属于不正常的最低报价，应该坚决予以拒绝。

四、第三人权利的保护

在行政法中，第三人是指与已作出的行政行为有间接利害关系的，受行政权间接作用或约束的，行政法律关系中潜在的或暗示的公民、法人或其他组织。①由此定义可以看出，所谓第三人，一般是指与行政行为（含协议）没有直接的利害关系，但有间接的利害关系的人。一般而言，PPP中涉及的第三人主要有潜在的竞争者、利用者甚至是消费者。他们尽管并非PPP链条上的重要参加主体，但也有可能与PPP协议的正当性和民主性具有一定的关联。由于PPP不仅影响协议当事人，也会牵动其他第三人利益，因此相较于传统契约观仅斟酌当事人的利益，于公私协力上须适度考量第三人的利益，进而让第三人得以参加契约交涉的程序，从保障其利益的角度而言有其意义，一方面得以及早调查或确认因缔约而可能受到影响的所有利害，亦有助于减少行政负担；另一方面得以尽可能及早知悉第三人因缔约所受到之影响，借着及时探知而纳入程序中，亦得降低事后争执的风险。②

① 周佑勇、何渊：《论行政第三人》，《湘潭工学院学报》（社会科学版）2001年第2期。

② 陆敏清：《从德国修法历程论公私协力运用契约调控的发展》，《兴国学报》2013年第1期。

（一）竞争者的保护

1.事先保护

在行政机关以甄选或其他竞争方式决定合作契约当事人时，应事先公告据知资格及决定之程序，决定前，并应予参与竞争者表示意见之机会。必要时，应该进行对竞争者的事先听证程序。没有经过这些程序，有可能导致招标行为无效，后续签订的PPP协议也可能无效。

2.事中保护

为了保护竞争者的竞争自由权和公平权，可以赋予竞争者根据请求目标提起不同类型的竞争者诉讼，例如竞争者防御诉讼、国库防御诉讼、利益防御诉讼、竞争者平等地位诉讼和竞争者排挤诉讼等。[①]竞争者诉讼系由遭受竞争上不利益之竞争者以原告身份所提起，并以行政机关所影响同业竞争者既存竞争状态之行政措施为程序目标之一种行政诉讼法上的法律救济途径。[②]竞争者诉讼即为竞争同业捍卫或争取经济基本权之重要法律工具，是“一种借助于法院的权利救济途径，以达到影响行政机关所做的分配决定或历程之法律制度”[③]。当然，在此过程中，参与合作者作为宪法基本权的主体，法律也应该对其享有的职业自由、财产自由，以及一般之行动自由等基本权利予以维护。同时为了防止私人部门官商勾结、跑马圈地，应该考虑设立法国行政诉讼中保护失败竞争者的“先合同急审诉讼”和“合同急审诉讼”等预防与救济机制。[④]

3.事后保护

如果侵害竞争者合法权益并造成损害，竞争者可以采取诉讼或其他救济手段撤销合作协议，或请求判决行政机关重新履行作出一定行为，并可请求行政机关偿付其准备投标、争议诉讼所支出之必要费用所受损害之补偿，但不包括“履行利益”之损失补偿。协议签约后的第三人保障：第三人有权请求撤销PPP协议。

---

① 詹镇荣：《公私协力与行政合作法》，新学林出版股份有限公司2014年版，第330—333页。

② 詹镇荣：《论经济行政法上之竞争者诉讼》，《政大法学评论》2013年总第132期。

③ Vgl R. Stober. Rechtsschutz im Wirtschaftsverwaltungs und Umweltrecht（Kohlhammer Handbucher），Kohlhammer，1993，§5，S.52.

④ 具体详情参见Pierre Delvolvé：《法国行政法之新近发展》，陈淳文译，载王必芳主编：《2009年行政管制与行政争讼》，新学林出版股份有限公司2010年版，第81页；应松年主编：《英美法德日五国行政法》，中国政法大学出版社2015年版，第176—180页。

无论何种契约原则上仅具相对性，第三人原则上不得就他人的契约加以争执。然而公权力行为经常涉及多数人的利害关系，单方行为（如命令、行政行为）固然如此，双方行为（如行政契约）也有可能。

（二）使用者或消费者的保护

1.民众参与机制

在可行性研究阶段，应该听取PPP项目所在地的专家学者、居民、社会团体等民众陈述意见。对民众所陈述的意见或提出的建议，行政机关如果不予采纳，应该向民众说明不予采纳的理由和原因。通过民众参与机制，一方面，可使行政机关更严肃且谨慎地面对相关民众之意见，避免“听而不酌”之情形发生；另一方面，也可使相关民众知道行政机关不采纳其意见的理由，而达到一定程度的沟通对话效果。更进一步，此理由之说明更为接续进行的先期规划阶段的民众参与，提供进一步陈述意见与讨论的议题与基础。为了落实民众参与机制，应该在可行性研究报告中说明不采纳民众意见或建议之理由，同时，可行性研究报告应交给相关领域人士审查，并于办理公告征求民众参与前，公开与行政机关的资讯网络，期间不少于十日。如果采取听证会，应做成听证笔录，并将听证笔录公开于网络，期间不少于十日。据此，民众不仅可以知悉听证会参会人员发言之内容，也可获知行政机关的回应意见。[①]

2.暂时权利保护

有效的权利保护之制度设计，必须尽可能避免原处分或决定如经执行，于胜诉而证明行政处分违法并损害原告之权利后，有不能恢复原状或其他难以补偿之损害等情形发生。[②]也即暂时保住本案诉讼不会因为时间的经过，即发生不可逆转之效果，故暂时权利保护措施具有“权利确保作用”。在我国，暂时权利保护主要表现为复议、诉讼救济手段中的申请停止执行行为。当PPP协议的履行明显违法，或明显无理由，不停止执行是否会对使用人、消费者发生难以恢复之损害，或有急迫情事，必须将停止协议之履行，使用人、消费者可向有关机关申请暂时停止PPP协议的履行。当然，申请停止执行，必须在个案中，透过比例原则，

---

① 詹镇荣：《公私协力与行政合作法》，新学林出版股份有限公司2016年版，第151—155页。

② Schoch，Vorläufiger Rrechtsschutz und Risikoverteilung im Verwaltungsrecht，Heidelberg 1988，S.1325.

与公共利益及第三人利益衡量之后，才能相对确定。[①]

3. 信息公开

PPP模式使得公私部门之间的界限日益模糊、公私责任难以准确划分，进而可能引发民主赤字与合法性问题，侵害公共利益。因此应该从法律上强化民众参与和强制私人部门的信息披露。“不论是何种类型的民营化，也不论是使用促参法或采购法，不仅人选评定结果与行政任务交付民营的事实应一律公告，即国家与相对人所签订契约内容也应一并公告，俾一方面提供一般人民协助监督受托人是否切实履行契约义务之机会，他方面也使外界有机会监督契约内容，使不至于有背离公益之情事发生。”[②]具体而言，合作协议的内容（草案）应该对外公开，并在协议中将缔约者的公共义务，以及履行义务的具体方法；主管机关的监督方式；缔约者就相关事项有信息公开义务及接受民众质疑、申诉的义务等事项予以明确规定。[③]公众应该有机会评论契约的目的、执行的模式、履行契约的监督（包括如何足以构成监督）以及其他相关的议题。而如同在法定程序中所制定的规范一样，行政机关不必然需要采纳所有的或任何的建议，但是它必须提出认可最终契约的理由所在。[④]

通过民众参与和披露信息不仅可以维护第三人和一般公众的利益，保证PPP项目质量符合公共利益，同时可以排除项目实施的阻力，也可以有效地弥补和解决公私合作模式导致的民主赤字和正当性问题。

五、创造吸引社会资本方合作的诱因机制

PPP项目的长周期性、利益交织的复杂性、高风险性和不确定性，导致了社会资本方对参与PPP项目并非一直抱有满腔热情和主动性。大多数情况下，社会资本方对PPP项目，往往犹豫不决、瞻前顾后、不敢作为，从而导致民间投资动

---

① 陈英钦：《论撤销诉讼之暂时权利保护——从双赢的风险分配评析实务见解》，《行政法实务与理论》（一），元照出版有限公司2003年版，第256页以下。

② 参见雷文玫：《发包福利国？——政府委托民间办理福利服务责信架构之研究》，《儿童福利期刊》2002年第2期。

③ 廖元豪：《政府业务外包后的公共责任问题研究》，《月旦法学杂志》2010年总第178期。

④ Alfred C. Aman，Jr：《由下而上的全球化——一个国内的观点》，林光荣译，载政治大学法学院公法中心编：《全球化下之管制行政法》，元照出版有限公司2011年版，第58页。

力不足，难以达到预期目标。从各省民间投资情况看，2016年上半年，广东省固定资产投资总额增长13.5%，其中民间投资增速达到19.6%；但安徽、四川等中西部省份，民间投资增速却滑落至6%左右，东北地区滑落尤其严重，其中辽宁省1—6月民间投资数据是−58.1%，在财政收入出现负增长后，辽宁省的民间投资堪忧。[①]究其原因是PPP模式与传统公共建设和服务项目由政府办理的最大不同，乃在于社会资本参与公共建设项目完全是着眼于经济利益，所以政府方需要采取各种诱因手段来引导社会资本主动参与高外部效益但低回报率的公共建设和服务项目。而且，“公私部门协力的目的之一是创造一个资源分享，共利共荣的社会；因此，‘诱因’的提供对建立公私部门协力关系来说是非重要的”。通过诱因机制能够刺激和诱导私人部门积极参与PPP项目的建设和营运，提高我国PPP项目的落地率和成功率。“经济诱因是产业发展的命脉，不能获利的产业，纵使产业主有再高的理想性，也难以吸引资金及人才的投入。”[②]公私合作如果没有切实可行的、调动私人部门积极性的诱因机制，私人部门就难以与政府部门有效合作。为此，PPP法律规制应该设计多种诱因机制，以诱导私人部门参与PPP项目。国家可以采取各种正负诱因，使社会资本方发挥所长或激励奋进。国家采取正面的诱因，包括：奖励、经费补助等诱导取代管制；同时，透过诸如终止契约、违约金或赔偿等的负面诱因，借以影响有意参与协力对象，甚至是潜在竞争者，均是在兼顾协力对象自主性的基础上，间接地引导协力对象以达公私协力之目的。[③]此外常见的诱因机制也有对最终没有中标，但对标书付出了实质性工作的投标候选人支付一定的经济补偿；[④]对私人部门和既有的市场主体实行不对称管制，以求公平竞争；对达标的PPP工程项目提供财政补贴和税收抵扣优惠；对于提前完工

---

① 杜丽娟：《PPP领域两法合一，国务院授权法制办主导》，《中国经营报》2016年7月25日第A02版。

② 参见许育典、封昌宏：《从自由竞争到国家促进的文创法制建构》，《月旦法学杂志》2016年总第255期。

③ 陆敏清：《从德国修法历程论公私协力运用契约调控的发展》，《兴国学报》2013年第1期，第127—149页。

④ 在法国PPP的运作模式中，如果候选人按照公共部门的要求提交的标书确实付出了实质性的工作，包含原创性和实用性的工作成果，那么即使候选人没有中标，公共部门也会向其支付一定的经济补偿。其目的就是鼓励私人机构积极参与PPP项目的竞争程序，促使其认真对待招标，补偿私人机构因为参与项目而投入的人力、财力及聘请各种顾问的成本。参见孙淘、魏济民：《法国PPP的立法与实践：“一带一路”战略下指导中国海外PPP项目》，中国政法大学出版社2017年版，第57页。

的PPP项目，延长其经营期限，延长的期限等于其缩短的工程期限；社会公众对项目公司的产品或服务的需求量未达保证门槛的，政府向项目公司提供相应的补助，也即需求担保；PPP项目中社会资本方在履行完一定期限的维护义务后，可以获得相应的资产所有权，例如获得保障性住房PPP项目中的住房所有权；及时返还或降低社会资本方在各阶段依法缴纳的履约保证金等诱因机制。

当然，为了确保PPP项目工程质量，保护公共利益，对严重违反契约义务，导致公共利益受损的私人机构，行政机关仍须采取返还税收抵扣额、提高保证金、罚款等惩罚性的管制手段。

六、接管机制

（一）行政接管的定义与属性

所谓接管，意为接手与管理。接管是近几年兴起的一种新型管理手段，其主要运用在公用事业和金融监管领域。接管从接管主体来看，主要有国家机关的接管和非国家机关的接管。国家机关的接管主要是行政机关的接管，也即行政接管，例如《市政公用事业特许经营管理办法》第十条与第十八条规定之紧急状态下的“临时接管”、《银行业监督管理法》第三十八条规定：“银行业金融机构已经或者可能发生信用危机，严重影响存款人和其他客户合法权益的，国务院银行业监督管理机构可以依法对该银行业金融机构实行接管或者促成机构重组，接管和机构重组依照有关法律和国务院的规定执行。”非国家机关的接管，例如《企业破产法》规定的破产管理人对破产财产和债务的接管。另外，接管按照时间长短可以分为临时接管和永久接管。临时接管一般是针对紧急情况下作出的临时的替代性管理行为；永久接管是将被接管事务永久收回，自营和管理该事务。本书所指的接管是行政接管，且主要是临时接管。

何谓行政接管？有观点认为行政接管是行政主体为了维护社会公共利益，在具备法定情形时对某一特定的对象采取的强制性接收和管理行为。[①]也有观点认为行政接管是政府针对关系国民经济、公共服务、民生保障的特定行业，为防止

---

① 章志远、李明超：《公用事业特许经营中的临时接管制度研究——从“首例政府临时接管特许经营权案”切入》，《行政法学研究》2010年第1期。

因企业经营困难而导致的公共危机而对其实施接收和管理的一种干预性监管措施。[①]这两种观点其实在本质上并没有什么大的区别，都表明了行政接管之目标是公共利益或者是避免公共危机，都是政府介入市场的一种干预或管理行为，只是前者较为抽象，后者相对较为具体而已。笔者认为PPP模式的接管是指在政府与社会资本合作的长生命周期过程中，由于社会资本的违法违规行为、违约行为或者经营困难及其他意外事件等因素的出现，已经严重危及或者可能危及公共利益、公共秩序、公共安全等紧急情况下，由政府及相关主体暂时接替或委托第三方对替代社会资本方进行经营和管理的行为。“行政接管的本质是紧急状态下企业向政府让渡经营权和管理权。”[②]

关于行政接管的性质理论上尚未有一致的观点。有学者认为行政接管是一种过程性的行政行为，就接管决定的作出而言，其属于一种紧急状态下的行政强制措施，具有行政性、强制性、暂时性等特点，但在接管方案拟订和具体执行上，又体现出作为政府规制手段的综合性、个案性和灵活性，使之区别于一般的行政强制措施。[③]也有学者认为暂时接管属于行政处罚。“暂时接管的处罚性特征在于，暂时接管持续时，被特许人除了需要负责有关服务的开支外，亦被剥夺了该服务的营运权及处理相关收入的权利。”[④]我们认为行政接管不是行政处罚。因为行政接管不是对行政违法行为的终局性处理决定，也不是为了对被接管方进行制裁和惩罚，相反，对被接管方来说，行政接管通常还是一种雪中送炭式的“帮助”。[⑤]此外，行政接管也不是行政强制措施。行政强制措施大多针对相对人的违法行为，或者在紧急情况下所采取的行政措施，而行政接管大多数情况下是针对行政相对人经营不善、严重亏损、无力经营等情事时，不得已所采取的措施，而且由于暂时接管不改变行政相对方财产的所有权，甚至是行政相对方企求的事情，不具备所谓的强制性色彩，从而也就不符合行政强制措施的要素和特点。相反，如果将行政接管视为行政强制措施也不利于行政

---

① 骆梅英：《行政接管》，载应松年主编：《当代中国行政法》，第2083页。

② 骆梅英：《行政接管》，载应松年主编：《当代中国行政法》，第2087页。

③ 骆梅英：《行政接管》，载应松年主编：《当代中国行政法》，第2089—2080页；吴卫军、石俊峰：《论行政接管的法律规制》，《行政法学研究》2006年第1期。

④ ［葡］迪奥戈·弗雷塔斯·亚玛勒（Diogo Freitas do Amaral）：《行政法教程》（第二卷），黄显辉等译，社会科学文献出版社2020年版，第386页。

⑤ 吴卫军、石俊峰：《论行政接管的法律规制》，《行政法学研究》2006年第1期。

相对方权益的保障，因为根据我国《行政强制法》的规定，行政强制措施无需经过听证程序，这不利于被接管方合法权益的保障，因此行政接管不属于行政强制措施。

笔者认为行政接管与传统的秩序行政中的行政处罚、行政强制等行为不同，它是国家合作或国家担保中的一种担保行政行为。担保行政是指，“行政任务民营化后，行政机关为了贯彻和践行国家担保责任，确保市场主体提供的产品和服务能够持续地、公正地符合公众的各项需求，采取公法的、私法的，或混合的各种手段担保行政任务的达成所进行的行政作用或活动”[①]。行政接管属于国家行政机关落实国家担保责任中的接管责任之重要行政手段。“国家接管责任”，是指在由私人机构达成行政任务的过程中，国家原则上并不参与、介入和干预私人机构日常的经营运作，但是一旦私人机构执行行政任务存在各种缺陷和障碍，不能持续、稳定地执行行政任务时，国家此时应该予以接手，以担保该项行政任务能够被继续履行。德国Hoffmann-Riem教授则将该责任称为“替代责任”。[②]接管责任“主要是为了避免任务履行不至于偏差，而要求国家担负起‘补破网’”[③]的责任。当私人主体履行公共任务出现重大经营不善或其他严重危机，致使难以或不能提供适格公共产品和服务，威胁到或者已经损害到公众的合法权益时，国家或政府应该采取积极的措施进行补救和接管。至于如何进行补救和接管，应由相关法律、法规针对具体情况采取不同的对策。无论如何，强制接管措施都是必不可少的。强制接管责任虽是一个处于备位的担保责任类型，但它的存在，一方面，可以给予私人主体一定的精神压力，促进私人主体自律地达到公益目标；[④]另一方面，在真正出现行政任务的供给不能时，国家也可以动用公权力及时地收拾残局，稳定社会局面，保障公共服务能得以继续维持。

从以上论述可以得知，行政接管是一种担保行政行为，是担保国家落实国

① 杨彬权：《论担保行政与担保行政法》，《法治研究》2015年第4期。

② Wolfgang Hoffmann - Riem “Tendenzen in der Verwaltungsrechtsentwicklung”, in Die Öffentliche Verwaltung, Jg.1997, S.433ff；［德］施密特·阿斯曼：《秩序理念下的行政法体系建构》，林明锵等译，北京大学出版社2012年版，第162页。

③ 陆敏清：《国家担保责任与长期照顾之实现》，台北大学2010年博士学位论文。

④ 林家旸：《担保国家概念下的电信普及服务》，台北大学法律学系2010年硕士学位论文；陆敏清：《国家担保责任与长期照顾之实现》，台北大学2010年博士学位论文。

家接管责任的行政作用或活动，具有特定的内涵和功能，很难将其归入传统秩序行政的范畴，应该将其作为一种独立的行政行为看待，对其不断进行模式化的思考。

（二）接管的条件、阶段和期限

1.接管的条件

接管的条件，就是行政任务民营化后，在私人机构履行公共任务时，公共服务的履行出现了严重危机，导致私人机构暂时不能或无力提供给付行政任务，基于国家担保责任的要求，国家在什么条件下对公共任务的履行可以接手并采取相关保障措施。国家承担接管责任，首先必须要予以解决的问题就是接管的条件。

关于接管的条件，学界尚未达成一致。有学者以公用事业接管为例，认为临时接管措施的实施必须具备三个条件，这三个条件分别为：第一，公共给付服务出现危机，必须通过政府的接管手段才能排除或化解此种危机；第二，在实施接管措施前，应先对提供公共服务的私人机构进行警告、罚款、责令限期改正等措施，只有在这些措施起不到应有的作用时，才能采取接管措施；第三，实施接管时，政府要减少和避免对提供公共服务的私人机构造成不必要的损害，所要达成的公共利益必须大于私人所遭受的损失，也即要遵守比例原则。[①]也有学者以公共建设中的接管措施为例，认为强制接管的要件主要有：（1）有影响公共建设的兴建、营运情事发生，包括公共建设的兴建、营运如有施工进度严重落后、工程品质重大过失、经营不善或其他重大情事发生；（2）情况紧急，迟延即有损害重大公共利益或造成紧急危难之虞；（3）经中央目的事业主管机关令民间机构停止兴建、营运之一部；（4）有必要性。[②]上述学者都认为接管应该审慎行事，不应过早或过迟地介入，而要适时地介入。但由于两位学者以性质不同的行政任务为例，来论述接管措施的实施条件，故此还是有一定的差异，例如，前者在采取了相关措施后，即可实施接管；而后者还需经过中央目的事业主管机关停止经营后实施接管。笔者认为，政府对私人机构进行接管时，虽然私人提供的给付服务会

① 高俊杰：《公用事业临时接管的行政法规制》，《行政与法》2014年第1期，第99页。

② 朱玮华：《从担保国家理论探讨我国促参案件监督管理之规范架构》，台湾政治大学法律学研究所2011年硕士学位论文。

有所不同，但是无论如何，他们都应遵循一些最基本的条件。

首先，私人机构提供行政给付任务出现了严重障碍或危机，以致已经严重威胁到，或者已经导致给付行政任务供给的持续和稳定。这些障碍和危机的具体情况，根据我国各省市制定的关于公用事业接管的地方性法规和规章来看，主要有以下9种：（1）擅自以各种方式恣意处分特许经营权；（2）经营不善，发生严重危害公众利益的事故；（3）不服从主管政府的指挥、领导和调度；（4）未经批准，擅自歇业、停业；（5）发生了不可抗力事件导致无法正常营业；（6）因各种原因，无法继续执行特许经营契约；（7）提供的公共产品和服务不合格，严重影响消费者或使用者的合法利益；（8）不严格执行基础设施的规划方案，拒不改正；（9）不尽职履行普遍服务义务。我国地方性法规和规章规定的这些接管情形，也基本上就是给付行政任务民营化后，国家进行接管的原因和情形，因此可以作为国家对所有的给付行政任务进行接管时，必须予以考虑的具体情形。

其次，主管机关在采取接管措施前，应采取中止、停止等措施予以防止损失的扩大和蔓延，或者允许相关机构进行暂时性接管整顿。由于国家接管是一种强制性的接管，是一种公权力行为，因此在采取国家强制接管时，国家应该先采取中止、停止措施，或者在私人机构的融资机构或保证人提出接管申请的情况下，主管机关如无特殊情况，原则上应该予以批准。这不仅是私人自治的要求，也是担保国家释放民间活力，发挥民间创造力的要求。

最后，如若采取上述措施，经过一段时间，仍未改善或效果不明显，政府可实施强制接管，或终止合作契约实行接管。由于强制接管措施属于对相对人权益影响较重的一种行政行为，又涉及公众的利益，因此，强制接管权应由县级以上人民政府行使。具体来说，地方各行政区域内的给付行政事务的接管权由县级以上的各行政区域内的人民政府决定和行使；跨县、市的给付行政事务的接管权由其共同的上一级人民政府予以决定和行使；全国范围内的或者跨省域的公共行政任务的接管权由中央人民政府决定和行使。当然，上述人民政府也可以将接管权限委托主管部门予以实施，但须加强对主管部门的管理与监督。

2.接管的阶段

接管的阶段，是指国家可以在私人提供给付行政任务的哪个阶段具体实施接管。拿通常见到的BOT来说，也即国家在兴建、营运、转让的哪个阶段可以实施接管。结合我国现行的地方性法规和规章的规定来看，都仅仅规定接管发生在营运阶段。例如，我国《行政许可法》第六十七条第一款规定："取得直接关系公共利益的特定行业的市场准入行政许可的被许可人……未经作出行政许可决定的行政机关批准，不得擅自停业、歇业。”从这个规定就可以看出，我国的接管措施（行政许可法没有明确规定接管措施，但地方性法规和规章作了一些简单的规定）主要发生在营运阶段，对于公共设施的兴建阶段是否进行接管没有作出规定。然而我国台湾地区的“促参法”却对公共设施在兴建阶段出现接管的情形时，国家可以予以接管作了明确的规定。笔者认为，我国可以作出规定，对公用设施在兴建期间，出现接管的法定情形时，国家即应予以接管进行规范。同时还应该注意另外一种特殊的接管阶段，即在私人机构提出履行公共任务的申请获得主管机构批准，但后来由于违反甄选程序而被有关机关或人民法院撤销，此时申请人正在兴建的公共设施，为了不使其迟延，国家也应该予以接管。最后，当公共设施最终营运期已满，交由国家后，一切风险自应由国家承担，不存在接管责任的问题。

3.接管的期限

我国目前的法律、法规、规章基本上对私人机构履行公共任务出现危机时，国家予以接管的期限没有明确规定，除《保险法》《商业银行法》规定了最长接管期限不超过2年，以及《湖南省市政公用事业特许经营条例》第十九条和《山西省市政公用事业特许经营管理条例》第三十四条规定了3个月的临时接管期限。国家接管私人机构从事给付行政任务后，进行接管的期限应为多长，不能一概而论，而应该结合具体的给付行政任务类型规定不同的接管期限。例如上述我国湖南省和山西省规定的3个月的接管期限有可能对公用事业来说是较为合理的，但是如果对于大型的公共设施，例如广场、大型桥梁建设等公共建设就未必合适。因此，具体的国家接管期限应为多长，法律似应规定一个期间，由行政机关在此期限内予以自由裁量。等到条件成熟时，由各主管部门根据具体情况，制定较为细密的裁量基准，以供接管机关参考。

（三）接管的程序

“在依法设定行政机关并赋予其职权后，严格执行权力机关为之设定的行政程序法，便成为坚持依法行政的关键。就中国现实而言，更应强调依法行政原则的程序性。”[①]具体到PPP模式的接管，在法律法规设定了接管职权后，行

① 张正钊、韩大元：《比较行政法》，中国人民大学出版社1998年版，第545页。

政机关能否真正做到依法行政，关键就得依靠职权行使的行政程序。在现代法治国家中，行政程序应该具有以下功能：①协助功能，即促使实体法实现及具体化的功能；②保证实质决定正确及合理的功能；③确保依法行政原则的功能；④履行公正程序的功能；⑤法律保护及控制的功能。[①]虽然现代法治国的行政程序具有以上众多功能，但是，其最基本的功能仍在于限制行政权力的恣意行使，保障行政相对人的合法权益。因为，不论到了任何时代，“一切有权力的人，都容易滥用权力，这是一条万古不易的经验”[②]。对于临时接管这一非常激烈的规制手段而言，如果没有相应的程序制约，就极易蜕变为“随意接管”甚至“暴力接管”。[③]因此，加强对政府行政接管权力的规范和制约，是政府依法承担国家担保责任的当务之急。笔者就基础设施兴建、营运过程中的接管程序阐述如下几点。

1.启动程序

行政任务交由民间履行，民间并非都能按质按量地、适时地提供公共给付。民间力量一旦因各种因素无力提供或不能有效提供公共给付时，也就是私人部门出现运作失灵时，国家基于接管责任，应该行使有效的撤回选择权和接管权采取措施以确保公共给付得以持续运作和可得。国家有效的撤回选择权和接管权既可以由政府主动行使，也可以由融资机构、保证人、民众等提起申请，经政府审查后予以行使。国家撤回交由民间履行的公共任务后，是自己履行，还是对原来承接任务的民间团体进行整顿后继续予以委托，抑或是另行委托其他民间团体履行，应由政府依据整顿接管后的具体情况来予以决定。

2.听证程序

“听证”（Hearing），即在作出对当事人不利的决定之前，给予其陈述、申辩的机会。其渊源来自自然正义听取双方意见的法理，原仅适用于司法领域中的司法权的行使。司法程序中若缺乏听证制度，则公平正义难以确保，所以司法听证是司法审判中的必经程序。后来，听证制度用于立法方面，即国会为收集或获得最新资料，制定合理可行之法律，保障人民权益，邀请政府官员、学

---

① 洪家殷：《权利保障与效能提升之抉择——兼论行政程序法未来修正之考虑》，载台湾行政法学会主编：《行政程序法之检讨、传播行政之争讼》，元照出版有限公司2003年版，第154页。

② ［法］孟德斯鸠：《论法的精神》，张雁深译，商务印书馆1982年版，第154页。

③ 章志远：《个案变迁中的行政法》，法律出版社2011年版，第124页、第141页。

者专家、当事人与议案有关的关系人或议员同僚到委员会陈述意见，以为委员会审查议案之依据或参考。严格言之，此种听证并非正当法律程序之本来意旨。[①]随着社会的发展和国家事务的增多以及行政国家和福利国家的到来，行政机关的权力越来越大，其不仅要行使行政司法权，也要行使行政立法权。由于这两项权力原本是司法机关和立法机关的权力，而这两项权力的行使原本是要遵循听证程序的，虽然这两项权力部分现在由行政机关行使，但仍然有侵害人民宪法上的权利之可能，故仍须受听证程序的约束，这样，听证制度就理所当然地进入到了行政领域。如今听证程序已经成为行政程序法中的一项基本制度，行政机关不仅要在制定法规时进行听证，而且“行使具有司法性质的处分权，则与司法判决相同，必须举行‘司法听证’”[②]。具体到接管责任领域来说，兴建、营运过程中的国家接管权，是一种特殊的行政权。“这一特权的行使如同一把‘双刃剑’——在可能维护公共利益的同时，也会损害特许经营者的信赖利益，甚至还会殃及公共利益。”[③]既然接管权的行使能够损害民间机构的利益，那么从理论上来说，应该在作出接管处分之前，给予当事人申请听证的机会，但是又由于听证程序的举行必然会影响到政府接管工作的顺利进行和接管的效率，从而也会影响和威胁到公共利益的持续供给。当听证的举行影响到公共利益时，有些国家规定不得举行听证，例如联邦德国《行政程序法》规定：“听证的举行如有碍于必要公益时，不得为之。”

笔者认为行政机关作出接管处分应该进行听证，[④]但是应该采用非正式听证程序为主，正式听证为辅的听证制度。正式听证和非正式听证是行政听证的两种方式，这两种方式的目的都是在行政机关最终作出行政决定或行政决策之前充分听取利害关系人或相关人的意见，以防止行政机关滥用行政权恣意作出行政决定或行政决策。两种听证方式既有优点也有缺点：正式听证由于采用类似于法院的审判式听证，能够保证听证的公正性，但是费时费力、效率低下；非正式听证由于采用听证会以外的多种方式举行听证，“程序简易，常用聊天式之对话方式，

---

① 罗传贤：《行政程序法论》，五南图书出版公司2001年版，第129页、第131页。

② Ernest Gellhom and Barry B. Boyer，Administrative Law and Process [M] .St. Paul，Minn.: WestPublishing Co，1982：5-6.

③ 章志远：《个案变迁中的行政法》，法律出版社2011年版，第124页、第141页。

④ 我国也有学者提出行政机关在作出接管决定前应该举行听证，参见章志远：《个案变迁中的行政法》，法律出版社2011年版，第142页。

易获得必要之数据，并可加深了解。普通行政官员亦可主持听证，以求简易可行”。[①]但是有可能导致行政机关作出不正确的决定或决策。正式听证程序的确能够体现公平、公正价值，但是如果行政机关作出的每一项行政行为都要经过正式的听证程序才能作出最终决定，那么行政效率必定难以保证。从国外的行政听证实践来看，运用较多的却是非正式听证。在美国的听证实践中，90%以上的行政活动采取非正式程序，正式程序所占的分量不到1%。美国司法部长行政程序委员会在1941年的最后报告中声称："非正式程序构成行政裁决的绝对多数，它们是行政程序的真正生命线。"[②]

接管决定的作出之所以采用非正式听证为主，不仅仅是非正式听证程序具有以上优点和域外实践中使用得较多，而更主要的是基于公共利益不中断的国家担保责任的迫切性及行政的成本、效益考虑。国家担保责任的持续性特点，要求国家必须采取措施保障公共服务的不中断，一旦私人机构履行公共任务出现危机，国家必须迅速填补这个空隙，不得迟延。同时听证程序"毕竟也是耗费人力、物力的一项程序，如果仅仅考虑程序带来的社会利益，忽视其耗费的成本，那么，这样的程序也是没有生命力的"[③]。基于以上理由，行政机关在作出接管决定时应该举行听证，是为保护特许经营者利益所需；但采用非正式听证，是为了实现行政效益及保护公众利益。具体来说，在行政机关向民间机构下达接管预告通知书时，民间机构可提出口头的或书面的陈述、申辩意见，行政机关应该认真听取意见，但不受该意见的约束。如果当事人的申辩意见对行政机关作出接管决定有重大影响时，行政机关应该进行核实，以利作出正确的行政决定。当然，对于非常复杂的大型基础设施的接管仍应举行正式听证，以充分保障公众利益。

3.具体实施程序

第一步，下达接管行政决定。

主管机关对民间机构实施接管时，需要作出接管行政决定。该行政决定应以书面载明下列事项，通知被接管的民间机构、相关政府机关、私人机构的融资提供人及保证人，并于政府公报及主管机关门户网站公告：（1）民间机构的名称；

① 罗传贤：《行政程序法论》，五南图书出版公司2001年版，第129页、第131页。

② 王名扬：《美国行政法》，中国法制出版社2005年版，第533页。

③ 王学辉：《行政程序法精要》，群众出版社2001年版，第65页。

（2）接管营运的事由及依据；（3）接管营运的项目及权力行使的范围；（4）接管机构；（5）接管机构的权限；（6）接管营运起始时日，该强制接管营运的期间，主办机关认为必要时，可以延长，但仍需进行公告；（7）其他主管机关认为必要的事项；（8）不服行政接管决定的救济方式、期间及其受理机关。

第二步，成立接管小组。

（1）接管小组的组成。主管机关可以自己作为接管人，也可以授权其所属机关，或委托其他机关、民间团体、个人为接管人，执行接管营运的具体事项。除自任为接管人外，主管机关与接管人的权利义务，得由双方另订契约约定之。主管机关应对接管的委任或委托事项进行公告并刊登政府公报或新闻报刊。接管人执行接管营运任务时，可以遴选人员或报请主管机关派员或调派其他机关（构）人员，组成接管小组，也可以聘请律师、会计师或其他具有专门学识经验的相关人员协助处理有关事项，必要时，也可以指派或聘用专职经理人、特定技术及财务等专业人员。

（2）接管小组的职权和义务。接管小组要完成接管任务，必须具备相应的职权，但同时也须承担一定的义务。接管小组的职权主要有：管理权，管理企业的生产及接管期间的营运收入及支出；营运权，对经营接管企业，使企业按照一定的模式顺利运营；参加权，参加私人机构关于接管有关的会议；查询权，指有向接管企业进行检查、询问有关情况和事实的权利；以及紧急情况下可以向主管机关申请采取特别措施权。接管小组的义务：认真地、忠实地履行管理经营义务；接管人应对接管期间的营运收入及支出每月进行结算，并报告主管机关。终止接管营运时，接管人应就接管营运的财产进行结算，并制作结算报告书移交民间机构及主管机关，如有剩余财产，应依主管机关指示移交民间机构或指定之人。

第三步，实施接管。

当接管小组成立后，接管小组就可以接手私人机构的业务，对私人机构进行全面的管理和营运，其目的就是改善私人机构的营运状况，达到接管的目的。为维持营运的不中断，民间机构原雇佣人员得由接管人继续雇用。接管人雇用原民间机构人员时，应承认其原有的工作年资。在接管营运过程中，私人机构应该全面服从接管人和接管小组的管理、指挥和调动，对接管人执行职务所为之处置，应予配合。民间机构就有关被接管设施召开董事会、股东会及其他涉及营运资产的会议，均应于一个月前以书面将开会事由、内容及其他有关资料通知接管人参加。民间机构的董事、监察人及经理对于接管人的有关询问，应据实答复；其他受雇人员，应受接管人的指挥。民间机构的股东会、董事及监事会、监事行使职权不得违反强制接管处分及妨碍接管人职权之行使。民间机构于收受强制接管营运通知后接管前，对目标设施之资产，不得处分，或者在接管的三个月以前不能恶意地转让财产。受强制接管的资产，其危险负担不因接管而移转于接管人。民间机构因履行原投资契约或被接管设施受强制接管前所发生的债务，除法律、法规另有规定外，应由民间机构负责处理。民间机构应于接管营运起始日起一个月内，将受强制接管营运的项目及范围内所使用的机器、设备、软硬件系统、人事数据、财务报表及其他机关认为必要的文件及财物等项目制作列表，提供接管人强制接管查核之用。逾期未能完成者，得由接管人自行清点制作清单，并报请主管机关备查，但所需费用由民间机构负担。接管人为继续维持营运设施而增设、改良、购置、修缮或淘汰、更换资产设备所支出的费用，除经主办机关核准由民间机构负担者外，其费用分摊及给付方式，依双方的接管契约或其他契约的约定办理。接管人执行接管营运所产生的必要费用，在营运收入内支应，不足时由履约保证金支出。但接管人非由主管机关自任而有不足时，由主办机关予以补助。强制接管营运时，关于被接管民间机构的工人接续事宜及安置情况，依强制接管当时原投资兴建契约或原劳动合同及劳动法、劳动合同法的相关规定办理。为维持营运不中断，民间机构原雇佣人员必须得由接管人继续雇用。接管人雇用原民间机构人员时，应承认其原存续的工龄和工资等待遇。此外，当私人机构被政府接管经营时，其所享受的税收和补贴优惠的减免应予取消。税收和补贴优惠，旨在鼓励与奖励民间参与基础设施建设，如果民间机构没有依照投资契约履行各项义务，导致执行失灵转而由政府接管时，不仅无法达成公共目的，而且损害了民众利益。此时民间机构享有的租税优惠则欠缺合理性和正当性基础，基于公平及相对原则，应对原先给予的优惠措施予以扣减。接管运营经过法定期限后，无论接管情况如何，接管主管机关都应作出终止接管的决定。

4.接管终止程序

政府接管私人机构后，如果具有下列情形之一者，主管机关应终止强制接管营运：第一，强制接管营运事由已消灭；第二，有事实足认无法达成接管的目的；第三，经人民政府认定无接管营运的必要。主管机关于终止强制接管营运时，应将终止强制接管的事由、终止强制接管营运的项目及范围、终止强制接管的日期、其他主办机关认为有必要的事项进行公告，并以书面方式送达民间机构与通知融资机构、保证人及有关机关。

依上述第一种情形终止接管营运时，接管人应就接管营运的财产进行结算，并制作结算报告书移交民间机构。如果因为强制接管事由已经消灭，被接管PPP项目减少亏损，或者损益平衡甚至是扭亏为盈，应该给接受政府委托具体实施接管经营工作的第三人给予奖励，以此鼓励第三人尽心尽责、努力经营，早日实现接管目的，也是公平对待和弥补承受接管工作的第三人的辛勤付出的手段。如果是因为第二种或第三种情形终止接管时，应依法进入破产程序，同时主管机关应进行该公共服务行业可否公私合作的评估，如果经过评估，认为公共任务可以继续进行公私合作，那么可以重新按照甄选程序挑选合格的社会资本方，并进行签约。

（四）接管结束后的追踪查核①

在PPP项目改善营运后，政府结束强制接管后，无论是返还社会资本方、转标或终止协议，为防止营运不善的情况故态复萌，还是避免日后再发生相同的案例而再次因营运不良导致必须投入社会资源进行改善，都必须建立一个完善的监控流程。

首先，建立监管机制。PPP项目改善返还原社会资本方之后，有可能因为经营者的更换而让营运状况再次恶化，为避免此类状况发生，应该建立一个监管机制进行追踪考核，例如定期评估、营运收入核查等机制，可促使社会资本方能维持营运现况。其次，建立监管经验资料库以供参考。由于PPP项目的运营方式十分多元，而发生运营困难的原因也较为复杂，因此一个案件发生接管之后，其接管做法和经验应该建立相关档案供日后类似案件作为参考，不再重蹈覆辙。

（五）融资机构或保证人等的先行接管程序

其实，在国家对PPP项目实施强制接管前，一般都需要由融资机构或保证人等先行接管，以给予民间组织自我改善和重新振作之机会。融资机构或保证

① 参见颜君琳：《民间参与公共建设政府接管的研究》，台湾交通大学工学院工程技术与管理学程2009年硕士学位论文，第84页。

人等的接管，是指由给民间机构提供融资的机构或者对民间机构进行担保的保证人，对提供公共服务的民间机构进行的接管。它本质上是赋予融资机构或保证人等对私人机构经营的介入权，目的是保证经营顺利进行，不使自己利益受损。从严格意义上说，融资机构或保证人等的接管并不是国家承担接管责任的范畴，它只是给予“融资机构或保证人暂时接管的介入权，一旦其介入，情况还不能好转，那么国家还是要进行接管。此种介入权的意义系指，当民间机构于BOT兴建或营运期间，如有施工进度严重落后、工程品质重大违失、经营不善或其他重大情事发生时，依据特许合约及相关契约之规定，融资机构（或保证人）得于主办机关中止特许合约前，以改善经营不善为目的，继续办理原BOT特许合约及相关契约事项之权利”①。此种由融资机构或保证人暂时接管的介入权规定，主要是在一般市场交易中，融资机构或保证人在提供融资或保证时，为了确保其债权，对于该投资计划本身的可行性及健全性通常会作详细的评估，可视其为整体投资计划中的成员之一，因此当民间机构发生公共任务执行困难时，给予融资机构或保证人机会与权利，使其介入进行补救，自有正当性可言。通过融资机构或保证人的接管，而使公共基础设施建设得以继续执行。“对于特许公司而言，可避免契约终止之损失；对政府而言，可避免重新招标等花费之人物力，并可避免失去政府威信；对于融资机构而言，其债权暂可获得确保，避免立即产生的重大损失。借由此法律制度之行使，可将三方之损害暂时降至最低。”②也即如果融资机构或保证人能够接管成功，可达到“一石三鸟”之功效。反之，如果接管不成功，政府主管机关也会认真汲取融资机构或保证人接管不成功的教训，调整方案，为政府自己做好接管打下良好的基础，使政府接管既降低成本、节省开支，又不使公民权益受损，实为践行国家担保责任的上乘之法。

由于融资机构或保证人对提供行政任务的私人机构接管具有以上众多优势和益处，笔者认为，我国在公共基础设施的兴建、营运过程中，建构国家接管责任时，应该赋予融资机构或保证人的“优先接管权”，由融资机构或保证人进行先行接管，如果接管不成功，那么国家再予以强制接管或指定其他人接管，从而形

① 林发立：《融资机构介入权——以重大BOT案例中外国融资机构所可能面临介入权问题为中心》，《万国法律》1998年总第101期，第86页。

② 吕绍凡：《BOT特许合约期前终止之相关介绍》，《万国法律》2003年总第129期，第8页。

成公私合作的“两阶段”接管法律制度，更好地释放民间活力，发挥民间机构的保障作用。“这种承认保证人与融资机构具有‘优先接管权’的管制法律制度，一方面除了可以快速有效解决纷争外，另外一方面明确化民间机构、主办机关与融资机构（或保证人）三面法律关系，有助于保证人明确估算风险，愿意接管‘半途而废’的公共建设，停损公共利益，发挥管制上的极大功效。”[①]

融资机构或保证人进行接管程序的启动应由申请人提出申请，主管机关审查后予以决定。具体应该遵循的程序可以参照上述公共任务兴建、营运过程中的国家接管规定，但具体的接管程序、范围、权限大小等事项仍须由融资机构或保证人与提供公共任务的私人机构进行协商，达成接管契约。当事人达成接管契约，应经过政府主管机关的审查。在进行接管时，政府主管机关应该予以协助，并进行必要的监督。

最后，必须注意的是，尽管有了比较完善的接管法律机制，但应该“导入更多元化之担保手段，并且尽量避免动用到破局式的接管措施，才应该是双赢模式之真正精神”[②]。

---

① 林明锵：《促进民间参与公共建设法制与检讨——从地方自治团体有效管制观点出发》，《月旦法学杂志》2014年总第234期，第65—66页。

② 詹镇荣：《国家担保责任之理论与实践：以民间参与公共建设为中心》，我国台湾地区“行政院科学委员会”专题研究计划成果报告，2012年10月，第7页。

第四节　PPP行政法规制的组织保障

一、建立全国统一的PPP监管机构

在党的十八届三中全会提出“允许社会资本通过特许经营等方式参与城市基础设施投资和运营”之后，各部委或联合或单独发布了与PPP有关的政策文件，使得我国PPP市场呈井喷式发展。但在公益性与私益性交织的PPP市场环境中，政府以“担保者”和“合作者”的身份参与到公共产品和公共服务的提供过程之中，难免出现角色定位的混同、错位与缺位，从而导致多头监管、无人监管、胡乱监管等以及传统的“条款分割、政企不分”等监管体制造成的监管问题逐渐浮出水面，且愈演愈烈。由于政府没能发挥好监督职能，导致部分项目不但没有提高和改善效益，反而成了公私勾结和分赃的“温床”。尤其在一些高速公路PPP项目中，政府监管不到位甚至缺位的情况比较突出，如准日期缺乏对竞争程序的监督，建设期缺乏对资金使用的监督，运营期缺乏对服务质量的监督等。①因此，必须要有一个统一的PPP监管机构整合监管部门，集中力量，精准拆弹，解决PPP模式中的价格监管、治理监管、准入监管以及其他与自我监管等。PPP模式的可持续性在很大程度上依赖于监管环境，孱弱的监管机构将会带来质量产出的不确定性与风险的增加，高风险又会进一步减少PPP的私人参与。②PPP监管机构与PPP项目的成功有着非常大的正相关关系，一个运行良好的PPP监管机构对于一国的PPP模式推广的成功有着非常重要的作用，这一观点业已在全球范围内达

① 楼继伟:《推广PPP：贯彻十八届三中全会精神的一次体制机制变革》，载任中文主编:《政府和社会资本合作模式：领导干部公开课》，人民日报出版社2020年版，第9页。

② See Hammami，M.，Ruhashyankiko，F.，Yehoue，E.，Determinants of Pubiic-Private Partnerships in Jnfrastructurc，IMF Working papcrs，2006，p.8.

成共识。[①]因此，以PPP安全为目标，设立切实可行高效的监管机构是PPP良善运行的组织保障。

PPP监管机构的设置模式主要有四种：第一种是“内置”模式，即在政府现行职能部门内增设一个业务单元。在此模式下，公私伙伴关系促进中心属于政府行政部门的一个组成部分，由于受人员编制的限制，此模式下的公私伙伴关系促进中心规模不可能太大，其业务的开展还需借助外部咨询顾问的支持，如，南非财政部公私伙伴关系促进中心即属于此类型的机构。第二种是“外置”模式。由政府设立一个全资拥有的公司承担公私伙伴关系促进中心的职能。在此模式下，一般都是由政府独资设立相应的公司，如，加拿大卑诗省公私伙伴关系促进中心（PBC）、加拿大安大略省公私伙伴关系促进中心（lnfrastructure Ontario）、孟加拉基础设施投资促进中心（lnfrastructureInvestment Facilitation Center）等都是由地方政府或中央政府全资拥有的公司。第三种是“伙伴关系”模式。由政府与私人部门建立合伙公司。英国公私伙伴关系促进中心（PUK）即属此类型的机构。在此模式下，合伙公司依其提供的服务或工作绩效向客户收取费用。另外，在印度，也有少数地方政府与私人金融机构建立了类似的机构。第四种是其他模式。有一些国家（如乌拉圭、秘鲁等）通过专门的立法，设立“投资促进局”来承担公私伙伴关系促进中心的职能；也有一些国家（牙买加、墨西哥）则是通过国家开发银行来履行其公私伙伴关系促进中心职能的。[②]

在上述四种设置模式中，第一种和第二种属于目前的主流模式。随着英国伙伴关系改革重组为英国基础设施中心（IUK）后，第三种模式将日渐式微。第四种模式仅为少数国家所采用。我国目前采取了不同于上述四种模式的围绕专项任务开展的“条块间横向协同模式”。[③]财政部、发改委以及具体项目建设的发起部门均对公私合作项目负有监督职能，不同机构具有不同的利益，利益无法协调时，就导致太多的权力内耗，这是所有官僚机构运作的逻辑。[④]因此，笔者认为，为加强公私合

---

① 王经绫、闫晓茗、陈冠达：《PPP管理机构运行的国际比较——兼论中国是否应当设立PPP专职管理机构》，《投资研究》2018年第3期。

② 国外PPP管制机构的设置模式、职能定位、隶属关系、经费来源等的比较，参见孙洁：《政府和社会资本合作模式概论》，山西出版传媒集团、山西经济出版社2016年版，第52—56页。

③ 参见周志忍、蒋敏娟：《中国政府跨部门协同机制探析——一个叙事与诊断框架》，《公共行政评论》2013年第1期。

④ 参见郑永年：《不确定的未来——如何将改革进行下去》，中信出版社2014年版，第219页。

作监管，应当设立独立的监管机构。独立的监管机构意味着：首先，在参与整个监管过程的不同主体之间，尤其是监管机构和政府之间，权力分配是明确和透明的；其次，监管机构在明确属于自己的权力范围内不受政府压力。[①]监管机构独立性的要求并不妨碍监管机构与其他国家部门进行适当的密切合作，也不影响政府发布与规定的监管权力和职责无关的一般性政策指导。[②]但是在PPP项目运营阶段，监管机构应当与参与PPP协议的公共部门保持必要的距离。独立监管机构必须以遵守透明、可问责、合比例的方式进行，并且应该具有针对性。PPP监管机构的作用是促进竞争和保障公众权利，其主要承担四项职能：一是审查职能，主要对公私伙伴关系项目的规划方案进行核查，确保其不偏离政府的政策目标；二是服务职能，向政府职能部门或项目采购机关提供技术及资金援助；三是监督职能，监督实施机关依法依约履行合同；四是担保职能，担保公共服务的持续供给。PPP监管机构要达到的最终目标就是"罗兰法则"所要求的公共服务的连续性、公共服务用户的平等性和公共服务的适应性，今天又得加上公共服务的质量、高效和可获得性。

二、引入其他的契约监督机构

PPP模式需要建立统一的监管机构，并不意味着其他的监督机构就没有必要，就无须建立。若想实现PPP模式的良好监管，还需要针对不同的监督对象和事项设立具有不同职能的监督机构或发挥现有监督机构的监督职能。

（一）建立第三方审核机构

对PPP协议的谈判必须建立监督机制，以防私相授受、公私分赃、贪腐等行为。重新谈判可以是双边的，也可以在仲裁委员会的监督下进行。在双边的重新谈判中，政府和社会资本方达成的协议必须经过独立第三方审核；如果双方不能达成一致意见，那么双方可以申请专家小组介入，该专家小组一般先调解，而后裁定。任何PPP项目协议的重新谈判涉及费用增幅超过初始投资5%的，都需要

---

① ［英］托尼·普罗瑟：《政府监管的新视野：英国监管机构十大样本考察》，马英娟、张浩译，译林出版社2020年版，第305页。

② Directive 2009/72/EC concerning common rules for the internal market in electricity［2009］OJL 211/55，Art（4）.

采取竞标方式，并且设立一个独立的机构审查所有的重新谈判，以保证原合同的任何修订都不影响PPP合约的营利性。

（二）充分发挥监察机关在PPP合作项目中反腐监督职能

PPP项目的腐败问题是必然的，也是非常严重的。正如有学者言："只要存在政府合同、许可或特权，就存在腐败的机会；只要存在腐败的机会，腐败就会在某些情形下真的发生。"①首先，采用政府与社会资本合作模式提供公共任务本身就受到公众的质疑。对回报机制和选择社会资本方的程序的公正性的怀疑又不可避免地加剧了这种质疑。其次，PPP项目的腐败可能会发生在项目的设计、回报、采购、运营，以及依据项目类型发生的资产转移的各个阶段。再次，对PPP项目的政治保护和干预往往模糊了财政责任，掩盖了各种腐败行为和其他不当行为，包括分配稀缺资源、冗员和过高薪酬。因资本投入水平与服务产出之间的关系难以建立，腐败会导致资源分配不当。最后，PPP项目建设的规模较大、持续时间较长也为采购等相关活动提供了收受回扣和贿赂的机会。正因如此，县级以上监察机关有权按照《监察法》和相关规定，对PPP合作项目中的贪腐、渎职、滥用职权、利益输送等违法行为和犯罪行为进行监督、调查和处置。

（三）赋予检察机关对PPP项目的检察监督职能，也即检察机关作为PPP事业的公益监督人

我国《宪法》第一百三十四条明确规定，人民检察院是国家的法律监督机关。在国家权力结构体系中，检察权对行政权负有法律监督的职责。《十八届四中全会决定》对检察机关监督职责提出了新要求："检察机关在履行职责中发现行政机关违法行使职权或者不行使职权的行为，应该督促其纠正"；十九大报告则提到："探索建立检察机关提起公益诉讼制度。"②行政检察监督的内容可以归纳为以下三个方面：其一，是对行政违法行为的监督（包括对涉及公民人身、财产

---

① ［新西兰］马克·阿伦森：《一个公法学人对私有化和外包的回应》，载［新西兰］迈克尔·塔格特（Michael Taggart）编：《行政法的范围》，金自宁译，钟瑞华校，中国人民大学出版社2006年版，第75页。

② 习近平：《决胜全面建成小康社会　夺取新时代中国特色社会主义伟大胜利——在中国共产党第十九次全国代表大会上的报告》，《人民日报》2017年10月28日第1版。

权益的行政强制措施进行监督）；其二，是提起公益诉讼，对造成公共利益损害的行政违法行为通过司法程序进行监督；其三，是对行政诉讼活动的监督。[①]为了防止政府和社会资本方“私相授受”“共同分赃”，抑或行政不作为损害社会公益，检察机关除诉讼监督中的抗诉、再审检察建议，及诉前检察建议等监督方式外，可以扩大公益诉讼范围，将PPP项目纳入公益诉讼范围，赋予检察机关对PPP项目提起公益诉讼的权力，以加强对PPP项目公益性的监督和确保。

（四）发挥国有资产监督管理委员会的监督职能

我国的PPP项目数量和投资额虽然位居世界前列，但是我国的PPP合作项目，大多是政府与国有企业的合作，即政府与社会资本合作（GSP）。从世界银行民营资本参与基础设施的数据库来看（PPI），自1990—2015年以来，中国的PPP项目数量在发展中国家虽然排在第二位，位列巴西之后，但是民营资本投资额却排在了第四位，位列巴西、印度和土耳其之后，表明民营资本在PPP项目中的占比很小。既然我国的PPP项目的合作方主要是国有企业，为防止国有企业浪费国家资财、流失国有资产，保持国有资产不断增值，必须加强国有资产监督委员会对国有财产、设施设备的监督和管理。

综上，为了维护公共福祉，国家对于PPP模式仍要进行必要的监督。不过若对协力对象科以等同官僚组织的控制，却有可能使私人的活动空间瘫痪，进而如何将不利的弊害抑制在最小限度内，以减轻侵害基本权的可能性，有其必要，易言之，在形成公私协力关系上须逐步审酌：合作过程是否过度制约私人的意思自主，是否有违私人活动的合理判断等。举例来说，国家为确保任务履行所为之监督，若形式要求或检查过于广泛，将可能瘫痪私人活动，无形中会限缩协力对象之自主空间、弹性等优点，而难以成就其创新与多样等目标。[②]因此，PPP模式中的监督应该采取适度监督，以不妨碍社会资本的正常运作和灵活性为原则，更多地依靠自我监督和间接监督等手段。

---

① 刘艺：《行政检察监督》，载马怀德主编：《行政法前沿问题研究》，中国政法大学出版社2018年版，第527—528页。

② ［日］山本隆司：《民間の営利・非営利、と行政協働》，载芝池義一ほか編：《行政法の争点》，有斐閣2004年版，第154—155页；陆敏清：《从德国修法历程论公私协力运用契约调控的发展》，《兴国学报》2013年第1期，第127—145页。

第六章

PPP纠纷解决机制

第一节　PPP纠纷解决的基本理论

一、PPP纠纷的界定

（一）PPP纠纷的概念与特征

纠纷是指社会主体间的一种利益对抗状态。[①]其本质是主体的行为与社会既定的秩序和制度以及主流道德的不协调或对之的反叛，与既定秩序和制度以及主流道德意识所不相容，具有反社会性。[②]事物是发展的，纠纷是普遍存在的。纠纷遍布社会生活的每一个角落，而每一种纠纷也各有自己的特点，从而呈现出五彩斑驳、纷繁复杂的局面。PPP纠纷就是众多社会纠纷中的一种重要纠纷形态，而且也是一种比较复杂的纠纷类型。PPP纠纷具有广义和狭义之分。广义的PPP纠纷是指，在PPP全生命周期中，政府方与社会资本方、社会资本方与承包商、相关利害关系人与民众等主体间所发生的各种纠纷，包括PPP合同签订前、PPP合同履行中和PPP合同终止移交阶段等所产生的各种纠纷。狭义的PPP纠纷，仅指在PPP全生命周期中，政府与社会资本方之间所发生的各种纠纷，也包括PPP合同签订前、PPP合同履行中和PPP合同终止移交阶段等所产生的各种纠纷。本书所指的PPP纠纷主要是狭义的PPP纠纷。

PPP纠纷不同于一般的纠纷，它具有以下特点。

1. PPP纠纷的主体多元性

纠纷都是发生在相对的社会主体之间的对抗行为，具有相对性和对应性。例如范愉认为："纠纷是特定的主体基于利益冲突而产生的一种双边的对抗行为。"[③]PPP

---

① 何兵：《现代社会的纠纷解决》，法律出版社2003年版，第1页。

② 顾培东：《社会冲突与诉讼机制》，四川人民出版社1991年版，第2—7页。

③ 范愉：《非诉讼程序（ADR）教程》，中国人民大学出版社2002年版，第2页。

纠纷也是发生在特定主体间的对抗性纠纷，但是由于PPP项目的复杂性、庞大的合同体系使得PPP模式中涉及多重法律关系主体，包括政府方、社会资本方、SPV公司、融资机构、担保公司、保险公司、承包商、运营商、原材料供应商、购买方等。另外，我国的PPP模式中外国投资主体也占一定比例，例如江苏法院受理了澳大利亚第一太平洋资本有限公司在泰兴投资的电厂项目银行担保纠纷、新加坡亚洲环保控股有限公司污水处理厂项目特许经营合同履行纠纷、英属维尔京群岛金迪国际有限公司污水处理厂项目招标投标纠纷等涉及外方投资者的PPP案件。[①]可以预见，随着“一带一路”倡议的推行和国家合作的加强，PPP纠纷主体呈现外籍化和多元化趋势。

2. PPP纠纷的复杂性

PPP纠纷的复杂性主要缘于PPP本身的复杂性。PPP是一个系统工程，涉及土地、税收、特许经营、环保、价格、财政、金融等多个领域，依靠PPP项目合同、买卖合同、承包合同、租赁合同、融资合同等合同组成的“合同群”来完成公共产品和服务的高质量高效益供给。在提供公共服务的较长周期里，由于合同种类繁多、法律关系复杂，纠纷在所难免。这些PPP纠纷既有对单纯的政府行为不服的纠纷，又有因合同订立发生的纠纷，更有合同履行过程中发生的纠纷；既有双方间的纠纷，也有多方间的纠纷；既有民事纠纷，又有行政纠纷；既有直接纠纷，又有间接纠纷；既有行为纠纷，又有关系纠纷；既有政治纠纷，又有环保纠纷和经济纠纷等，从而导致PPP纠纷的内容十分复杂和多样。对于这些PPP纠纷的处理需要综合运用法律、经济、社会等多种方法，处理难度较大。

3. PPP纠纷的公私混合性

PPP项目冲破了公、私分离的樊篱，是公共部门与社会资本跨越公、私法界限的合作项目，因此这种公私混合的PPP项目产生的纠纷必然表现出公私混合的特征。

4. PPP纠纷的争议标的额巨大

PPP项目不仅运作周期长，而且项目的资金额也非常大。一般情况下，PPP项目投资额上千万元、上亿元，甚至投资额达几十亿元、几百亿元的项目也是存在的。根据财政部统计，截至2020年1月，我国PPP累计入库项目9459个、投

① 江苏高院民一庭课题组：《政府与社会资本合作（PPP）的法律疑难问题研究》，《法律适用》2017年第17期。

资额达14.4万亿元。如果平均计算，每个PPP项目涉及金额约15亿元，不可谓投资额度不大。“庞大契约金额本身就是争议的温床。”[①]一旦发生纠纷，案件涉及的争议标的额也非常大，从而导致纠纷解决成本非常高，如果双方对簿公堂，必将涉及一笔数额不菲的诉讼费和代理费。

5. PPP纠纷的传导性

PPP纠纷的传导性是从PPP合同风险的传导性特征概括而来的。在这里是指一个具体的PPP纠纷的解决可能会影响到其他的PPP纠纷的解决，最终影响整个PPP项目及其纠纷的解决。例如政府和社会资本方之间的纠纷没有解决，必然影响到下游的建设合同、运营合同的纠纷解决和PPP项目的持续运作，反之亦然。PPP纠纷的传导性特征要求，在PPP纠纷解决中，要遵循纠纷协同解决和同等项目同等救济原则。唯有如此，才能彻底公平地解决PPP纠纷。

（二）PPP纠纷的属性、类型与具体表现

1. PPP纠纷的属性

PPP纠纷的属性直接来源于PPP合同的属性定位。PPP合同的定位在后文将有交代，这里不再赘述。根据学界的观点，PPP合同主要可以定性为“行政合同”“民事合同”，抑或“混合合同”。由于定性的不同，导致对PPP纠纷的属性认识也就不同，也即民事纠纷、行政纠纷，抑或混合纠纷。对这些定性是否科学合理，本书不做过多评论。唯笔者认为，PPP合同纠纷，无论定性为何种性质的纠纷，都必须要有相应的纠纷解决机制，彻底快速地解决纠纷。不过，从公私合作的角度来看，笔者更趋向于认为PPP合同纠纷既具有行政性，又具有民事性。这主要表现在PPP项目的生命周期中，既有政府方对PPP合同的监督管理活动，又有政府方和社会资本方合作履行PPP合同的民事活动，而且这两种活动通常彼此交叉在一起，相互渗透，难以厘清，是民事行为规则和公法原则的一种不安的结合而产生的纠纷。当然还必须知道的是，PPP项目中因政府方单方行使行政权（例如接管权）与相关主体间的纠纷，就是纯正的行政纠纷。正是由于PPP纠纷的属性的这种复杂性和混合性，导致了PPP纠纷解决的复杂性和纠纷解决手段的混合性和多元性。

---

① 李天惠：《国际工程契约争议处理机制比较》，载古嘉谆、陈希佳、吴诗敏主编：《工程法律事务研析》，北京大学出版社2011年版，第289页。

2. PPP纠纷的类型

PPP项目是一个相互关联的合同网络，参与其中的法律关系非常复杂，因此难免产生大量纠纷。PPP项目产生的纠纷主要有以下三类。

（1）社会资本方（项目公司）与缔约行政机关和其他政府机构之间的协议引发的争端；（2）项目发起人或项目公司为实施项目而与有关当事方达成的合同和协议所产生的争端，具体包括持有项目公司股权的当事各方之间的合同纠纷、项目公司与承包商之间的合同纠纷、项目公司与经营和维护项目设施的当事各方之间的合同纠纷以及项目公司与其他公司之间关于供应运营和维护设施所需货物及服务的合同纠纷等；（3）项目公司与其他当事方（设施或服务的用户与客户）之间的争端。这些争端可能非常复杂，不仅涉及技术性很强的事项，而且涉及政府机构和广泛的公共利益，必须迅速解决，以免破坏良好的合作关系，影响基础设施的建造或运营，危害公共福祉。

当然，除上述分类外，我们也可以按照是否因契约直接引起的纠纷，将PPP纠纷分为因履行PPP合同发生的纠纷和因合同外原因发生的纠纷，例如行使许可、接管等单方行政权引起的PPP纠纷。

3. 我国PPP纠纷的具体表现

从我国发生的PPP纠纷诉讼案例来看，PPP纠纷具体表现在以下几个方面①。

（1）政府因社会资本方中标后不配合签订书面合同，存在违约事由导致合同解除，政府方起诉要求赔偿损失而发生的PPP纠纷。

（2）因融资出现问题，导致PPP项目完全停工，经政府多次催告难以复工。政府方起诉社会资本方继续履行PPP项目协议和支付延误违约金而发生的PPP纠纷。

（3）因政府方换届、主要领导调整、工程建设中止，接到终止PPP合同、退出PPP项目建设的通知。社会资本方起诉要求确认政府方发出的解除合同通知书无效而发生的PPP纠纷。

（4）因中标后草签了PPP项目合同，未依约设立项目公司，政府方另与其他公司违法签订正式PPP项目合同，项目被非法转让。社会资本方起诉要求政府方和第三人共同连带赔偿损失而发生的PPP纠纷。

---

① 参见北京德恒律师事务所杨晓玲律师团队：《2020年PPP项目涉诉纠纷》，https://www.sohu.com/a/442390774_480400，最后访问日期：2021年9月9日。

（5）因中标项目被非法转让和实施，社会资本方起诉要求确认政府方审核同意签署《正式合同》的行政行为违法而发生的PPP纠纷。

（6）因未按约出资、项目公司未成立，社会资本方起诉要求确认政府方发出解除PPP项目合同通知书及其解除行为无效而发生的PPP纠纷。

（7）因未取得工程所需国有土地使用权证和工程规划许可证，项目不具备合法开工条件，社会资本方起诉要求确认政府方解除PPP项目合同行为无效而发生的PPP纠纷。

（8）因政府方违约，社会资本方起诉要求赔偿损失而发生的PPP纠纷。

（9）因项目公司主张政府方约定的逾期缴纳土地出让金的违约金标准过高，社会资本方起诉要求调整《国有建设用地使用权出让合同》违约金标准，并请求确认社会资本方应支付逾期支付的土地出让金违约金的金额而发生的PPP纠纷。

（10）新PPP项目覆盖社会资本方的项目用地，阻碍项目建设规划，拆毁、侵占已征收的企业用地，无法继续履行合同。社会资本方起诉要求政府方赔偿合同违约造成的经济损失，第三人承担连带赔偿责任而发生的PPP纠纷。

（11）因政府方提供不符合协议约定的土地而造成投入成本损失，社会资本方起诉主张政府方赔偿社会资本方综合管理用房的建设投入及其利息损失和违法用地的罚款而发生的PPP纠纷。

综上所述，政府方提起诉讼的主要原因包括社会资本方融资出现问题、社会资本方中标后拒绝签订书面的项目合同等。相较而言，社会资本方（或项目公司）提起诉讼的原因则多种多样，主要包括政府方因换届等原因单方终止项目、非法转让PPP项目、未依法取得项目建设所需证件、新的PPP项目覆盖原PPP项目用地以及政府方未依照约定提供项目用地等。从纠纷的具体表现来看，PPP纠纷主要集中在合同的履行（无法履行、违约），合同的解除，合同的无效、违法或违约引发的损害赔偿，合同的变更与调整，合同的属性，收益分配等方面，当然也涉及社会资本方对政府作出的行政行为不服而发生的纠纷。

二、我国PPP纠纷多发的具体原因

从近五年PPP项目运行实践中所出现的PPP纠纷争端来看，PPP纠纷呈现逐年增长趋势，且PPP案件涉及的领域较为广泛，通常对社会公共利益有较大影响。[①]面对数量如此庞大、案情复杂的PPP纠纷，如果不能得到妥善化解，就可能为双方的合作带来深度裂痕，并进一步动摇双方合作的根基。[②]要想及时地预防和化解PPP纠纷，必须要先分析PPP纠纷多发的具体原因：

（一）社会资本方及相关主体缺乏PPP项目的相关经验

PPP项目一般是公益性较强的基础设施和公用事业，由于这些公共任务事关公民的基本生存和基本生活之保障，为慎重起见，原则上一般都由政府进行组织生产和提供。政府在长期从事这类事务的过程中积累了大量的知识和经验。然而在公私合作模式中，政府部门不再直接承担这些公共任务的履行责任，而是将其转移给社会资本方，然而部分社会资本方，尤其是私人资本方并不一定具有这方面的专长，对项目的认识和预期收入等方面难免产生误解和分歧，这种情况在我国相对来说比较严重。我国大力推进PPP模式的时间较短，当初投资PPP项目的部分社会资本方只是看到了PPP项目的预期收益，但对PPP的具体操作、流程等并不是十分了解，从而在长期的协议履行过程中必然产生纠纷。此外，PPP项目中非常重要的参与主体——金融机构——缺乏PPP项目投融资的承做经验，从而也导致其与社会资本方的纠纷不断。

（二）PPP法律法规不健全

PPP作为一项重大的投融资改革和重大的政府治理方式之改革，理应做到与法治同步，但我国于2014年大力推介PPP模式时并没有实现改革与法治同行。我国PPP模式的推动基本上是在政策的推动下进行的，采用的模式是“一边积极推动，一边政策完善”，也即我国的PPP模式是“政策驱动型”而非“法治驱动型”。这样的PPP推动模式使得我国PPP过于依靠国家政策，忽视了法律法规的规范和保障作用，导致了我国PPP模式推动了几年，还没有专门的全国适用的PPP法律、行政法规的出台，也导致了我国的部分PPP项目从一开始就存在先天性的法治缺陷。尽管我国也出台了大量的调整和规范PPP模式的政策，但由

---

① 李学辉：《PPP项目合同争端解决机制理论与实务》，人民法院出版社2019年版，第21—22页。

② 陈天昊：《法国PPP纠纷解决机制——在协议合法性与协议安定性之间》，《中国法律评论》2018年第4期，第197—204页。

于政出多门，且政策数量极大，各种文件之间的矛盾、冲突在所难免，特别是这些政策变动过于频繁，导致地方政府和社会资本方无所适从，因此，统一的PPP法律法规的缺乏和现有的政策文件之间的规定的不一致必然导致产生大量的PPP纠纷。

（三）政府的计划审查与议约能力不足

PPP项目是个非常复杂的项目，无论是民间自提项目，还是政府计划项目，从项目的规划、设计、筹建到施工都需要专业性的指导、帮助和政府的审查、许可等程序，但我国的PPP实践中政府相关部门对PPP项目的重大环节的审查并不是很严格，有些程序和环节甚至流于形式，尚没有起到应有的作用，例如我国PPP项目的物有所值评估，以及有些地方对财政承受能力的变通评估。这一方面是由于我国的PPP项目开展时间不长，前期数据积累不够；另一方面是由于我国政府对PPP项目的计划审查能力不足，难以起到项目合法合规的“把关”作用。正因如此，我国PPP项目在政府计划审查方面存在的问题较多，从而引起的纠纷也较多。另外，我国政府过去一直运用公权力提供公共服务，习惯了运用“命令—服从”的工作方式，对于运用“协商—合作”的以协议提供公共任务的方式较为陌生，从而导致运用协议方式提供公共任务时，和社会资本方相比，协议的议约能力严重不足，从而导致PPP协议存在许多漏洞和不完善之处，这些问题都将会引发和产生大量的PPP纠纷。

（四）政府与社会资本方对风险分担的认知不同

PPP模式从形式上看，是公私双方通过协议的形式共同提供公共服务的过程，其实质是公有部门将PPP项目中的一些不容易控制或难以控制的风险转移给社会资本，社会资本通过承担政府转移过来的风险，换取一定的利益和发展机会，从而双方在共担风险的基础上达成公共任务的持续不中断提供。但实践中，政府和社会资本双方从各自的角度出发，都希望不承担或少担负项目中的各种风险，从而导致在协议的协商与签订过程中将本该由自己承担的风险与责任不恰当地转移给对方，导致从一开始PPP协议就为纠纷的产生埋下了伏笔，例如PPP项目中的土地征收引发的民众抗议风险理应由政府承担，但许多的PPP项目却将此风险转移给社会资本方，导致一些PPP项目因为民众抗争无法及时动工实施，从而致使PPP项目的推后和延迟，并进而引起违约纠纷。此外，一些社会资本，为了“跑马圈地”“排挤竞争对手”，对于政府转移过来的风险，进行一揽子承诺，而等到拿下项目后，又对政府加码施压，吃定政府，或者重新与政府协商，提高工程造价或降低服务质量。因此，政府与社会资本如果没有共担风险和合理分配风险的基本认知，PPP项目的风险纠纷将会不断出现。

（五）PPP纠纷解决机制不完善

PPP纠纷解决机制的不完善也是PPP纠纷多发的一个重要原因。我国目前的PPP纠纷解决手段比较贫乏，主要依靠协商、调解和诉讼等手段，对于仲裁、行政裁决、行政复议等手段能否解决PPP纠纷尚存疑义。即使采用诉讼手段，由于PPP协议的定性争议较大，也难以及时有效地发挥作用。由于PPP纠纷解决手段、程序和机制等的不完善，从而也使得没有及时地预防和化解纠纷，导致大量的PPP纠纷发生。

三、PPP纠纷解决机制的界定

（一）PPP纠纷解决机制的概念和构成要素

有社会就有纠纷。“社会出现了纠纷争议，这并不可怕，可怕的是，在纠纷争议出现后，国家和社会没有一套应对的纠纷争议解决机制，结果导致小的纠纷争议因为没有得到及时解决而演化成大的纠纷。”[①]因此，“无论是积极或消极地看待社会中的纠纷，任何社会都必须建立相应的纠纷解决机制”[②]。那么何谓纠纷解决机制？纠纷解决机制就是社会各种纠纷解决方式、制度的总和或体系，[③]也即一个社会为解决纠纷而建立的由规则、制度、程序和机构（组织）及活动构成的系统。[④]在明确了纠纷解决机制的概念之后，我们就可以把专门为解决PPP纠纷而构建的由规则、制度、程序和机构及活动构成的静态和动态系统，称作PPP纠纷解决机制。PPP纠纷解决机制既具有一般纠纷解决机制的共性特点，也具有符合PPP项目个性的特点，例如纠纷的快速解决、纠纷解决过程中不能停止公共服务

① 贺荣：《行政争议解决机制研究》，中国人民大学出版社2008年版，第18页。
② 范愉：《多元化纠纷解决机制》，厦门大学出版社2005年版，第77页。
③ 范愉：《多元化纠纷解决机制》，厦门大学出版社2005年版，第77页。
④ 王琦：《非诉讼纠纷解决机制原理与实务》，法律出版社2014年版，第8—9页。

的提供等。PPP纠纷解决机制的基本功能，是消除冲突状态，使PPP纠纷当事人的对抗行为丧失社会正当性。PPP纠纷解决机制的构成要素主要包括：（1）PPP纠纷解决的主体，主要是指各种具体解决机制中的国家机关、社会组织和民间力量等；（2）PPP纠纷解决的程序和手段，即纠纷解决的方式，包括裁决（判决、仲裁、裁决、行政复议）程序和协商程序（谈判、调解）两大类型，同时可以借助一些辅助手段（如鉴定、评估、调查等）；（3）PPP纠纷解决的依据或规则，包括法律、法规、PPP政策和指南、交易习惯等规范。①

（二）PPP纠纷解决机制的理念和理想目标

PPP项目一般都是公益性较强的基础设施和公用事业，属于公共任务范畴，这些公共任务由于事关社会公众的生存和基本生活之保障，因此从理论而言，应该尽量避免和摒弃产生纠纷。然而由于PPP项目的公私混合性、长周期性、巨大的投资额等因素的影响，导致PPP项目纠纷的产生是必然的，而且还是非常复杂的纠纷。这些纠纷如果不能得到及时、高效的解决，必然影响到PPP项目的持续发展和公共利益及私人合法权益之保护，而且PPP一旦开始，“公”与“私”的结合就不能轻易打破，即便困难重重、争端四起，亦需利用完备的解决机制将合作关系继续维持，以维持协议之安定性，并在保护各方利益之间寻求平衡。②然而要快速高效地解决复杂的PPP纠纷和维持良好的合作关系，必须要构建PPP的多元化纠纷解决机制。正如有学者所言：“社会越复杂，纠纷解决的方式、手段也越丰富，从而构成一种多元化的纠纷解决机制。”③

何谓多元化纠纷解决机制？多元化纠纷解决机制是指由各种性质、功能、程序和形式不同的纠纷解决机制共同构成的整体系统，在这种多元化的系统中，各种制度或程序既有其独立的运行空间，又能形成一种功能互补，以满足社会和当事人的多元化需求和选择自由。④这种多元化一般包括救济机制或纠纷解决机构的多元化、纠纷解决方式的多元化、纠纷解决规范的多元化、纠纷解决机

---

① 参见王琦：《非诉讼纠纷解决机制原理与实务》，法律出版社2014年版，第9—10页。

② 马浩然：《PPP争议的替代性纠纷解决机制探究》，《黑龙江省政法管理干部学院学报》2021年第1期，第89—94页。

③ 范愉：《多元化纠纷解决机制》，厦门大学出版社2005年版，第77页。

④ 参见朱景文：《解决争端方式的选择——一个比较法社会学的分析》，《吉林大学社会科学学报》2003年第5期。

制类型的多元化、制度与程序的多元化等几个方面的内容。①多元化纠纷解决机制的合理性主要可归因于社会主体对纠纷解决方式需求的多样性，其间具体包括利益和冲突的多元化、社会主体关系的多元化、价值观和文化传统上的多元化及纠纷解决手段的多元化等几方面的内容。②多元化纠纷解决机制的理论基础是多元正义论，多元正义论为多种PPP纠纷解决方式的并存和竞争提供了有力的支持。多元正义论认为，诉讼不是实现正义的唯一途径，应将正义与司法区分开来，通过调解仲裁等方式，同样能到达正义的彼岸。1976年，在主题为“民众为何对司法不满”的庞德会议上，哈佛大学法学院Frank Sander教授做了题目为“纠纷解决多样性”的发言，在他看来，纠纷解决的方式不只有诉讼一条门路，而是依据案件性质的不同存在多门路，如调解仲裁等。多门路法院理论的提出，隐含着正义实现方式的多元化，因此常被学界认为具有里程碑意义。③多元化纠纷解决机制的基本理念强调诉讼与非诉讼、国家司法制度与社会制度、国家权力与社会自治、国家救济与社会救济之间的相互配合与协调，最终达到纠纷的有效化解的目标。④

PPP的多元化纠纷解决机制的理想目标是发挥各种解纷方式的优势互补作用，通过快速高效地解决PPP纠纷，促使纠纷主体放弃对抗行为和消除对抗情绪，修复和稳定公私合作关系，恢复社会平衡和秩序稳定，实现权利保护和公平正义。

（三）PPP纠纷解决机制的基本类型

PPP纠纷解决机制的类型，也就是PPP纠纷解决机制的类型化，是为了更好地认识和了解PPP纠纷解决机制，进行有针对性的制度建设的需要。纠纷解决机制按照不同的标准，可以进行不同的类型化处理。例如，以纠纷解决程序的启动，是否需要取得各方当事人的同意为标准，可以将纠纷解决机制划分为强制性纠纷解决机制与选择性纠纷解决机制；以纠纷解决的方式（处理方式及其结果）为标

---

① 范愉：《纠纷解决的理论与实践》，清华大学出版社2007年版，第225—230页。

② 参见范愉：《非诉纠纷解决机制研究》，中国人民大学出版社2000年版，第18—29页。

③ Carrrie Mebkel-Meadow.Roots and inspiration：A Brief History of the Foundations of Dispute Resolution//Michael L.Moffitt and Robert C.Bordone，ed.. The Handbook of Dispute Resolution. San Francisco：Jossey-Bass，2005，p.19.

④ 龙飞：《论多元化纠纷解决机制的衔接问题》，《中国应用法学》2019年第6期。

准，可以将纠纷解决机制划分为合意性纠纷解决机制与决定性纠纷解决机制；以纠纷解决主体的性质及其规范依据为标准，可以将纠纷解决机制划分为公力救济、社会救济和私力救济三种基本类型。①本书按照纠纷是否通过诉讼方式解决纠纷，将PPP纠纷解决机制类型化为PPP纠纷的ADR②解决机制和PPP纠纷的诉讼解决机制。

1. PPP纠纷的ADR解决机制

PPP纠纷的ADR解决机制，也称审判外纠纷解决机制，是指凡是通过诉讼外的路径解决PPP纠纷的手段、程序和一系列制度的总称。纠纷解决过程，其实是通过当事人合意来重建社会共识（rebuild up the soclety consensus）的过程，也是对社会进行治理的过程。③社会治理的“共建共享”理念充分契合了新时期对社会纠纷解决的现实需要，充分吸收法院以外的各种社会力量，共同参与社会矛盾纠纷的化解。如此，不仅有效整合了各类纠纷解决资源，而且使纠纷解决的公信力得到有效提升。④就纠纷的解决而言，社会上无时不生、无处不在的纠纷不可能也没有必要都通过“诉讼”这一正式渠道解决，通过审判解决的纠纷不过是凤毛麟角，大量的纠纷是通过审判外的纠纷解决渠道处置的。因此，如果没有一套为人们所喜闻乐见的审判外纠纷解决机制，法律允诺给人民的权利和正义就难以兑现。⑤审判外纠纷解决机制的主要作用有以下四点：（1）减轻法院的案件负担以及昂贵的费用和诉讼迟延；（2）增加社会参与纠纷解决过程；（3）便利人民接近正义；（4）提供更有效的纠纷解决途径。⑥正因为ADR纠纷解决机制出现的必

---

① 参见王琦：《非诉讼纠纷解决机制原理与实务》，法律出版社2014年版，第10—13页。

② ADR解决机制兴起的主要原因是：法院案件云集而导致的诉讼迟延的严重化，使人们深感减轻法院负担的必要性；平等的权利保护理念深入人心，必须保证所有的社会成员有实现法律正义的途径；通过审判解决纠纷的处理方法就好像是零合集游戏，最好能避免这种僵化了的解决方式，而采取使当事人双方都能高度满意的统一性的处理方式；伴随着全球化的进程，涉及外国文化的法律不断增加，这些异化的多国间纠纷的解决，就更需要有一种法律文化中立性更强的非国家性纠纷解决方式。参见［日］小岛武司、伊藤真：《诉讼外纠纷解决法》，丁婕译，中国政法大学出版社2005年版，第1—2页。

③ 赵蕾：《现代调解制度之重塑——以社会契约理论和数字正义理论为基础》，载廖永安、胡仕浩：《新时代多元化纠纷解决机制：理论检视与中国实践》，中国人民大学出版社2019年版，第12页。

④ 廖永安：《以“共建共享”理念推进多元化纠纷解决机制改革》，《人民法院报》2016年7月5日。

⑤ 何兵：《现代社会的纠纷解决》，法律出版社2003年版，导言第2页。

⑥ 何兵：《现代社会的纠纷解决》，法律出版社2003年版，第104页。

然性和具有的这些优势作用，又加之PPP项目具有的公益性和合作性及纠纷的快速解决需求，使其在PPP纠纷解决机制中的地位日益凸显，成为PPP纠纷解决的优先选项。在一个公私混合的年代，纠纷解决手段的混合使用，乃至ADR手段的优先和大量应用将是一个常态，这是维护公共利益和合意解决纠纷的基本要求，更是有效化解纠纷、促进公私合作永续发展的脉门。

2. PPP纠纷的诉讼解决机制

自现代国家产生以来，国家逐渐垄断了纠纷的化解与解决权力，也就是国家设立了专门的司法机关通过审判的方式解决社会纠纷。诉讼解决机制自运行以来，以其裁判的权威性、公正性和强有力的执行性，被放置于法律纠纷解决体系的中心地位，也被认为是纠纷解决的终极性手段。就目前我国发生的PPP纠纷解决案件来看，诉讼机制仍旧是PPP纠纷解决的主要手段。这一方面是由于PPP纠纷案件的法律关系复杂、执行不易、争议标的额巨大，需要一个权威的机构遵守严格的程序和机制予以裁判；另一方面是我国解决PPP纠纷的ADR机制的手段和程序等不健全和不完善所致。但有一点必须注意的是，诉讼解决机制尽管目前占据了PPP纠纷解决舞台的中心，是PPP纠纷的重要解决机制，但在未来和PPP模式向纵深发展的阶段，它的用武之地并不大。

近年来，在解决PPP纠纷解决方面，也出现了一些复合性的PPP纠纷解决机制。复合性PPP纠纷解决机制就是将多种纠纷解决手段或机制进行适当的搭配、组合，发挥救济手段合力，高效解决PPP纠纷的解决机制，例如调解—仲裁、复议—诉讼等。复合性PPP纠纷解决机制与PPP纠纷解决机制的衔接并不完全相同。PPP纠纷解决机制的衔接是将两个或两个以上的纠纷解决机制按照先后顺序简单地对接起来，以确保纠纷解决和权利救济无漏洞；复合性PPP纠纷解决机制是将两个或两个以上的纠纷解决机制的优点集中起来，组合成一种新的纠纷解决机制，其目的是更好地一次性解决PPP纠纷。复合性PPP纠纷解决机制将是纠纷解决机制的发展新趋向，是PPP纠纷领域值得关注的纠纷解决机制。

最后要注意的是，以上的PPP纠纷解决机制中的具体类型有些是法定的，并非都能随意选择；也并非每一种PPP纠纷的最终解决都通过决定性裁决作出，有的也可以合意性作出。

第二节　域外PPP纠纷解决机制的考察与评析

一、域外PPP纠纷解决机制的考察

（一）英国PPP纠纷解决机制

英国系世界上最早提出并推行PPP（或PFI）模式的国家。但英国PFI项目发生纠纷的比例相当少，不到项目合同总数的10%，这得益于英国PPP合同签订履行的前期准备以及纠纷条款机制的完善。[①]英国2012年版的《标准化PF2合同》中的争议解决条款明确规定，PPP纠纷可以选择替代性纠纷解决方式（ADR）。《标准化PF2合同》规定将PPP项目争议解决分三个阶段：首先，双方协商；其次，若双方协商不成，任何一方通知另一方后，则提交争议裁决委员会作出专家决定；最后，若任何一方不满专家决定，可寻求仲裁或法院救济。原则上英国财政部要求在PF2项目合同中规定争议解决的程序，因为通过仲裁或者诉讼解决项目中的争议都不是最恰当的，合同中载明的替代的解决争议方式可以提供对争议双方来说更有效率、成本更低的争议解决程序及方式。[②]

在这些纠纷解决方式中，争议裁决委员会是争议解决的快速通道，亦是一种替代性解决机制。虽然英国将PPP合同纳入政府采购合同体系，但《标准化PF2合同》仍创设了争议裁决委员会作为PPP合同争议解决的快速通道，允许当事人将PPP争端提交仲裁解决，构建了多样化争议解决渠道。[③]争议裁决委员会解决PPP纠纷的程序如下：首先，于契约缔结生效后28日内缔约双方共同

① 黄志豪（Raymond Wong）：《英国PFI法律制度与实践研究》，华东政法大学2019年博士学位论文。

② 袁璨、朱丽军：《全球化视野下的PPP：政策、法律与制度框架》，中国法制出版社2018年版，第35页。

③ 马浩然：《PPP争议的替代性纠纷解决机制探究》，《黑龙江省政法管理干部学院学报》2021年第1期，第89—94页。

合意选出营造小组（Construction Panel）。其次，两个专家小组各应选出3名委员，遇争议时仅轮派裁定人1名负责，委员应是具备营造、施工、营运专业的专家，且须完全独立于承包商、主管机关、协力厂商及承包商和协力厂商的主要竞争同业者。再次，任何与合约相关之争议均应于契约双方协商不成后进入裁决，除非特殊情况，否则应于指派裁定人后28日内作出判断。复次，裁定人应于指派后7日内命双方提交书面意见，裁量是否举行公听会，同时也有权开启、审查并修订任何意见、证书、指示、决定或判断，并最终作出附理由之裁决。最后，裁决一旦作成除遭废弃、撤销或变更外，对契约双方均有拘束力，当事人不服须于收到判断后28日内提付仲裁。特别要注意的是，当事人双方不论争议性质均应持续遵守、奉行并履行所有契约义务，不能任意借口争议发生而拒绝履约。

（二）美国PPP纠纷解决机制

在美国，PPP项目争议与纠纷解决有多种方式，包括按照PPP合同约定的争议与纠纷解决程序处理、申请仲裁、诉讼等方式。如果争议方约定了解决纠纷的程序与方式，可以依据此约定进行处置。如果没有约定，或者对处理结果不满意，可以申请仲裁。由于PPP项目一般涉及基础设施领域较为复杂的大型项目，争端方可以选择相关领域的专家作为仲裁员组成仲裁庭，以保证仲裁庭有充分的专业知识对争端进行公平裁定。当仲裁程序符合规定且无重大瑕疵时，美国法律认可仲裁的终局效力，相关法院将强制执行仲裁裁定。[①]但在美国，政府作为合同一方时考虑到上诉问题，避免一裁终局，纠纷很少诉诸仲裁。[②]

美国的“争议解决法”（CDA）中规定PPP协议中的承包商皆有权起诉政府，其有权选择合同申诉委员会起诉，或者向美国联邦索赔法院起诉。但实践中承包商大多选择向合同申诉委员会起诉。此外，除涉合宪性、重大性公共政策问题、影响范围极大以及涉及非当事方等争议外，协议双方可以选择替代性纠纷解决机制以节约纠纷解决成本，提高解决效率，其具体形式包括和解、促谈、调解

① 袁璨、朱丽军：《全球化视野下的PPP：政策、法律与制度框架》，中国法制出版社2018年版，第78页。

② 高宁、唐俊麒、肖洒：《寻求PPP纠纷解决之道》，《经济参考报》2018年8月29日第8版。

等。部分立法甚至要求PPP项目合同中包含调解和仲裁条款。德州通过立法设立了PPP合同纠纷解决特别程序，该立法规定：私人部门可以就PPP合同纠纷起诉至专门法院，如胜诉则可获得不超过合同剩余价款的损害赔偿；在专门法院诉讼中私人部门无权要求间接赔偿、惩罚性赔偿、不当得利以及支付律师费等，这些诉求可以在普通诉讼或仲裁中得到支持。[①]但在美国，采用诉讼机制解决PPP纠纷的案件较少。美国PPP理事会主席E.桑德森·豪（E.Sanderson Hoe）指出："在美国，政府和社会资本合作协议都是经谈判的，直至今日，在政府和社会资本合作中罕有涉及美国政府和社会资本方的诉讼。"[②]

可见，作为解决PPP纠纷常用的仲裁和诉讼手段，美国极少使用，反而协商和谈判等ADR机制成为PPP纠纷解决的主渠道。

（三）法国PPP纠纷解决机制

法国PPP的类型较多，PPP协议数量不断增多。从合同规模上看，截至2015年2月，法国已经签订了548项PPP协议，数量在欧洲位列第一，合同金额高达120亿欧元，超过了PPP模式具有更悠久发展历史的英国。[③]如此大体量的PPP项目，难免会发生争议。法国解决这些争议的机制主要有诉讼机制和非诉讼机制，其中非诉讼机制主要有行政复议前置、专家调解和仲裁。法国允许PPP协议采用非诉讼纠纷解决机制，主要是基于如下两点考虑：第一，替代性纠纷解决机制有助于避免冗长的诉讼程序，从而更为高效地解决纠纷，也能缓解行政法院存在的"审判窒息"的现象；第二，PPP协议实践中，为了维护协议双方的友好合作关系，协议相对人往往更倾向于通过非诉讼的方式解决与行政机关的纠纷。[④]

1.诉讼机制

早在PPP立法之初，法国就将PPP项目合同定性为典型的行政合同，明确合

① 傅宏宇、张秀：《政府与社会资本合作（PPP）法律问题国别研究》，中国法制出版社2016年版，第298—299页。

② 高宁、唐俊麒、肖洒：《寻求PPP纠纷解决之道》，《经济参考报》2018年8月29日第8版。

③ 朱晓龙：《法国公私合作模式（PPP）及经验启示》，《经济研究参考》2017年第47期。

④ Denys de BéCHILLON，Philippe TERNEYRE，Contrats administratifs，Répertoire de contentieux administratif，Points 19-21. 转引自陈天昊：《法国PPP纠纷解决机制——在协议合法性与协议安定性之间》，《中国法律评论》2018年第4期。

同争议由行政法院处理。在法国，公共工程、公共劳务和公共供应契约的采购中，公布行为、选择候选人行为、最终分配契约行为、批准行为等经由行政机关做出的决定和采取的措施都是正式的行政行为，所产生纠纷由行政法院管辖。[①]在法国，特许权授予者与特许经营者之间的诉讼，一般是由行政法院管辖[②]。法国PPP合同纠纷引发的诉讼，无需在一个合作协议程序中，分割前后阶段，分别定性前阶段为公法性质，后阶段为私法性质；而是在一个PPP合同纠纷的程序中，根据不同诉讼种类，分别针对协议缔结决定和协议关系，适用越权诉讼和全面审判诉讼，来解决不同的法律关系所产生的各种纠纷。[③]

2. 行政复议机制

法国解决PPP纠纷的行政复议机制，是提起诉讼的必经程序，也就是我们所说的行政复议前置程序。具体是指，公共部门与私营部门发生争议时，私营部门不能直接向法院提起行政诉讼，而是直接向公共部门提出请求，即向政府提出请求或异议，在司法诉讼时效结束之前启动行政复议前置程序。[④]行政复议虽是提起诉讼的前置程序，但却是自主选择的。在法国PPP纠纷解决实务活动中，大家都普遍运用此规制。[⑤]

3. 专家调解机制

专家调解机制是PPP协议中约定的防止纠纷和解决纠纷的机制。根据法国2004年特别法令第十一条之要求，PPP协议中必须约定“防止纠纷和解决纠纷的机制”，这具体表现为基于双方当事人意思自治的专家调解机制。[⑥]最高行政法院的判例认为，协议约定的调解机制能够形成对双方当事人诉权的阻却，换言之，在双方当事人完成约定的调解机制之前，都不得提起行政诉讼。

---

① 丽芳:《政府采购合同诉讼救济制度探析》，四川大学法学专业2007年硕士学位论文，第24页。

② ［法］让·里韦罗、让·瓦利纳:《法国行政法》，鲁仁译，商务印书馆2008年版，第485—486页。

③ 张惠东:《公私协力契约——法国法与日本法的比较观察》，载陈春生编，《法之桥：台湾与法国之法学交会、彭惕业教授荣退论文集》，元照出版有限公司2016年版，第641—670页。

④ 徐琳:《法国公私合作（PPP模式）法律问题研究》，《行政法学研究》2016年第3期；马浩然:《PPP争议的替代性纠纷解决机制探究》，《黑龙江省政法管理干部学院学报》2021年第1期。

⑤ 徐琳:《法国公私合作（PPP模式）法律问题研究》，《行政法学研究》2016年第3期。

⑥ 陈天昊:《法国PPP纠纷解决机制——在协议合法性与协议安定性之间》，《中国法律评论》2018年第4期。

4. 和解程序

法国民法典第2044款规定，“和解协议就是合同，即合同方一致作出解决争议的决定，或者防止和预备随之而来的争议”。在PPP合同争议解决的适用上，可在提起诉讼程序前达成和解协议，也可在诉讼过程中由双方协商一致达成和解协议。在各种情况下，可以请求行政法院法官支持最终和解协议，也可以通过共同认可的决定来判决。

5. 仲裁机制

传统上，法国是禁止行政合同适用仲裁解决机制的。①但2004年特别法令明确允许PPP协议使用仲裁方式。②在PPP协议的实践中，仲裁方式并未得到行政机关的青睐，有法国律师在总结PPP纠纷解决机制时指出，“仲裁制度成为了2004年特别法令中被遗忘的一项制度（l'arbitrage est l'un des grands oubliés de l'ordonnance de 2004）”③。2015年特别法令对PPP法律制度作出了部分改革，就仲裁制度而言，第九十条限缩了PPP协议采用仲裁的条件，不再允许双方当事人自由约定在何种条件下采用仲裁，而规定中央政府签订的PPP协议若希望约定仲裁方式，必须由有关部委联合财政部共同向总理提交报告，由总理发布行政法规明确授权才能实施仲裁④。由此可见，运用仲裁手段解决PPP纠纷在法国几乎是不可能的事情，但其他的非诉讼机制越来越多。

---

① 相对于其他国家，仲裁（arbitration）则在法国使用得较少一些。公共部门放入它们的合同中的仲裁条款是没有法律效力的，但国际交易除外。参见［英］L. 赖维乐·布朗（L. Neville Brown）、约翰·S. 贝尔（John S. Bell）、［法］让-米歇尔·加朗伯特（Jean-Michel Galabert）:《法国行政法》，高秦伟、王锴译，中国人民大学出版社2006年版，第27页。

② Laurent Richer，Droit des contrats administratifs 9e edition，LGDJ Lextensoédition 2014，pp.288-289. 转引自陈天昊:《法国PPP纠纷解决机制——在协议合法性与协议安定性之间》，《中国法律评论》2018年第4期。

③ Noël Chahid-Nouraï、Avocat à la cour、Romaric Lazerges、Avocat à la cour，“La résolution des litiges dans les contrats de partenariat”，AJDA 2009，p.1925. 转引自陈天昊:《法国PPP纠纷解决机制——在协议合法性与协议安定性之间》，《中国法律评论》2018年第4期。

④ L'article 90 de l'ordonnance n° 2015-899 du 23 juillet 2015 relative aux marchés publics. 转引自陈天昊:《法国PPP纠纷解决机制——在协议合法性与协议安定性之间》，《中国法律评论》2018年第4期。

（四）德国PPP纠纷解决机制

德国深受国库理论[①]影响，具有由民事诉讼机制处理私人与国家因政府采购合同产生争议的传统。德国法中的政府采购合同可以由行政部门与私人或私法法人来签订。此类合同属私法范畴或是公法范畴，关键在于合同的标的物。行政主体在行政行为中引入契约型要素，本质上是合意的应用。德国学者提出政府采购合同法律关系之中的公法因素是可能存在的，20世纪中期，德国为了对行政合同加以确立，进行了相关立法，为了执行欧盟的救济法令，建立了两个层次的政府采购及其合同司法外的审查制度：一是签约行政审查机构，审查属于行政行为；二是组建签约复议委员会，委员会审查签约审查机构的决定，委员会属于准司法性质。[②]在德国，对于政府采购合同引发争议，已经融进了具有行政救济性质的争议解决机制，当然，德国仍然将民事诉讼作为政府采购合同纠纷的最终解决机制。[③]

但是，由于PPP所产生的纠纷，在德国的相关法律条文之中并没有较为统一的救济机制，也就意味着，此类纠纷通过行政法院或者普通法院并不一定能够得以有效解决。要根据对争议本身至关重要的法律法规的性质来确定是行政法院还是普通法院。也就是说，如果PPP是通过典型的公法合同方式缔结，则应诉诸行政法院；如果PPP合同的属性为私法，合同要素为工程、服务、采购或是出租合同，则由普通法院管辖。[④]另外，如果第三人对公权力机关针对PPP项目的分配程序有异议，根据《反不正当竞争法》的规定，应首先诉诸各州的分配委员会（Vergabekammer），这一机构像法院一样独立进行裁判；对于分配委员会的决定不服，当事人可以诉诸有关的州高等法院，但这个程序却是普通法院程序。[⑤]

可见，在德国，尽管没有统一的救济机制，但解决PPP纠纷的机制都比较正式、规范化，很少有民间性的ADR机制适用于PPP纠纷。

---

① 国库理论是指，国家作为一个主权者，具有至高无上的地位，而当国家参与民事活动时，涉及的主要财产法律关系要受到私法的制约，国家就成了国库，成为一个法人。

② 余凌云：《行政契约论》，中国人民大学出版社2000年版，第241—243页。

③ 唐小娟：《我国政府采购合同的司法救济途径》，兰州大学法学专业2009年硕士学位论文，第15页。

④ 蒋蔚：《部分国家关于PPP协议的法律制度安排情况》，《人民法院报》2017年9月1日第8版；赵宏：《德国公私合作制的制度发展与经验启示》，《行政法学研究》2017年第6期。

⑤ Juergen Kuehling，Grundprobleme von Public Private Partnership，ZJS 2/2011，S.117.

（五）意大利PPP纠纷解决机制[①]

意大利PPP纠纷解决机制以行政诉讼为主，同时鼓励替代的争议解决机制。

1.行政诉讼

在意大利，由于PPP合同在性质上被划归为行政合同，所以行政诉讼是解决PPP纠纷的主要途径。根据法律规定，在PPP项目中有关公共建筑、服务和供货的项目授予和技术管理活动程序上的争议，以及国家反贪局（ANAC）采取措施的争议，只能通过行政诉讼予以解决。但行政诉讼可以适用简易程序。在公共部门严重违反合同授予程序的情况下，行政法院可以宣告合同无效，并施以罚款、缩短合同时间等处罚，并且不影响作出赔偿损失之判决。可见，作为意大利PPP的争议解决机制的行政诉讼手段，主要适用于解决PPP程序方面的纠纷，主要目的在于约束公共部门在PPP合同缔结过程中的违法行为。

2.替代性的争议解决机制

除了行政诉讼之外，意大利也鼓励替代的纠纷解决机制。虽然PPP合同在意大利被纳入行政合同的范围，但是如果出现了合同履行过程中的主体权利方面的争议，可以采取行政诉讼之外的方式，主要包括民事法律中的和解和针对公共合同的特殊的仲裁。其中在意大利的《民法典》中，民事和解规定仅适用于除了诉讼之外没有其他的替代救济方式的情况。PPP纠纷双方都可以提出和解。如果合同的金额超过了10万欧元，或者是在公共工程的情况下超过了20万欧元，和解则要取得国家律师团的法律意见。和解必须具备书面形式，否则无效。

合同执行过程中关于主体权利的纠纷同样可以适用仲裁。招标单位在招标公告中，或者没有招标公告的情况下在通知里，要写明合同中是否包含仲裁条款。如果合同中没有仲裁条款，便不能采用仲裁的方式。如果合同中仲裁条款事先在招标公告中没有授权，那么这样的仲裁条款是无效的。PPP仲裁要接受意大利国家反贪局的监管。在意大利国家反贪局有一个公共合同仲裁室专门负责对仲裁的全过程进行监管。仲裁庭由5名仲裁员组成，争议双方可以根据相应的经验并且与争议的合同是否具有相关性来选择和拒绝接受仲裁员。仲裁员名录由公共合同仲裁室管理，仲裁员名录中的候选人要求非常高：必须是有资格在高级法官面前进行辩护的一般和特别的注册律师，或者具有最高法院议事室提名资格以上的律

① 本部分内容主要参阅罗冠男：《意大利PPP法律制度研究》，《行政法学研究》2017年第6期。

师；具有工程和建筑专业本科以上学历，从事相关专业10年以上，并且在相关名录中注册的技术专家；在法律专业或者在技术或者在公共管理方面的领导，在公共合同领域具有被证明的经验。

仲裁庭主席由国家反贪局中的仲裁室提名。仲裁员的提名要根据公开和轮流的原则进行。以下六类人员不能被提名：①现任的国家机关、军队的工作人员，或者国家的律师和检察官；②在三年内曾经担任过案件仲裁员和辩护人的人，除非是为了完成法院指定的辩护义务；③曾经对提起仲裁的一方在民事、刑事和行政诉讼提起过诉讼的人；④曾经对争议的案件表达过观点的人；⑤曾经监管、验收过工程的人；⑥曾经参与过争议的程序的人。仲裁庭提名后，仲裁室对仲裁的要求和原因都要进行审查，除了仲裁庭成员之外，仲裁的秘书一般也指定国家反贪局内部的工作人员。

仲裁的程序遵从意大利《民事诉讼法典》和新《公共合同法典》的规定，仲裁的结果是不可异议的，除非违反法律而无效。无效的异议可以在仲裁结果公布之后的90日提出。

综上，在意大利的PPP纠纷解决机制中，除了行政诉讼之外，还有民事和解和仲裁机制。民事和解和仲裁机制主要解决主体的权利义务纠纷，这反映了意大利不再囿于单一的行政争议解决机制，呈现出多种纠纷解决机制共同适用的趋势。

二、域外PPP纠纷解决机制的评析

通过分析域外PPP纠纷解决机制，可以发现，首先，西方国家PPP纠纷解决方式的不同，并不是因为这些国家对PPP项目本身认识存在差异，而是缘于其基于本国法律传统和现有法律规范对PPP合同实施法律引导的结果不同。不论具体方式，其基本路径是十分明确的，一种是通过强化PPP合同中的行政因素，将合同争议吸收到行政诉讼中加以解决；另一种是通过制度化的构建，将PPP合同中的行政因素尽可能抽离合同本身，从而实现合同争议的私法解决。[①]其次，英美法系国家都比较擅长采用非诉讼机制解决PPP纠纷，而大陆法系国家都擅长采用

① 秦树东：《PPP争议解决："二阶+多层"的多元争端解决机制构建》，《税务与经济》2019年第6期；郑雅方：《论我国PPP协议中公私法律关系的界分》，《行政法学研究》2017年第6期。

诉讼尤其是行政诉讼手段解决PPP纠纷。产生这些差异的原因可能是英美法系国家的ADR机制比较健全、发达，能直接适用各种纠纷案件；而大陆法系国家的行政法院具有审理合同案件的成功经验和做法。最后，仲裁作为解决PPP纠纷的手段没有引起重视。从上述几个国家对仲裁机制的规定和实践来看，英国和意大利明确将仲裁作为PPP纠纷解决机制，并也不断实践着，然而法国、德国和美国基本上不适用或很少适用仲裁解决PPP纠纷。

上述对英国、美国、法国、德国、意大利等域外PPP项目合同纠纷解决机制的考察，给我们以下启示：第一，PPP纠纷是一种非常复杂的纠纷类型，公私纠纷交错，难以辨明，而且PPP纠纷是一个PPP纠纷群，既有群内纠纷，又有群与群间的纠纷，因此为了妥善解决PPP纠纷，各国建立了包括诉讼和非诉讼机制在内的多元化PPP纠纷解决机制，以增强社会资本参与PPP项目的信心，推动PPP事业行稳致远。第二，为了有效预防和化解PPP纠纷，充分体现合意，快速解决纠纷，法律上应该要求PPP协议中必须约定“有效预防和化解PPP纠纷的机制”。第三，各国争议解决方式，均立足各国国情，包括但不限于经济发展水平、司法传统、PPP争端解决实践探索、纠纷解决能力等，不搞“一刀切”，只要有利于PPP争端解决并且不违背现行法律法规都可以采取并值得鼓励，对于我国来讲，也是如此，不能简单地实行“拿来主义”，而应结合我国实际情况，进行有意义且富有实践价值的借鉴和探索。[①]

① 杜梦秋：《PPP项目合同争议解决的法律问题研究》，东南大学法学专业2017年硕士学位论文，第17—18页。

第三节 PPP纠纷解决机制存在的问题

自2014年以来，PPP项目飞速发展，也催生了大量的PPP纠纷。截至2021年6月18日，经过在中国裁判文书网上以“BOT”“PPP”为关键词进行搜索①，发现近年来，PPP案件数量不断增多，2013年至2021年6月分别审结24件、118件、159件、245件、471件、566件、801件、647件、75件，2019年案件数量高达801件，上升41.5%。从PPP引发的纠纷看，纠纷的绝对数量逐年呈上升趋势，从2013年的24件到2019年的801件，案件数量增长率达到323%。但也能够看到进入2020年和2021年，由于受到新冠肺炎疫情影响和国家加强对PPP的监管，PPP案件的增长数量有所下降，截至2021年6月底，仅有75件纠纷案。全国PPP纠纷主要集中在供热、污水处理、道路工程、车站项目、垃圾收运体系市场化运作项目、学生公寓、体育场、棚户区改造等公共工程。随着片区开发、海绵城市、特色小镇、旧城改造等建设过程中PPP模式的应用，这方面的纠纷也日益增多。

面对PPP体量的日益增大和纠纷的日益增多之现实，我国的纠纷解决机制却因为各种因素难以有效应对。不及时和彻底地化解和解决PPP纠纷，不仅会打击社会资本投资PPP项目的积极性，也会损害公共服务高质量与高效提供。综观我国的PPP纠纷解决机制，主要存在以下问题。

一、纠纷解决规范相互矛盾

《行政诉讼法》将公民、法人或者其他组织认为行政机关不依法履行、未按照约定履行或者违法变更、解除政府特许经营协议、土地房屋征收补偿协议等协议提起的诉讼纳入法院行政诉讼审查范围，立刻引发巨大争议。有学者解释为此类争议只能通过行政诉讼解决，也有学者认为《行政诉讼法》仅是提供了一种权

① 以下数据是本书作者自己通过中国裁判文书网站整理的数据，仅供参考。

利救济途径，并不排除其他形式的维权方式。就在此背景下，发展与改革委员会和财政部作为国家推进PPP发展进程上起绝对领导作用的两大部门，先后出台了大量的规范性文件。就这些规范性文件来看，争议解决规范存在一定矛盾，这些矛盾不仅体现在与《行政诉讼法》的矛盾，也体现在规范性文件之间的冲突。财政部《PPP项目合同指南（试行）》中明确规定："就PPP项目合同产生的合同争议，应属于平等的民事主体之间的争议，应适用民事诉讼程序，而非行政复议、行政诉讼程序。这一点不应因政府方是PPP项目合同的一方签约主体而有任何改变"，该规定将PPP项目合同认定为民事协议，应当采用民事纠纷的争议解决机制，即协商、专家裁决、仲裁、民事诉讼。财政部的这一观点一贯是明确的。而国家发改委会的文件却略有矛盾，其颁布的《政府和社会资本合作项目通用合同指南》（2014年版）第七十三条规定中指出，针对协议相关职责与义务履行过程之中所出现的争议，通过协商或者调解难以有效解决的，当事人可以通过约定仲裁或者诉讼进行处理，既然可以"约定"，自不待言，可以约定的肯定是民事纠纷而不是行政纠纷。根据由发改委牵头起草的《基础设施和公用事业特许经营法（征求意见稿）》第四十四条的规定，由特许经营协议所导致的争议可以划分为民事争议和行政争议两个方面，在争议解决的过程之中应当选用仲裁和民事诉讼、行政复议和行政诉讼的方式解决。由此可见，财政部、发展与改革委员会意见并不一致，并且，国家发展和改革委员会的观点还时有变化，并非择一而终。

二、难以发挥调解机制的长处和优势

我国的调解机制网络十分发达，既有纵向调解，又有人民调解、行政调解、诉讼调解等，可谓四通八达。据报道，2014年全国法院系统民事案件一审调解和撤诉结案数量占总案件数量的57%之多，[①]由此可知，调解在纠纷解决中起到了巨大的促进作用。《行政诉讼法》第六十条也规定，人民法院审理行政案件，不适用调解。但是，行政赔偿、补偿以及行政机关行使法律、法规规定的自由裁量权的案件可以调解。由此可见，调解机制在实践中的运用是非常广的，也是常用的一种纠纷解决手段。但是由于我国的调解种类太多，也导致程序混乱、范围不清，

---

① 马剑：《实现审判服务经济社会发展的新常态——2014年全国法院审理民商事案件情况分析》，《人民法院报》2015年5月4日。

有时片面追求和谐和调解率，也导致乱调解、违背当事人意愿进行调解等弊端，从而也使得调节机制的运用大打折扣。PPP纠纷具有不同于一般社会纠纷的特点，也即具有关系复杂、纠纷技术性强、周期较长、标的额巨大且涉及公共利益之特性，导致通常运用于关系较为简单、涉及私人利益，且争议标的小的调解手段难以发挥其长处和优势，因此，实践中发生PPP纠纷一般都是选择正规的诉讼渠道予以解决，而不是调解。如果政府特许经营纠纷必须通过行政诉讼途径解决，将在很大程度上限制调解的应用。PPP项目涉及基础设施和公共服务领域，事关社会公共利益，如果能够适用调解结案，势必能够尽早“定分止争”。调解有助于修复和维护政府和社会资本方之间良好的合作关系继而实现双赢。[①]因此，若想发挥调解制度的长处及优势，恐怕要重新构建适合PPP纠纷解决的专门调解机制。

三、仲裁解决争议存在障碍

仲裁是解决PPP纠纷的好方法。但长期以来，学者普遍认为仲裁仅是解决民事纠纷的手段，而非解决行政纠纷的手段，由于PPP纠纷中既有行政纠纷，也有民事纠纷，甚至有一些根本无法辨别性质的纠纷，从而认为PPP纠纷不能适用仲裁机制予以解决。最高人民法院《行政协议解释》对此做了很好的注解，该解释第二十六条规定，行政协议约定仲裁条款的，人民法院应当确认该条款无效。又根据该解释之规定，PPP协议符合行政协议特征的都是行政协议，从而导致在我国PPP纠纷中适用仲裁解决纠纷存在一定的制度障碍。从我国的司法实践来看，我国人民法院也是不承认行政协议中约定的仲裁解决机制，例如在陈某某、蒋某某诉浙江省青田县人民政府房屋征收办一案中（一审2017浙1124行初97号行政裁定书；二审2018浙11行终11号行政裁定书），蒋某某与青田县人民政府房屋征收办约定的将货币补偿协议争议提交丽水市仲裁委员会进行仲裁，最后被二审法院认定不属于《仲裁法》的调整范围，间接否定了仲裁条款的效力。然而从世界范围来看，采用仲裁机制解决PPP纠纷基本上是世界通例。

一方面，PPP争端提交仲裁可能缺乏上位法依据。目前仅有财政部及发改委发布的指南性文件规定了PPP合同争议可采用仲裁方式解决，但指南仅为指导性

---

① 江国华：《政府和社会资本合作项目合同性质及争端解决机制》，《法商研究》2018年第2期，第9—10页。

法律文件，法律效力层级较低，目前采用仲裁方式尚不具备更高位阶上位法支撑，导致仲裁机构能否受理PPP纠纷具有极大不确定性。另一方面，根据《仲裁法》[①]规定，依法应当由行政机关处理的行政争议不属于仲裁的受案范围，由于目前关于PPP合同及其所引发争议性质不明，行政协议司法解释并未将所有PPP协议纳入行政诉讼管辖，因此仲裁裁决有可能因超出仲裁范围而面临撤裁或不予执行的风险。此外，因政府违约行为引发的PPP协议争议，往往还需要探究该行为是否属于具体行政行为或是否存在具体行政行为，显然仲裁庭无法对政府具体行政行为进行审查，否则也将超出仲裁的受案范围和审理权限。[②]

四、司法裁判观点冲突

由于行政审判人员和民事审判人员的审判思维和价值取向不同，使得行政审判通常注重合法性审查及公共利益的保护，而民事审判注重效力性审查及当事人意思自治，致使案件的裁判结果不同。实践中有的法院将PPP合同纠纷判为行政合同，有的将PPP合同纠纷判为民事合同，适用不同的准据法，作出了不同的判决。甚至对于同一个案件不同的法院对纠纷的裁判结果也不相同，例如在和田市人民政府与和田天瑞燃气有限责任公司合同纠纷案中[③]，一审法院根据案涉特许经营合同中的民事因素，以及政府方以《合同法》为依据的解约行为，认为本案属于民事纠纷，应按民事诉讼程序处理。二审法院则认为不能因行政许可系因合同方式取得而否定特许经营权授予的行政许可性质，不能因案涉合同和讼争法律关系的民事因素性质就否认特许经营权解除行为的行政行为性质，不能因政府方按《合同法》而非行政法律法规撤销特许经营权就认为本案属于民事纠纷，由于定性不同而作出了不同裁决。

行政协议司法解释出台后，根据行政协议司法解释规定，行政协议案件应当适用行政诉讼法的规定，只有符合行政协议的PPP纠纷案件才能适用行政诉讼法解决。如此一来，在审判过程中，法官依然需要首先判断哪些是符合行政协议的

① 《仲裁法》第三条规定："下列纠纷不能仲裁：依法应当由行政机关处理的行政争议。"

② 马浩然：《PPP争议的替代性纠纷解决机制探究》，《黑龙江省政法管理干部学院学报》2021年第1期，第89—94页。

③ 案件来源：（2014）民二终字第12号。

PPP协议，从而才能决定是采用行政诉讼还是民事诉讼，故认定不同，裁判冲突还是在所难免。最后，即使将PPP协议产生的纠纷全部纳入行政诉讼程序，从而解决裁判冲突，不仅成本高昂、审判周期长，且诉讼程序一旦启动，往往很难终止，甚至也可能存在“审判窒息”现象，在此期间难免影响PPP项目的推进和公共服务的不间断提供。

五、PPP纠纷解决机制衔接不畅

仅靠单一手段或机制实现纠纷的有效解决仅是一种理想。PPP纠纷的解决并非单一手段能应付得了的，而是要发挥多元的救济手段方能克其功，也即各种纠纷解决手段需要相互配合、相互协调，发挥综合效力，才能有效彻底地解决纠纷。我国解决PPP纠纷的解决机制之间，首先，“缺少统一性的规划，未能从纠纷解决角度来总体把握各个解纷机制间的分工、协调和合作，各种解纷机制间缺少应有尊重与沟通”①，导致有些手段之间尚不清楚如何衔接，例如行政裁决和行政复议、行政裁决和仲裁等。其次，各种ADR纠纷解决手段和诉讼手段也衔接得不是很好，特别是由于对诉讼机制和非诉讼机制两者之间的关系的认识模糊，导致衔接互补的具体制度设计存在不足，“非诉讼解决结果还有待于得到社会应有尊重，效力需要得到司法保障”②。更有些纠纷解决机制的程序和方式之间还存在某种无序的竞争，有些甚至可能存在混乱和冲突。如此这些，导致PPP纠纷解决机制“不能发挥它们各自的功能和整体效益，不能实现效益的最大化和纠纷解决方式及其选择的多元化”。③

综观我国的PPP纠纷解决机制，虽然有非诉讼和诉讼多种方式，但是在功能定位、权限划分、决定或者裁判效力等方面缺乏整体的设计和考虑，因此并没有发挥出系统性的功能优势。各种方式之间尚未形成一个良性互动、功能互补、程序衔接、彼此支持的有机体系。④

① 耿宝建：《行政纠纷解决的路径选择》，法律出版社2013年版，第113页。

② 贺荣：《行政争议解决机制研究》，中国人民大学出版社2008年版，第76—77页。

③ 耿宝建：《行政纠纷解决的路径选择》，法律出版社2013年版，第113页。

④ 沈恒斌：《多元化纠纷解决机制原理与实务》，厦门大学出版社2005年版，第14页。

第四节　我国PPP多元纠纷解决机制的法律构造

PPP多元化纠纷解决机制法律构造的重点是“满足当事人的多元利益及选择自由，为不同类型的纠纷提供最适当的解决途径，避免纠纷途径的单一化”[①]。从理论上而言，广义的多元化纠纷解决机制不仅包括ADR纠纷解决机制和诉讼纠纷解决机制，也包括ADR与诉讼之对接机制。正因如此，我国PPP的多元化纠纷解决机制的法律构造也就重点关注PPP纠纷解决中的ADR机制、诉讼机制、ADR与诉讼之对接机制等规范构造。

一、PPP纠纷解决的ADR机制之法律构造

在PPP案件中，由于每个PPP案件的实际建设与运营状况不同，即使在同一类PPP案件中，双方所约定的权利义务，也可能有所不同。从而使得PPP案件的建设经营而衍生的纠纷，亦形形色色，一旦发生纠纷，PPP项目的政府部门与私人部门双方，并不一定要到法院诉讼，对簿公堂，以至于两败俱伤。[②]又因为PPP项目的专业性和公共利益保护的紧迫要求，需要纠纷的迅速裁决性，从而使得PPP公私两造间发生的纠纷采用诉讼手段解决并非最佳路径。由此，为了有效解决PPP纠纷，维护公共利益和私人权益保护，具有专业、快速、高效解决纠纷的ADR机制逐渐被引入作为PPP纠纷解决的优选手段。在缺乏诉讼可能性或不愿诉讼的情况下，导入调解、仲裁、复议等裁判外纠纷解决（ADR）机制预防和化解PPP模式运行中的各种纠纷也许是一个不错的选择。但由于我国的ADR机制存在许多问题，因此要想高效且迅速地解决PPP纠纷，必须结合PPP案件表征对传

---

① 范渝等:《多元化纠纷解决机制与和谐社会的构建》，经济科学出版社2011年版。

② 吴光明:《从BOT项目件谈诉讼外争议解决（ADR）机制》，载台湾地区法学会:《台湾法学新课题》(十二)，元照出版有限公司2016年版，第88页。

统的ADR纠纷解决机制进行重塑。笔者认为PPP纠纷解决的ADR机制主要包括早期警告、建立伙伴关系、公证、争议处理委员会、行政裁决、行政复议、仲裁等，以下就每种PPP纠纷解决的ADR机制的法律构造予以阐述。

（一）早期预警

早期预警是指一旦发现可能出现诸如增加PPP合同价款、推迟竣工、工程使用功能降低等问题，政府方和社会资本方均应立即向对方发出早期警告。PPP合同各方应当共同召开早期预警会议。在会议中，各方研究并提出解决措施，以避免或减少该问题的影响，寻求对将受影响的各方均有利的解决办法，并决定最终应采取的措施。早期预警的目的就在于尽早、尽快地将可能影响PPP项目的成本、竣工时间、工程质量等的事件暴露出来，通过协商会议的方式在考虑PPP协议各方利益的基础上寻找解决问题的最佳途径。政府方和社会资本方均有权发出早期预警，且任何一方均可在对方同意后要求其他人员参加早期预警会议。如果某一方依照惯常经验可以发出早期预警而未发出，其应承担的后果是被削减甚至丧失补偿费用。①

早期警告是避免PPP纠纷的重要手段。早期警告要求，如果协议一方认为已经发生的事件或其打算提出的权利要求有引起纠纷的可能，应尽快提请对方注意这些事件或权利要求。权利要求有可能使对方感到吃惊，因而使对方产生不满和故意忽视这些事件或权利要求，因此拖延提出权利要求是冲突的根源。不仅如此，拖延提出权利要求还会提出具体量化的权利要求和必要的证据。为使早期警告的规定得到有效执行，协议要规定不遵守这些规定的制裁措施，如丧失提出要求的权利或增加提供证据的责任。在PPP项目中，早期警告常常能够避免涉及可能对基础设施或公共服务的质量产生不利影响、提高成本、导致拖延或危及服务的连续性的事件。因此，在整个PPP项目的有效期限内，早期警告条款都应发挥作用。

（二）建立伙伴关系②

建立伙伴关系也是避免PPP纠纷的有效机制。建立伙伴关系的目的是从PPP

---

① 英国的新工程合同（New Engineering Contract）的纠纷解决方式中引入了早期预警程序，用以消除纠纷隐患和解决纠纷。参见罗凤、向科：《英国土木工程师学会NEC合同及其特点》，《四川建筑科学研究》2005年第3期。

② 顾功耘主编：《当代主要国家公私合作法》，北京大学出版社2017年版，第135页。

项目一开始就通过当事人共同制定的正式手段，在项目涉及的所有主要当事方之间建立一种信任、配合与合作气氛。建立伙伴关系有助于避免PPP纠纷，促使当事方为实现PPP项目的目标而高效地工作。伙伴关系通常是由订约政府方召集，在由项目主要当事方参加的工作会议上确定的。最初的工作会议确定对伙伴关系概念的共同理解，界定所有当事方对项目的目标，并制定快速解决关键问题的程序。在工作会议结束时，与会者起草并签署一个“伙伴关系规约”，表示他们承诺为PPP项目的成功实现而协同工作。这种伙伴关系规约通常包括一个旨在确定权利要求和解决其他问题的程序，首先是要尽早和尽可能在最底层的管理部门解决问题。如果在特定时限内没有达成解决办法，就将问题提交至上一层管理部门。只有在负责PPP项目的若干人没有达成一致意见时才请局外人参与。

（三）建立公证纠纷解决机制

1.公证纠纷解决与预防机制

在传统的认识当中，公证的目标和作用通常被归纳为防止纠纷、减少诉讼、维护当事人的合法权益。在新时代，公证成为一种重要的纠纷解决机制。2016年6月28日，最高人民法院发布的《关于进一步深化多元化纠纷解决机制改革的意见》，明确将公证作为一种重要的纠纷解决机制的手段。“事实上，公证化解矛盾的作用更加符合中国的传统价值观念，更有利于从根源上化解纠纷。既拓展了公证制度的功能，又丰富了矛盾化解多元机制的内容。”[①]“法律制度，不仅要单纯地救济受害人，也应认识到必须使之成为预防受害的一种积极手段。”[②]PPP合作契约的履行是一个漫长的过程，在这个漫长的过程中纠纷的产生在所难免，为了快速地预防和解决纠纷应该发挥公证制度预防和化解纠纷的功能。具体而言，由公证人员对相关纠纷提前进行调解处理，经调解达成协议的，由公证处出具相应公证文书，此类案件不再进入行政复议和诉讼程序，实现公证替代复议、诉讼的作用。对当事人未能达成协议或无法通过公证程序解决案件，由公证机构出具含有相关法律事实和争议焦点的公证法律意见书，将相关案件材料送达行政复议机关

① 岳彩申：《发挥公证化解纠纷之作用，构建多元化纠纷解决体制》，载《多元化纠纷解决机制之公证价值》，法律出版社2018年版，第17—18页。

② ［意］卡佩莱蒂：《福利国家与接近正义》，刘俊祥等译，法律出版社2000年版，第274页。

或人民法院，行政复议机关和人民法院原则上不再进行调解，使部分案件在诉前以公证方式解决，减轻行政复议机关和人民法院的压力。

2. 公证的强制执行机制

公证是由公证人证明人民间特定的法律行为或私权事实成立或存在，并证明其内容真实性的法律行为；契约一旦经公证后，除具有极强证据力及抄录便捷之外，对当事人而言，一旦对造违约，则可径依强制执行，直接对他造之财产申请强制执行，而无需漫长的诉讼程序。政府机关最烦恼者乃民间机构在契约签订后，因故不给付或不完全给付，以致诉诸法庭，不唯旷日废时，原订之公共建设或公共服务完工之日也遥遥无期，因此，如果能在合作契约中，让私人部门承担直接强制执行之压力，则对日后PPP过程的全面履约，定有助益。

在PPP模式中，最优申请人应该在履约保证金缴纳后，完成签约及公证手续，若未能在法定期限内完成，可以予以延长期限，或通知该最优申请人丧失资格，并由次优申请人递补之，无次优申请人或次优申请人未能签约时，政府可以重新招标。PPP合作契约自中标人缴交履约保证金并依法公证后生效，若中标人于契约期满或终止契约拒不返还营运资产、不按期给付特许经营费或有其他违约情事时，同意径受强制执行。PPP项目实施机关应该指定PPP契约的签订日期，并协助中标人完成合作契约的签订及公证事宜。中标人缴交“履约保证金”后，应于实施机关在法定期限内签订PPP合作契约，并同赴公证处完成公证程序，公证费由中标人负担，本合作契约方始生效。

（四）争议处理委员会纠纷解决机制

1. 争议处理委员会机制的概念与形态

争议处理委员会（Dispute Board，DB）机制是指在当事人缔约时成立，并于契约执行期间持续运作之独立组织，由一位至三位透彻熟悉契约条款与履约方式之委员组成，于当事人请求时，以提供专业建议或裁决之方式，协助当事人解决契约执行中的纷争歧见。[①]争议处理委员会机制的特点是在契约的执行发生问题或歧见时即涉入，一则可以缓和当事人之间的矛盾，体现专业判断的优势；二则容易推动工程的继续进行，避免歧见矛盾累积至仲裁或者诉讼，以即时达到

① ICC DB Rules前言。

解决纷争及管理契约之效。[①]正因如此，争议处理委员会机制被国际商会、世界银行、国家咨询工程师联合会（FIDIC）及部分国家积极提倡和大力推动，例如英国、美国、土耳其等国家。一般而言，争议处理委员会机制可分为争议审查委员会（Dispute Review Board，DRB）和争议裁决委员会（Dispute Adjudication Board，DAB）两种形态。[②]根据国家商会（ICC）“争议处理委员会规则”（ICC DBRs），“争议审查委员会”（DRB），系针对个别争议依当事人请求而作成“建议”（recommendation），当事人可以自由选择是否依该建议履行，如果当事人未在收到建议后30日内，以书面提出异议（dissatisfaction），则该建议对当事人双方发生拘束力。当事人应即依“争议审查委员会”的建议履行契约，且不得再提出异议，倘若当事人之一方在建议发生拘束力后，虽未提出异议，但同时也未依建议履行契约，则他方当事人得依仲裁或诉讼程序请求履行建议（ICC DBRs第四条）。“争议裁决委员会”，则是针对个别争议，“争议裁决委员会”应依当事人之请求作成“裁决”（decision），该裁决自当事人收受时即刻发生效力，即使当事人在收到裁决后30日内提起异议，亦同，除非该项争议最终经过仲裁或诉讼并作成相反之结果，否则该裁决对双方当事人持续发生拘束力。倘若当事人之一方在收受裁决后，并未依其内容履行契约，则他方当事人亦得依仲裁或诉讼程序请求履行（ICC DBRs第五条）。“争议评审委员会”和“争议裁决委员会”两种组织之权限，略有不同。争议裁决委员会与争议审查委员会在属性上基本一致，最关键的区别是，除非合同一方当事人明确表示对裁决不服并且通过当事人双方的协议或者申请仲裁解决争议，否则，争议裁决委员会所做的裁决对缔约双方具有约束力。[③]

① 颜玉明：《采用争议审议机制及早预防与解决工程契约争议之研究》，《政大法学评论》2012年第129期，第1—73页。

② 其实，根据国家商会规则，争议处理委员会还有第三种形态，也即“结合式争议委员会”（Combined Dispute Board，CDB），它是指CDB原则上仅针对个别争议提出“建议”，此时应依DB Rules第四条规定办理，但本委员会亦得在他方未表示反对建议的情形下，经当事人之一方申请后作成决定，如经作成“决定”，当事人自愿依据DB Rules第五条规定，履行该决定之内容。倘若他方反对作成决定，则争议审查/裁决委员会应就是否作成决定，抑或作出建议，作成最终决定。

③ Issaka Ndekugri; Peter Chapman; Nigel Smith; Will Hughes，Best Practice in the Training, Appointment，and Remuneration of Members of Dispute Boards for Large Infrastructure Projects，JOURNAL OF MANAGEMENT IN ENGINEERING，2014（30），pp.185-193.

以上争议处理委员会的两种形态在现代国家和国际组织中都有采用，但其并非完全相同。美国的争议审议机制多采用DRB模式，英国多采用DAB模式，FIDIC采用DAB模式，也称DB，世界银行采用DRB模式，但效力为DAB。但即使是采用同一形态的国家和国际组织，争议处理委员会的具体运作模式也并非完全相同。

2.争议处理委员会机制产生背景

争议处理委员会系发源于专家意见之概念。[①]专家决定，在英国系源自其17世纪、18世纪的估价人制度。[②]当时一些土地买卖事件因价格问题发生纠纷，由于事情涉及专业意见，因此当事人协议求助于专家，透过市价专家的估价，快速获得解决；后来演进为使专家意见更具有权威性，专家意见慢慢发展为具有约束力的专家决定。这种机制后来也被运用到其他标的物交易的价格争议及其他诸如货物品质等争议事件，和股票价值的评估。[③]根据现有文献显示，“争议处理委员会”机制的历史，最早可以追溯到美国华盛顿州在20世纪60年代兴建的边境水坝工程（the Boundary Dam in Washington）。其制度建立的理论基础，在于“互助合作”（Partnering）以及“项目独立”（Project Neutral）两个基本观念上，前者指业主与承包商之间，放弃对抗式的纷争处理方式，而改以互助合作的方式、态度解决工程进行中，各项可能产生的争议；而后者，则系为了达成前揭目标，并且考虑到个别工程案件都有其独立性与特殊性，因此，双方当事人乃将纷争解决的权限，透过契约约定的方式，委由一个公正、独立的委员会来行使[④]，透过该委员会在工程初始即开始进行的例行的工地巡视、沟通会议，充分了解工程进度，确保在具体争执发生时，得以最充分的知识为双方当事人提出解决纷争的意见（不论其性质属于“建议”还是“裁决”）。[⑤]

① 颜玉明：《采用争议审议机制及早预防与解决工程契约争议之研究》，《政大法学评论》2012年第129期，第10页。

② 转引自蓝瀛芳：《解决工程争议另一条路》，《营建知讯》2008年总第310期，第68—72页。

③ 转引自蓝瀛芳：《解决工程争议另一条路》，《营建知讯》2008年总第310期，第68—72页。

④ See Steven S.Pinnell，How to Get Paidfor Construction Changes：PreparationResolution Tools and Techniques（New York：McGraw-Hill，1998），pp. 121-122.

⑤ 古嘉谆：《争议裁决委员会（Dispute Adjudication Board）机制之研究——以FIDIC 1999年红皮书为例》，载古嘉谆等主编：《工程法律事务研析》（二），元照出版有限公司2006年版，第325—326页。

由于此项纠纷解决机制效果显著，随后英美等国家竞相采用，几个著名的国际工程机构也逐渐在其颁布的契约模板中，建议当事人将“争议处理委员会”的设计纳入纷争处理条款中，例如FIDIC在1996年、1999年红皮书内，均明确建议当事人采取“争议裁决委员会”机制解决纷争，而在最新出版的2005年MDB版红皮书中，除了继续援用此项机制外，还将该委员会的名称改为“争议处理委员会”（Dispute Board），总部设在英国的“土木工程师协会”（Institution of Civil Engineers，ICE）也在2005年公布“争议评审委员会程序规则”（Dispute Resolution Board Procedure），采取与FIDIC相类似的设计。时至今日，争议委员会裁决程序（Adjudication）已经俨然成为一种新形态的替代性纷争解决机制，而与调解、调停、调仲等制度，具有同等重要性的地位。①

3.争议处理委员会解决PPP纠纷的优势

争议处理委员会最初主要是解决工程领域的合同纠纷案件，比较适合采用DAB/DRB机制的案件具有以下特性：涉及专业性；以里程碑方式执行契约；工期长；工程契约总价高。②在我国，PPP纠纷案件也符合采用DAB/DRB机制的案件特性。PPP项目一般都是公认的专业性较强、工期较长、合同价款非常大的基础设施和公用建设案件，因此，PPP项目一般也适合采用DAB/DRB机制快速解决纷争。使用争议处理委员会机制解决PPP纠纷具有众多优势。

（1）能够及早预防和有效解决纠纷。纠纷的发展一般要经历潜伏、被认识、被感觉、处理和结局五个阶段，从纠纷解决的成本和效果来看，越早处理成本越低，难度越小，效果越好。③争议处理委员会一般是在PPP合作契约签订时设立的纠纷解决组织，它能够在纠纷发生的初期捕捉到纠纷发生的肇因和双方的分歧点，能够及时地采取有效措施预防纠纷和防止纠纷的进一步扩大。如果已经出现纠纷，由于争议处理委员会非常了解纠纷产生的原因、过程和双方争议的焦点，从而能够提出有针对性的化解纠纷的方法和措施，有效地消弭纠纷，快速地稳定政府与社会资本方的合作关系。例如，以英法海底隧道为例，它是世界上目前规模最大的利用私人资本建造的PPP项目，工程总投资103亿

① 古嘉谆：《争议裁决委员会（Dispute Adjudication Board）机制之研究——以FIDIC 1999年红皮书为例》，载古嘉谆等主编：《工程法律事务研析》（二），元照出版有限公司2006年版，第328页。

② 查心如：《论争议审查委员机制与工程争议预防》，台湾世新大学法学院2003年硕士学位论文。

③ 廖永安、江和平：《构建中国特色多元化纠纷解决机制》，《人民法院报》2021年4月6日第2版。

美元，有16件争议提送争议处理委员会（DAB/DRB），有13件直接得到解决，仅有3件再以其他的争议程序来解决。再例如洛杉矶高速公路工程，25件争议提送争议处理委员会，25件全部由争议处理委员会圆满解决，没有1件纠纷进入其他的争议程序。再例如，波士顿岛际隧道工程，36件争议提交争议处理委员会，有36件解决，0件进入其他的争议程序。再例如我国二滩水力发电站的工程，工期自1991年到2000年约有十年，40件争议提送争议处理委员会，也是40件解决，0件进入其他的争议程序。据统计，在2800多个工程当中，经由争议处理委员会的程序解决的案件量，达到98%以上；也就是说，争议处理委员会过滤争讼的功能效果很好，而且在过滤的程序当中，对于接续进入仲裁或进入诉讼，事实的整理或证据的保存效果很好，对于疏减讼源有很大的帮助。①

综上，DAB/DRB机制在工程进行当中，或者是在工程发生争议时，借由专家判断的方式，协助当事人互相沟通解决歧见，或是及早预防争议产生，减少争讼成本、促进工程顺利执行，有很大的功效。②因此，工程争议审议机制不仅是解决争议，更是避免争议的一种手段。③

（2）纠纷处理决定易于接受。接受乃系民主法治国其法律心理学方面的前提条件。纠纷处理结果能否被接受是判断和衡量纠纷解决机制是否科学完善的重要标准。一个国家即使纠纷解决手段繁多，纠纷解决网络四通八达、纵横交叉，但纠纷处理结果如果无法被接受，将会导致旷日费时的法院诉讼程序，且唯有付出昂贵的社会成本，方能被实现。

使用争议处理委员会解决PPP纠纷是采用建议的方式，因而不具有强迫性；有时候可以凭借委员会委员自身的影响力促使纠纷当事人达成和解；也因为程序不当然拘束两方当事人，其所作的决定对双方比较舒服。有经验的委员可以很快就解决纷争，以专业的观念或方法说服当事人，双方很容易接受，且因解决方案

① 《采用“争议裁决委员会”解决工程契约争议之探讨》，《月旦法学杂志》2017年总第268期，第180—195页。

② 《采用“争议裁决委员会”解决工程契约争议之探讨》，《月旦法学杂志》2017年总第268期，第180—195页。

③ 颜玉明：《采用争议审议机制及早预防与解决工程契约争议之研究》，《政大法学评论》2012年第129期，第1—73页。

实际上得到双方的共识，也可以较快得以执行。[①]

（3）纠纷解决成本较低。通过仲裁、诉讼等手段解决纠纷是一个既费时又费钱的过程，而采用争议处理委员会机制将会使纠纷解决成本大为降低。依据争议解决委员会基金会（DRBF）的分析[②]，倘若一件工程发生数量不多的纠纷，工程争议审议机制的费用大约仅需花费总工程费的0.05%。在DRBF所做的统计中，工程争议审议机制费用最高的约占总工程费的0.26%，最低仅为0.04%，平均约为0.15%，相对于诉讼程序之花费，成本确实很低。[③]PPP项目投资动辄几亿元甚至上百亿元，如果采取诉讼或仲裁手段进行解决，光诉讼费或仲裁费就是一笔不菲的支出，更不用说其他的时间成本、机会成本、交易成本等。

（4）符合诉源治理的基本发展局势。2014年党的十八届四中全会将“源头治理”作为提升社会治理水平的重要举措。2019年全国政法工作会议上，习近平总书记提出“把非诉讼纠纷解决机制挺在前面”；同年，最高人民法院在“五五改革纲要”中将“诉源治理”列为法院的重要工作任务。2021年中央全面深化改革委员会第十八次会议再次强调把非诉讼纠纷解决机制挺在前面，加强矛盾纠纷源头预防、前端化解、关口把控。这一系列的部署决策均体现了中央对于纠纷解决架构作出的战略调整，符合“上医治未病”的科学理念。

纠纷处理委员会与双方当事人一同走过契约执行的每个阶段，而期能在纷争发生的当下即时避免问题之扩大，而非事后重新审视举证以解决是非归责的问题。工程争议审议机制是与工程之执行及纷争之发展同时俱进之机制、强调契约伙伴关系之维系与增长，以及时及衡平之方式解决工程执行中遭遇的问题。[④]因此在签约之初设立争议处理委员会，可以从源头预防和化解PPP纠纷，符合党中央诉源治理的基本要求。

4.争议处理委员会在我国的应用与规范现状及问题

（1）争议处理委员会在我国的应用。国际上常用之争议协调/裁决委员会，

---

① 《采用“争议裁决委员会”解决工程契约争议之探讨》，《月旦法学杂志》2017年总第268期，第180—195页。

② DRBF Summary，available at http://www.drb.org.

③ Kurt Dettman，Dispute Review Boards：Real Time Avoidance and Resolurion of Construction Disputes，DRBF（2010）.

④ Kurt Dettman，Dispute Review Boards：Real Time Avoidance and Resolurion of Construction Disputes，DRBF（2010）.

系由订约的双方以契约约定先组成协调（裁决）委员会协调各项争议事项，并减少争议及施工障碍，同时若协议不成直接进入诉讼或仲裁等，除了尊重双方之自主性与权益外，亦避免争议之延宕，直接破坏合作的环境与工程进展。DRB/DAB是国际间常用的制度，尤其适合工期长、技术性要求高之PPP项目，该制度之重点在争议发生时立即由双方聘请公正人士组成协调委员会依契约协商解决争议，如协议不成，得径提付仲裁进行裁判。

国际上DAB/DRB机制的应用现况，可从争议审议基金会的统计资料显示[①]。从1987年到2017年之间近30年，总共有2800多个工程采用DAB/DRB机制。这2800多个工程案件，分布于全世界54个国家；其中占比较高数量的工程类型，最高的是高速公路，还有建筑、桥梁，及轨道、隧道、地下道等。以契约规模而言，可以看到3亿元到30亿元案件量最多（1783件），小于3亿元的案件量其次（498件），30亿元至300亿元者居第三位（401件）。

在国内，最早使用“争议处理委员会”解决争议的是“二滩水电站”工程。在“二滩水电站”工程中双方设立了“争议评审委员会”，作为在进行仲裁解决争议和索赔之前的一个解决争议的程序。我国的工程争议审议机制主要采取的是争议评审委员会机制，也即DRB，后来在小浪底工程也使用了“争议评审委员会”解决工程纠纷。

（2）争议处理委员会在我国的规范现状及问题。从我国解决PPP纠纷的相关规定来看，并没有将争议处理委员会机制明确作为解决PPP纠纷的具体方法。财政部《PPP项目合同指南（试行）》（财金〔2014〕156号）第二十节“适用法律及争议解决”中规定了几种常用的争议解决的方式，即友好协商、专家裁决、诉讼和仲裁。发改委《政府和社会资本合作项目通用合同指南》（发改投资〔2014〕2724号）第七十三条提到争议解决方式的选择，包括协商、调解、仲裁或诉讼。《基础设施和公用事业特许经营管理办法》中规定，实施机构和特许经营者就特许经营协议履行发生争议的，应当协商解决。就特许经营协议中的专业技术问题发生争议的，可以共同聘请专家或第三方机构进行调解。这些规范性文件都没有将争议处理委员会作为解决PPP纠纷的机制。

---

① 参见：http://drb.org/publications-data/drb-database/。

但从我国2003年开始参考世界银行国际咨询工程师联合会英国土木工程师协会等国际组织的经验以来，着手标准文件的编制工作，包括标准施工招标文件，标准施工招标资格预审文件的试行规定及相关附件，并于2008年5月1日起施行。根据我国的《标准施工招标文件》（2007年版）“争议解决”一节中的争议解决方式中除规定了争议的协商、仲裁、诉讼等纠纷解决方式外，进一步将评审组评审（争议处理委员会）作为工程纠纷解决方式，并对争议评审组的组成时间和人员、申请的递交、调查程序、评审意见的作出和执行，以及不接受评审意见后的仲裁和诉讼等进行了规定。但是《标准施工招标文件》对委员的资格、委员的具体选任程序、委员会的职权与义务、争议评审的程序等事项缺乏明确的规定。更为重要的是，该标准文件附件的建筑施工契约文本因考虑到目前我国的司法体制及工程建筑行业的现状，没有将争议评审程序（DAB/DRB）列为强制性前置程序，而由契约双方自行决定是否采用，没有强制力，所以仍然属于倡导性质，故难以规范和指导争议委员会解决PPP工程项目纠纷。而且由于《标准施工招标文件》仅项目的建设阶段设立争议委员会，没有涉及项目运营中的机构设立问题。

财政部在2020年2月21日发布的《财政部办公厅关于印发污水处理和垃圾处理领域PPP项目合同示范文本的通知》中，对于污水处理和垃圾处理领域PPP项目合同示范文本争议解决机制中，明确规定了政府和社会资本方应成立项目协调委员会，并将有关争议事项提交项目协调委员会协调解决的前置程序。虽然该规定仅是指引性规定，且适用于污水处理和垃圾处理领域，但释放出可以构建替代性纠纷解决机制的信号。

正是由于我国目前尚没有一套完善的规范争议处理委员会的法律机制，因此，为了运用争议处理委员会机制迅速、及时地预防和解决我国产生的大量PPP纠纷案件，定分止争，促进PPP模式的持续健康发展，必须建构起一套适合PPP争议处理委员会良善运作的法律机制与制度。

5.我国PPP争议委员会机制的具体构造

（1）PPP争议处理委员会的启动和受理范围。双方当事人应该在PPP协议签订或任意一方当事人提出书面请求之日起20日内开始选任审议委员，但另有约定的除外。PPP争议处理委员会审查对象仅限于与PPP协议有关的民事纠纷，具体来说主要包括：①针对PPP协议的争议事项、协议修改和调整及未尽事宜；②对于不可抗力或除外情事及协议起始日之认定及补救措施发生的纠纷；③契约双方同意交付协调之其他事项。此外，PPP项目的设计监理合同的纠纷也应该作为PPP争议处理委员会的审查对象和范围。这主要是因为PPP项目的建设行为由施工人、设计监理人和承包人三方共同进行时，如果不把设计监理人的责任问题一起处理就很难完全解决纠纷，这也是PPP项目同等救济原则所要求的。

（2）PPP争议处理委员会的组成。

①处理委员会组成时间。纠纷处理委员会于何时组成、何时运作对PPP项目纠纷的解决至关重要，综观争议审议委员会之组成时间有三种模式可供选择[①]。

第一种是在PPP合作契约成立之初即组成的委员会，称为常设委员会。采用常设委员会具有两大优点：从客观上来看，在于争议审议委员会随同契约之执行进度与时俱进，熟悉契约执行之背景，常毋待当事人费心举证说明，即可了解纠纷形成的源头，自然容易为有不同意见之双方当事人寻找出可接受的解决之道；从契约当事人主观因素来看，往往在双方意见相左时，连指定争议委员会成员之合意也难达成，造成争议审议委员会即时组成之阻挠。因此，如果在双方当事人签订合作协议之时，同时合意指定纠纷审议委员会成员，将使纠纷审议委员会之组成较为容易。

第二种是在PPP争议发生之时组成者，称为特别委员会（ad hoc DE）。特别委员会也有优点：一是节省费用，包括纠纷审议委员会的长期聘任费用、定期会议、工地访视、定时报告等的成本将可降低；二是具有弹性，在争议发生之时，较能针对争议之实质内容寻求专家组成纠纷审议委员会，将可切合纠纷问题所需。

第三种是在PPP协议成立之初即组成，但在争议发生时才开始运作的预备委员会（Standby DB）。预备委员会则是折中办法，优点是在PPP协议成立之初已经组成，避免了纠纷发生时委员会组成之困难，也省去纠纷审议委员会的长期聘任费用及定期会议等的费用，但其相对的缺点即是未能借由工程进行期间争议审议委员会定期会议、工地访视、定时报告等方式，使纠纷审议委员会成员了解工程进行的各项环节，而有错失纠纷解决时机之虞，且将抹杀争议审议委员会与时俱进之特点。

以上三种模式，在国际间实务运作上，都有规则采纳：以ICC DB Rules第三

---

① 颜玉明：《采用争议审议机制及早预防与解决工程契约争议之研究》，《政大法学评论》2012年第129期，第1—73页。

条为例，原则是采纳常设委员会之方式，除非当事人另行约定，当事人应于契约成立时即组成争议委员会，并应指明所采用者为DRB、DAB，或CDB。笔者认为我国解决PPP纠纷的纠纷处理委员会应该采取常设委员会模式。政府与社会资本方应当在PPP协议拟定之后尽快委派成员组成委员会，委员会应当为DAB，即争裁决审委员会。

②处理委员会人数和资格。争议处理委员会的人数设定既不能过多，也不能过少，一切以有利于PPP纠纷的快速定分止争为设置原则。争议处理委员会委员过多，常常会造成委员出席不足而流会，反而拉长争议解决时间；[①]委员过少，虽易于会议召开，但公平性、公正性有待怀疑，纠纷处理决定不易为相对方所接受。笔者建议，争议处理委员会由三名至五名委员组成。为了发挥委员会的特点，委员应该被分为具有法律专门知识的法律委员，具有建筑、土木、设备等技术性专门知识的技术委员，了解政府业务流程的政府委员，熟悉建设工程实务等的一般委员。法律委员可以是熟悉PPP法律法规政策的法律学者、资深法官、律师等，技术委员可以是建筑学家、建筑相关研究所的研究员、设计师等，一般委员可以是具有建筑业相关行政经验的资深公务员等。委员必须独立于社会资本方、协力厂商，也必须独立于社会资本方和协力厂商之主要竞争对手。

③委员的选任程序。首先，当事人应该在处理委员会机制发动之日起20日内自发改部门、财政部门的“PPP专家库名册”或中国仲裁协会名单中各提出一至二名委员候选人，连同该候选人的学历、经历资料及揭露事项说明，以书面通知对方当事人。其次，对方当事人应该在接到通知之日起10日内以书面回复是否同意该委员候选人的提名。再次，如果当事人在20日内未提名委员候选人，或对于对方所提出之委员候选人超过10日没有回复的，或者以书面回复不同意该委员候选人之提名者，任一方当事人得申请发改部门、财政部门代为选任。最后，委员的任期不固定，随PPP整个专案执行完毕为原则。优点在于委员将会随时间进展对于项目本身更加熟悉，而不会任期一到换新委员又必须重新熟悉项目，有助于提高决议之专业度与公信力。[②]委员任期应该有期限限制，按时间长短影响收费。

① 陈锦芳：《浅谈项目之争议处理》，《技师报》2009年总第680期，第3页。

② 周逸滨：《民间参与公共建设争议处理协调委员会机制之研究与建议》，台湾中央大学2014年硕士学位论文，第65页。

委员如果违反规则所作的决定、裁决是不正确的或者建议不可采纳，这时应该更换委员，在新的委员产生之前，暂时停止纠纷处理。

④委员会主席的选任。首先，上述委员，应自第二名或第四名委员选定之日起15日内自“PPP专家库名册”中共同提出委员会主席的候选人，连同其学历经历资料及揭露事项说明，以书面通知双方当事人。双方当事人各应于接获提名通知之日起15日内，以书面向已选定的委员及他方当事人回复是否同意委员会主席的候选人的提名。其次，若上述委员超过15日没有共同提出委员会主席候选人，或任意一当事人接获通知之日起15日内没回复是否同意，或者有任何一方当事人以书面回复不同意委员会主席候选人之提名者，应该由双方当事人合意共同选任。若当事人没有在15日内共同选任者，任一方当事人可以申请发改委、财政部的部长代为选任。最后，代选的委员为委员会的主席，唯委员会其他委员及双方当事人均反对者，除外。这种方法被认为是一种理想的做法，因为它的设计是降低了任何一位争议裁决委员会（DAB）成员为获得担任该职务的机会而对某一方当事人绝对忠诚的风险。①

⑤当事人与委员共同签署争议委员会协议。为了使争议裁决委员会能够顺利成立，发包方、承包商和每个成员都必须签订一份争议委员会协议（DBA）。该协议主要规定协议三方的权利和义务、争议裁决委员会履行职能的程序，及每月预付金额和争议委员会协议成员的每日费用率。要实现争议裁决委员会的正式组建，最有效的方式是双方与每一位被提名人就协议条款进行谈判，然后双方与被提名人签署协议。该谈判不能涉及成员与单方当事人禁止沟通的问题。或者双方当事人共同起草条款，然后在“要么接受，要么放弃”的基础上，将这些条款提交给每一位被提名人。

⑥争议处理委员会的权利与义务。

A.争议处理委员会的权利

第一，召开委员会议。争议处理委员会组成后，应该在10日内订定委员会第一次会议期日，由双方当事人向委员会说明PPP工程项目的背景、规划、设计及施工计划等相关资讯。委员会及双方当事人应该在会议中商议委员会后续运作的

---

① Issaka Ndekugri; Peter Chapman; Nigel Smith; Will Hughes, Best Practice in the Training, Appointment, and Remuneration of Members of Dispute Boards for Large Infrastructure Projects, Journal Of Management In Engineering, 2014（30）, pp.185-193.

相关事宜。第一次会议后，委员会应视情况需要或当事人请求召开会议。

第二，要求协议当事人提供相关资料和文件。当事人应该定期或依委员会要求提供有关PPP项目施工进度和营运方面的相关资料和文件，并应制作复印件、影印件送交他方当事人。

第三，要求双方就争议提出说明及意见。对于协议双方有争议的问题，纠纷处理委员会有权要求争议当事人提出说明，并提供自己的意见和看法。由协议双方当事人分别编写争议说明及意见报告上交委员会，并且将自己的报告向对方提交，这样更有利于委员会了解争议焦点和听取双方意见。

第四，举行听证会。委员会对于一些事实不清、分歧较大的纠纷可以决定召开听证会。听证会是处理程序中的关键一步，当事人各方可自行决定是否为了目的的实现而聘请合法代表。委员会应该认真听取和分析当事人提出的材料和意见，可以就双方提交的文件提出问题并且要求对方在听证会上作出答复。

第五，项目鉴定。纠纷处理委员会对于PPP工程项目中的一些专门性技术事项，为了有利于争议的解决，可以委托专门的机构对项目的质量、造价等专业性问题进行鉴定。

第六，邀请学者专家或相关人士列席会议，并提供意见。在委员会召开会议时，委员会可以决定邀请学者专家或相关人士列席会议，对技术性、专业性的问题提供意见，以供委员会参考。

第七，其他权利，例如勘验、巡视项目工地等。

B.争议处理委员会的义务

第一，现场视察义务。现场视察既是纠纷处理委员会的权利，同时也是其义务。委员会应依选定同意书的内容进行现场视察。现场视察根据PPP项目的效率和进展速度，决定视察频率。一般来说，每两三个月进行一次视察比较适宜。例如，南非的伯格河项目的合同每三个月进行一次现场视察，而瓦尔河东部子系统扩建项目（VRESAP）的合同每两个月进行一次视察。[1]现场视察后，当事人应该依据委员会要求或询问提出具体答复或相关资料，并应该制作一份副本送交他方当事人。

---

① Patrick M. M. Lane，Michael J. Watson，Effectiveness of dispute adjudication boards，South Africa，Proceedings of the Institution of Civil，Engineers Management，Procurement and Law（163），2010（11），pp.171-177.

第二，保密义务。为求争议处理过程能增加委员公信力且使协议双方能够畅所欲言，表达真意，争议处理委员在争议处理过程中知悉或获得当事人双方的有关资料，除另有约定外，应该负有保密的义务。政府方、社会资本方及相关方之任一方在争议处理过程中知悉或获得他方的有关资料，除另有约定外，同样应该负有保密的义务。

第三，揭露与回避义务。委员知道或者已经察觉其与任意一方当事人间存有可能导致当事人对其独立性及公正性产生怀疑的情事者，应立即书面向双方当事人揭露。当事人应当在收到委员之书面揭露或知悉委员有应该回避事由后7日内，以书面请求委员回避，并向委员会说明理由。该会将于接受请求之日起14日内征询他方当事人及委员之意见后作出决定，且该决定具有最终确定的效力。委员有应揭露而未揭露、应回避而未回避的事情，经该会作出回避的决定，双方当事人得依选定同意书之约定办理委员解任事宜。委员的回避参照我国民事或行政诉讼法关于审判人员回避的规定。

第四，提供咨询意见。委员会必须依据双方当事人的请求，提供有关工程契约执行的咨询建议，但当事人一方不得单独咨询委员会或委员个人意见。双方当事人不得主张委员会应将委员会所提供的咨询意见作为审议决定之依据。

第五，不得私自接收案件。PPP纠纷委员会委员未经双方当事人同意，不得私自接收其他案件。这是为了确保委员有足够的精力和时间去处理PPP协议纠纷案件。

第六，其他义务，例如公正处理纠纷、不得违规作出裁决或建议等。

⑦当事人与委员终止选定关系。第一，双方当事人可以随时根据合意共同终止与任一委员之选定关系，或解散委员会，但应按实际工作情况，依据选定合同约定支付委员报酬及费用。第二，委员在接到当事人终止选定关系或解散委员会的通知后，应立即停止其工作，但紧急情况除外。第三，委员可以随时以电传、书信等形式以及事先约定的现代通信方式向双方当事人表示终止选定关系。

⑧委员的递补。首先，纠纷处理委员会的委员如因回避、辞任、疾病、死亡，经双方当事人合意解除或终止职务或其他原因出缺时，除当事人另有约定外，新委员应该依据该出缺委员之原选任方式进行选定。其次，委员会委员的出缺与递补不影响委员会中其余委员独立执行职务的权利。再次，在委员出缺与递补期间，除争议审议程序之外，其余既有委员应继续执行现场视察调查、审阅工程资料和

图纸等其他职务工作，但双方当事人如果以书面约定得由其余既有委员进行争议审议程序者，不在此限。最后，新选定的委员应该与双方当事人共同签订协议，同意原选定协议书中约定的职权职务。

（3）争议评审程序。

①提出申请。当事人如果对于进行的PPP项目发生任何合同争议，任一方当事人均可以将争议提付审议程序，请求委员会做成决定。当事人申请争议审议时，应该向委员会提出争议审议申请书，并将副本送达他方当事人。申请书主要应该载明请求审议的争议事项及事实、争议所涉及的契约约定及法定依据，对争议解决之建议或意见、必要的证明文件、图说（由图片及文字组成或由图形、图像、图文等构成的平面资料）及其他资料等内容。

②答辩。另一方当事人在收受争议审议申请书副本之日起7日内，应准备答辩书及相关文件送达委员会，并将答辩书副本送达申请当事人。另一方当事人没有进行答辩者，委员会仍然可以径行争议审议程序。

③进行询问。委员会应自他方当事人答辩期满后即召开询问会，通知双方当事人到场陈述。委员会应公平、公正地开展询问会，并给予双方当事人合理的陈述机会；任一方当事人没有出席询问程序，不影响争议审议程序的进行。当事人及出席之代理人，除了获得委员会的同意外，不得诘问或交互诘问相关承办人员。委员会可以采取认为适当之方式进行程序，包括但不限于：首先，询问当事人及执行工程的相关人员。其次，要求当事人补充相关文件资料及书面意见。再次，进行现场勘查。最后，其他有助于快速解决争议的程序。委员会如认为争议已达可做成审议决定时，可以宣布询问程序终结。除当事人另有约定外，委员会应该在接到当事人争议审议申请书之日起28日内完成询问程序，但必要时可以延长14日。

④作出审议决定。除当事人另有约定外，委员会应该于询问程序终结后5日内作出审议决定，14日内提出审议决定书并附记理由。

纠纷处理委员会应该依据下列之规定作成审议决定：首先，委员会于询问程序终结后，应随即召开评议会议；其次，委员会应致力于达成全体意见一致，如确实无法达成全体一致意见者，应以多数委员之意见作成审议决定；再次，如果有委员未出席评议会议或未履行其职务者，其余委员仍然可以作成审议决定；最后，审议决定书应由至少两名委员会委员签名或盖章后送达当事人。

⑤请求委员会解释审议决定。当事人在收到决定书后7日内，可以书面请求

委员会针对审议决定不明的地方提出解释，并应该将释疑请求书副本送达他方当事人。而对同一审议决定请求释疑应该以一次为限。委员会应自当事人提出释疑请求后14日内，提出书面意见给双方当事人。

⑥请求委员会再审议。当事人如果发现在询问程序中有未经斟酌之事由，足以影响原审议决定者，应该于审议决定送达之日起7日内，以书面请求委员会再审议。委员会应该于当事人提出再审议请求后7日内裁决是否进行再审议程序，并以书面通知双方当事人。委员会如决定进行再审议，应该于事人提出再议请求后14日内做成再议决定。

各当事人针对同一审议决定的请求再审议也应该以一次为限。

⑦更正审议决定。纠纷处理委员会的审议决定如果有误写、误算或其他类此之明显错误者，委员会可依当事人的请求或依职权，以裁决予以更正。委员会于作成审议决定更正裁决以前，应事先征询双方当事人的意见。

⑧审议决定的效力。双方当事人于审议决定或再审议决定送达后28日内，没有以书面表示不同意者，即视为同意依审议决定内容履行协议。审议委员会的决议并不当然具有终局的确定性，纵然当事人对决定没有异议或是救济程序，也仅有契约的效力，并不当然成为强制执行名义的效力。①争议审议机制的裁决是在“私法自治原则”及“契约自由原则”的前提下，依当事人合意而以契约约定之拘束效力，倘若当事人的任意一方不同意争议审议机制的裁决或建议，此当事人得将该争议提付诉讼或仲裁，以获得确定终局的判决或判断，该判决或判断方为具有法律上执行力之依据。②

在后续的调解、仲裁或诉讼程序中，双方当事人可以将审议决定提出作为参考资料，但争议审议委员不得就该仲裁事件担任一方当事人之代理人。经双方当事人书面同意，争议审议委员得担任该仲裁事件的仲裁人。

（4）进入后续的仲裁与诉讼程序。进入后续的仲裁与诉讼程序其实是纠纷委员会机制与仲裁和诉讼两大机制的衔接问题，本应在后续的纠纷解决机制衔接部分进行论述，但因为放在此部分论述，逻辑感较强，故在委员会机

---

① 《采用“争议裁决委员会”解决工程契约争议之探讨》，《月旦法学杂志》2017年总第268期，第191页。

② 《采用“争议裁决委员会”解决工程契约争议之探讨》，《月旦法学杂志》2017年总第268期，第180—195页。

制部分予以论述。以下仅就进入后续的仲裁与诉讼程序的几个特殊问题予以论述。

①进入后续仲裁与诉讼程序的情形。第一，当事人于审议决定送达后15日内，以书面向他方当事人表示不同意审议决定；第二，纠纷委员会没有在规定期限内做成审议决定；第三，如果协议约定应于协议成立时设置常设性的争议审议委员会，但协议一方恶意采取手段导致双方在争议发生时迟迟未设立争议审议委员会，那么一方以先经DAB程序未能解决者方能提起仲裁或诉讼之程序不完备为理由提出抗辩，仲裁机构或法院不予支持，而应该认定可以继续仲裁或诉讼。

特别要注意的是，如果PPP协议约定设置非常设的审议委员会，在发生纠纷时，一方拒绝设立或选择退出DAB程序，导致未能组成DAB，则仲裁机构或法院此时不应该受理该纠纷，应该要求双方当事人继续留在DAB机制里面寻求纠纷解决。

②程序的转化与衔接。如果纠纷不能通过委员会机制予以解决，那么就转入仲裁或诉讼救济程序，按照仲裁法或诉讼法规定的程序进行解决。具体的程序转化和衔接体现在以下方面：

第一，审议纠纷的原DAB委员可以依据约定转化为调解人，也可以作为鉴定人，参加后续的仲裁或诉讼活动。但是审议纠纷的原DAB委员不能作为纠纷当事人的代理人，以防止先入为主形成偏见。

第二，在纠纷委员会机制中形成的项目鉴定意见或报告可以直接作为仲裁或判决的事实依据，或者将委员到仲裁或诉讼机构以鉴定人身份所作的证词作为仲裁或判决的事实依据。PPP项目主要是基础设施建设、公共服务事业改善之项目，一般都涉及工程建设，故其争议常常涉及专业知识和工程方面的技术，因此，无论是仲裁还是法院都必须通过鉴定程序委托工程专业单位或工程专家出具专业的鉴定报告，协助仲裁机构和法院认定项目争议事实。项目鉴定意见或报告常常是裁决和判决作出的依据，决定着PPP仲裁或诉讼案件胜败之关键。争议处理委员会的委员一般都是工程领域的专家，其所做出的证词相当于法院委托鉴定机构作成的鉴定意见，完全可以作为后续的仲裁或法院做出裁决或裁判的依据，除非有相反证据足以推翻原鉴定报告或鉴定意见的。仲裁庭或法院利用鉴定人意见（报告）或委员证词可以使整个程序加快，有利于争议解决。所以有学者认为："这个机制（纠纷处理委员会）如果是能在前阶段就解决纷争，得以疏减讼源；若没有办法在前阶段就解决纷争，必须进入法院，因为前面的证据已经都保留得很好，也可以使整个程序变快。”①

（5）PPP纠纷委员会的费用和人员培训。PPP项目纠纷委员会报酬主要包括聘任费用及其后按日或按时计酬的费用，及合理的所需支出。委员的收费和报酬应当根据任职长短、标的金额及纠纷的数量等因素综合确定。原则上，双方当事人应各自负担PPP项目争议处理委员会报酬的半数。双方当事人对于PPP项目争议处理委员会成员的各项报酬及费用负连带给付责任，因此PPP项目争议处理委员会成员有权要求政府或社会资本其中之一给付全部报酬及费用。PPP项目的双方当事人也可以在委员会设立的同时向约定的银行交存一定数量的委员报酬按时支付的保证金，或利用合同中的备用款项支付，以确保在双方或单方不支付委员报酬时担保委员的报酬能够及时支付。委员可以获得同等的报酬，但由于主席承担着更大的责任，因此主席的报酬通常要高于其他任何成员。委员报酬可以按月或按季度予以给付。PPP契约当事人应该于委员请求付款后的30日内付款，除非委员不履行契约规定的义务。

纠纷委员会能够在多大程度上预防和化解PPP纠纷，除其他因素外，委员的培训也是一个不可忽视的重要因素。从国外实际来看，大部分的培训都是为了委员会的成立而在前几天完成的，故都敷衍了事。鉴于对委员的经验、知识以及其他各个方面的要求，除了少数委员会的成员因为先前参加过委员会而具备经验以及一些成员本身具备专业的争议解决经验外，②对委员的培训严重缺失。为此国家应该设立一个专门的机构为委员提供全面的培训，包括传授知识、对纠纷解决技能的理解与使用、角色扮演以及为了磨炼意志进行模拟，等等。

综上所述，争议处理委员会处理纠纷的专业性、公正性和及时性都使得其是一个非常好的PPP纠纷解决机制。诚如有学者所言：“纠纷按程序一经提交争议委员会作出决定或发表意见，各项事宜就会迅速得到处理。仅仅是争议委员会这一

---

① 《采用“争议裁决委员会”解决工程契约争议之探讨》，《月旦法学杂志》2017年总第268期，第180—195页。

② Issaka Ndekugri; Peter Chapman; Nigel Smith; Will Hughes, Best Practice in the Training, Appointment, and Remuneration of Members of Dispute Boards for Large Infrastructure Projects, JOURNAL OF MANAGEMENT IN ENGINEERING, 2014（30）, pp.185-193.

机制的存在就已经使各方在提交委员会裁决之前对纠纷的处理更加小心谨慎。”①

（五）协商机制

1. 协商的意义

协商（Negotiation），也称谈判，是指双方或多方为寻求做某事或不做某事的合意所进行的一系列信息传递或交换过程，是一种旨在说服的交流或对话。②其实质是一种双方以意思自治为基础的交易活动，目的是达成解决纠纷的协议。由于协商机制灵活机动的处理方式，在日常生活中无处不在，当事人包括律师都愿意频繁使用，因此是一种非常基本的非诉讼纠纷解决机制。③PPP纠纷解决机制中的协商，是指PPP项目业主或PPP项目机关与厂商双方或多方间，为寻求某些PPP项目之共识，所进行之一系列信息传达或交换过程，亦即系一种目的在相互说服之交流或对话过程。④实质上，以PPP项目机关或PPP项目厂商双方间发生争议而言，谈判是一种双方解决争议非常好之交易活动之一。谈判之目的，在达成解决PPP项目机关或PPP项目厂商双方间纠纷之协议。单纯当事人间之谈判，属于典型之“私了”，在双方权益发生争执时，经由谈判找寻双方均能接受之解决方案，但欲经由谈判“私了”，必然要有基本的谈判条件，如谈判条件不具备时，自难以达成协议，导致较大之风险与重复之成本，此种纯粹由当事人进行谈判，所达成之书面协议，性质上相当于契约，或对原有契约的变更，对当事人具有契约上之拘束力。在PPP项目签约或履约过程中，谈判不仅是契约达成之手段，而且在有潜在之纠纷日渐形成时，便可借由谈判预先防范纠纷之发生；纠纷发生后，又可借由谈判解决纠纷，以避免纠纷之扩大。谈判是历史最悠久，也是最常用之纠纷解决方式，而由于此种纠纷解决方式无须第三者介入，因此，只要PPP项目机关与厂商间针对某项议题意见不合，甚至发生纠纷，随时可进行谈判，不受任何拘束。一般而言，在现代PPP项目机关

① Patrick M. M. Lane，Michael J. Watson，Effectiveness of dispute adjudication boards，South Africa，Proceedings of the Institution of Civil，Engineers Management，Procurement and Law（163），2010（11），pp.171-177.

② ［印］马海发·梅隆主编：《诊所式法律教育》，彭锡华等译，法律出版社2002年版，第114页。

③ 王琦：《非诉讼纠纷解决机制原理与实务》，法律出版社2014年版，第114页。

④ Howord Raiffa，The Art and Science of Negotiation，The Belknap Press of Harvard University Press，14th printing，1998，pp.11-19.

或PPP项目厂商纠纷解决过程中，当事人多会先行使用谈判途径。一般而言，谈判不成时，始会考虑其他途径。[①]协商是历史最悠久，也是最常用的纠纷解决方式，而由于此种纠纷解决方式无需第三者介入，因此，只要PPP案件机关与社会资本间针对某项议题意见不合，甚至发生纠纷，随时可进行协商，不受任何约束，一般而言，在现代PPP案件中机关或PPP社会资本纠纷解决过程中，当事人多会先行使用协商途径，一般而言，协商不成时，才会考虑其他途径。[②]大桥洋一教授认为："当行政机关与私人之间的关系是一种（并非考虑传统理论的以第一次为限的）持续性的关系的时候，人们强烈地意识到要维持该种关系的结果便是，即便出现了问题，人们也往往通过非正式手法的对话来解决问题，而不是采用强制性的手法。"[③]这种非正式对话的手法有很多种，但最好的莫过于协商手段。因此，协商制度成为调解各方利益冲突的协调器，在整个契约程序中占据着中心地位。[④]

2.协商的范围

PPP项目本身就是双方通过协商一致得到的产物，可以说没有协商，就不可能存在公私合作行为，也不可能通过PPP模式达成公共任务。因此，协商贯穿于PPP模式的全过程。在PPP项目的签约或履约过程中协商不仅是契约达成之手段，而且在有潜在之纠纷日渐形成时，便可借由协商预先防范纠纷之发生；纠纷发生后，又可借由协商解决纠纷，以避免纠纷之扩大。[⑤]尽管如此，并非所有的PPP纠纷都能通过协商予以解决，对于那些双方观点分歧较大、金额差异较大、变动空间较小，及涉及当事人行为合法性和不可裁量行为等纠纷，一般很难通过协商予以解决。要注意的是，协商解决纠纷不能进行恶意协商、强制协商，也不能改变PPP项目的标的，从而损害公益。

---

① 吴光明：《从BOT项目件谈诉讼外争议解决（ADR）机制》，载台湾地区法学会：《台湾法学新课题》（十二），元照出版有限公司2016年版，第81—105页。

② 吴光明：《从BOT项目件谈诉讼外争议解决（ADR）机制》，载台湾地区法学会：《台湾法学新课题》（十二），元照出版有限公司2016年版，第81—105页。

③ [日]大桥洋一：《行政法学的结构性变革》，吕艳滨译，中国人民大学出版社2009年版，第14页。

④ 邢鸿飞：《行政契约》，载应松年：《当代中国行政法》（第五卷），人民出版社2018年版，第1755页。

⑤ 吴光明：《从BOT项目浅谈诉讼外争议解决（ADR）机制》，载台湾地区法学会：《台湾法学新课题》（十二），元照出版有限公司2016年版，第81—105页。

3.协商的基本原则[①]

（1）自愿原则。协商是一种任意性的行为，不具有任何强制性，PPP纠纷当事人必须经由协商求得共识，进而达成和解协议。换言之，协商是一个自然的过程，加上一种自由选择的策略，PPP纠纷当事人均有权拒绝或终止谈判，而另依据法律或依据契约采用其他方式解决争议。

（2）合法原则。PPP纠纷当事人对所协商之内容、范围、程序、方式与协议结果均须合法，不得违反公序良俗或法律强制禁止性规定。

（3）公平原则。在协商过程中必须避免因PPP纠纷当事人立足点显著之不公平所显示的强暴胁迫或其他显失公平的情形发生。因此，PPP纠纷当事人必须公平地提供与选择解决纠纷方案之机会。

（4）自律原则。为确保协商结果和协议能公正达成与切实履行，PPP纠纷当事人必须诚实信用与自律。如果有任何欺诈或不道德的当事人，均应受到法律和社会之制裁。

4.协商的保障机制

（1）协商监督机制。由于采用协商机制是在没有第三方介入的情形下进行的，PPP纠纷解决的程序较为随意，方式灵活，较难进行约束，有可能出现私相授受、贱卖公权力等不良之情事，导致国家利益或公共利益受损，而且PPP项目本身就是履行公共任务的一种方式，如果协商过程不接受监督，可能威胁公共利益之实现，因此必须加强对协商机制的监督。笔者认为，应该引入第三方对PPP纠纷的协商结果进行监督，这个第三方可以是PPP项目中的政府方的上级人民政府，也可以是相关职能部门，还可以是监察机关，以确保PPP项目的合目的性和合法性。

（2）协商公开机制。PPP项目不同于一般的私人之间的项目，它涉及公共利益，因此PPP纠纷一般也是公共利益和私人利益之间冲突的纠纷。为了确保公共利益不因协商机制而稀释或泯灭，应该将PPP协商的结果或达成的方案在政府门户网站、新闻报刊等媒介上予以公布，公众也可以依据《政府信息公开条例》和相关法规要求予以公开。

5.协商的效力

PPP纠纷的当事人通过协商一旦达成合意，这种合意就是权利与权力博弈的

---

① 参见吴光明：《从BOT项目浅谈诉讼外争议解决（ADR）机制》，载台湾地区法学会：《台湾法学新课题》（十二），元照出版有限公司2016年版，第81—105页。

法律表达，理应具备法律效力。当事人应该对通过协商达成的解决纠纷的协议予以遵守，严格按照协议约定的内容执行。为了鼓励PPP纠纷当事人积极进行协商，协商过程中所做出的让步或提供的书面文件在以后的仲裁或诉讼程序中不得作为不利于自己的证据出现。特别要注意的是，一旦政府方与社会资本方在履约中产生争议协商不成的，社会资本方应当及时通过起诉的方式维护自身权益，避免因逾期起诉而丧失权利救济途径。

综上，协商机制作为PPP纠纷发生后解决纠纷的首选手段，具有快速、民主、高效等优点，但也不能“因‘合意’致使公权力权威受损、公共利益蒙受损失，行政主体与行政相对人之间的妥协与让步必须符合法律的规定。这也是行政协商制度运行的边界”。①

（六）行政调解机制

调解是当双方或多方当事人之间发生权益纠纷，由调解主持人通过疏通劝导从中斡旋促使当事人之间达成协议，从而解决争议的活动。在我国，调解制度一般包括司法调解、人民调解和行政调解三种。本书主要讲的是行政调解。所谓行政调解，是指行政主体出面主持的，以国家法律、法规和政策为依据，以自愿为原则，以平等主体之间的民事争议为对象，通过说服教育等方法，促使双方当事人平等协商、互让互谅、达成协议、消除纠纷的一种具体行政行为。②行政调解制度是具有“东方经验”的本土资源，是一种典型的非强制性行为，它充分听取和考虑行政相对人的意见与诉求，是为实现特定行政目的而积极行政的表现，同时改变了传统单向度家长式管理模式，有利于化解矛盾，防止矛盾的扩大化。③尽管现行法律、法规中有关行政调解范围的规定较为狭窄，但在实践中行政调解范围呈现不断扩大的趋势，几乎涉及一切行政管理活动中所出现的民事争议和行政争议。④行政调解扩张的动因，一方面，来自社会转型时期纠纷数量爆炸式增长后，对纠纷解决的强烈需求；另一方面，来自行政权所具有的主动性、执行

① 吴燕怡：《基层行政协商研究》，云南大学出版社2016年版，第115页。

② 湛中乐等：《行政调解、和解制度研究》，法律出版社2009年版，第36页。

③ 王学辉：《迈向和谐行政法》，中国政法大学出版社2012年版。

④ 史为民：《论我国行政调解的范围与效力》，载张勤、彭文浩：《比较视野下的多元纠纷解决理论与实践》，中国政法大学出版社2013年版，第286页。

性、范围广泛性等特征，以及中国社会中行政权一直以来所享有的强势地位，行政权的特有属性，以及在中国社会所具有的强势地位，构成了行政调解的权威优势。[①]引进调解制度解决PPP项目争议，其目的在于消除政府部门工作人员的保守心态，免除图利社会资本之疑虑，加速争议解决，使政府方与社会资本方合作项目得以顺利推动。

1.调解范围

几乎所有的PPP纠纷都可以适用调解手段，唯有对PPP模式中的下列行为或事件不能申请调解[②]，同时调解时，也不得违反法律、行政法规的强制性规定。

（1）对于PPP协议当事人行为合法性的判断不能适用调解。对于合法性问题的判断只能依据客观的法律法规标准，根本没有可以退却或让渡的空间或余地，当事人无权在这个问题上做出任何妥协，不可能将一个违法行为调解为合法行为。（2）对于PPP协议性质的判断不适用调解。性质是一个事物区别于另一个事物的质的规定，一般是不以人的意志为转移的，协议当事人在界定协议的法律属性问题上并无选择权。[③]因此涉及PPP协议的性质判断时，一般情况下也是不能予以调解的。（3）对于PPP协议效力的判断不适用调解。协议的效力，是法律使协议主体通过意思表示所表明的法律效果得以实现的力量，即当某种意思表示满足法律规定的要件时，法律就使该意思表示能够发生意思表示主体所追求的法律效果。[④]法律规定的这些要件就是协议的效力规则，这些效力规则法律都进行了明确的规定，协议当事人、社会组织和国家机关一般不得自由处置。正因如此，有学者认为："人民法院对确认行政合同的效力，不适用调解。"[⑤]（4）对于PPP协议中很容易查清的事实或者法律状态的判断不适用调解。（5）其他不适用调解的情形，例如在PPP协议中是否存在行政优益权等。

2.设立PPP纠纷调解委员会

为了利用调解机制有效地解决PPP纠纷，应该考虑在县级以上的发改部门或财政部门设立专门的PPP纠纷调解委员会。调解委员会委员一般为单数，具体人

---

① 章志远、刘立鹏：《我国行政调解制度的运作现状与发展课题》，《求是学刊》2013年第5期。

② 参见胡宝岭：《行政合同争议司法审查研究》，中国政法大学出版社2015年版，第312—314页。

③ ［德］弗朗茨·约瑟夫·派纳：《德国行政程序法之形成、现状与展望》，《环球法律评论》2014年第5期，第119页。

④ 参见蔺耀昌：《行政契约效力研究》，法律出版社2010年版，第30页。

⑤ 罗豪才：《中国司法审查制度》，北京大学出版社1993年版，第272页。

数一般为3—5人，可以由发改部门或财政部门从PPP专家库中进行选任或指定。调解委员应当保持中立，与所要调解的PPP案件无利害关系，不得有曾经或正在参与PPP案件的指导、咨询及其他影响案件顺利调解的行为。PPP纠纷调解委员会之间没有隶属关系，也不存在级制。这是因为“调解目的即在疏减诉源，且为避免诉讼程序冗长及复杂，自应以简易迅速为重。因此，调解之程序越简单越好，调解也不宜有级制之设计，以免拖延时日，故调解原则上应无级制”。①

3. PPP调解的具体运作程序

（1）调解的启动。PPP项目的调解可以由政府方提出，也可以由社会资本方提出。必须注意的是，为了发挥调解手段的优先性和迫使政府方重视调解手段快速解决PPP纠纷，PPP项目纠纷如果属于社会资本方申请调解者，政府部门不得拒绝。

（2）PPP调解建议或方案的提出。在PPP项目纠纷的调解中，调解委员会应提出调解建议或调解方案。

调解建议是调解委员会经过开庭询问，了解案情事实以后，虽然双方没有共识，委员仍然可以利用职权以委员会名义提出书面建议，供当事人考虑是否同意成立调解。调解委员可以直接提出书面调解建议，无须调解委员会大会审查通过。当事人双方或一方在开庭询问期日未到场者，调解委员会得斟酌具体情形，视为调解不成立或者另定日期调解。政府部门如故意不到场，妨碍做成调解建议者，则政府的违法行为不应得到妨碍调解建议做成的有利政府部门的结果，调解委员会可以运用缺席判决的法理，继续进行调解程序并做成调解建议。

调解方案为调解委员会经开庭询问、了解案件事实后，当事人不能达成合意，但已经快接近，调解委员会征询调解委员的意见，为求双方利益的平衡，在不违背双方当事人的主要意思范围内，以职权提出调解方案。调解方案虽然是在当事人没有达成合意的情况下作出的，但由于双方可接受的和解内容非常接近，因此调解方案容易被协议当事人接受。

调解委员会提出的调解建议或调解方案可以使得调解成功率大增。因为无论行政机关提出无调解可能性者，或者劝诱社会资本撤销案件，或不进行后续开庭询问，以及政府拒绝调解建议后，必须要对仲裁机制，均使得调解制度能够发挥

---

① 黄明阳：《我国行政机关ADR制度之理论探讨——以行政调解制度为中心》（下），《政大法学评论》2006年总第90期，第158页。

更大的实效。

PPP合作项目经调解委员会提出调解建议或调解方案，因政府部门不同意导致调解不成立者，社会资本方如果提起仲裁，政府部门不得拒绝。

（3）对PPP调解建议和调解方案的不同意或异议。

A.政府部门不同意调解建议的，应先报请县级以上人民政府批准，并以书面形式向调解委员会和社会资本方说明理由。

B.当事人或参加调解的利害关系人对调解方案必须在送达之日起15日内向调解委员会提出书面异议，在法定期限内提出异议的，视为调解不成立，否则视为已经依据该方案调解成立。

4.调解的结果

（1）案件不受理。案件不受理的情况主要有，当事人不适格、曾经法定机关调解未成立，曾经法院判决确定、无行为能力人或者代理人有欠缺，届期满没有缴纳调解费用、社会资本方不同意调解、项目不是政府与社会资本合作项目，其他理由。

（2）社会资本方无理由或建议驳回社会资本方请求。调解委员会经过询问、调查等程序以后，认为社会资本请求无理由时，建议驳回社会资本方请求，委员会认为建议之理由不充分或案情要点未经过详细询问调查，可以要求该委员继续开庭询问或将重要技术问题另送鉴定。

（3）根据调解建议或调解方案作出调解或和解决定。必须要说明的是，除运用政府设立的专门的调解委员会解决PPP纠纷外，还可以利用行业组织、社会组织设立的调解机构来解决PPP纠纷，发挥各种调解机制的综合效应。

（七）仲裁纠纷解决机制

1. PPP纠纷的可仲裁性争论

对于PPP纠纷能否采用仲裁手段予以解决，理论界是有分歧的。一种观点认为PPP纠纷不能仲裁，例如有学者认为："在公私合作协议中，行政机关和私方合作者约定以仲裁方式解决协议纠纷的，人民法院应当认定该仲裁条款无效"[①]，也即认为PPP纠纷不能仲裁。另一种观点认为PPP纠纷可以仲裁，

① 梁凤云：《公私合作协议的公法属性及其法律救济》，载《行政执法与行政审判》，中国法制出版社2018年版，第18页。

例如有学者认为："政府与社会资本合作协议（无论定性为行政协议或民事协议）可以仲裁，并通过法院对仲裁结果进行司法审查，能达成确保人民权益与行政合法性的司法任务。"[①]有学者进一步认为："特许经营协议中仍然可以约定仲裁的纠纷解决方式，然而需将仲裁方式限于与行政机关具体行政行为无关的纠纷，为了避免争议，可以在合同中列举哪些行为纠纷与具体行政行为无关，并受仲裁条款约束。"[②]之所以会发生这两种分歧，主要是因为学者将PPP纠纷的仲裁解决方法与对PPP协议的定性进行了勾连，认为PPP协议如果定性为行政协议，便不能进行仲裁；如果定性为民事协议，便必然能够仲裁。笔者认为，PPP协议是否可以仲裁，应该和PPP协议定性没有绝对关系。PPP协议无论定性为行政协议，抑或民事协议，甚至混合协议，都可以采用仲裁手段予以解决。

PPP纠纷之所以能够仲裁，是因为：从理论上看，PPP协议的标的，如果协议当事人具有处分权，且和解不违反公益者，便不能排除PPP契约的可仲裁性。诚如有学者所言："仲裁制度广泛作为裁判外纠纷解决机制之一，其本质上与其所欲解决的争议定性并无必然关系，而应取决于该争议是否属于依法得和解者。也即，纵使为公法上争议，倘非全无和解之可能，则该公法上争议，既属于依法得和解之争议，恐无排除其利用仲裁程序解决之依据。"[③]唯须注意的是，交付仲裁时，PPP契约仍须遵循依法行政原则，仲裁员不能以纯粹私法契约解决争执的观点去处理PPP纠纷，而应该遵循特殊的审理规则。

从立法实践来看，在国外，从PPP纠纷解决的立法规定及操作实务来看，PPP模式的各种纠纷，包括PPP协议，也是可以通过仲裁路径予以解决的。例如，巴西2004年颁布的《巴西政府与社会资本合作法》，也即《PPP法律》，也明确规定将仲裁作为争端解决机制之一，并可以纳入PPP协议的强制条款之中。再如，在土耳其，PPP合同履行中所产生的任何纠纷都可以通过仲裁或法院途径解决。对于包含涉外因素的案件，可以适用国家仲裁。

在国内，尽管最高人民法院《行政协议解释》将仲裁排除在PPP纠纷解决的

---

① 姜波、叶树理：《行政协议争议仲裁问题研究》，《行政法学研究》2018年第3期。

② 黄华珍：《规则与启示：特许经营PPP裁判规则解读与适用》，北京大学出版社2017年版，第154页。

③ 刘宗德：《公权力关系所生争议利用仲裁解决之论议》，《月旦法学杂志》2019年总第285期，第72页。

应有手段之外，[①]但我国仍然有规范性文件将仲裁作为解决PPP纠纷的手段；[②]而且我国《仲裁法》也并没有明确排除仲裁不适用于PPP纠纷。根据我国《仲裁法》第二条、第三条的规定，平等主体的公民、法人和其他组织之间发生的合同纠纷和其他财产权益纠纷，可以仲裁。而下列纠纷则不能仲裁：（1）婚姻、收养、监护、扶养、继承纠纷；（2）依法应当由行政机关处理的行政争议。从该条规定可知，只要不是婚姻、收养、监护、扶养、继承等人身性很强的纠纷，以及依法应当由行政机关处理的行政争议，例如根据《行政复议法》应该通过行政复议解决的行政争议外，凡是合同纠纷，都可以申请仲裁。我国《仲裁法》第二条所规定的"合同纠纷"应作广义理解，即"合同"不仅指我国合同法中规定的合同，还应包括相关民事、经济立法中规定的合同，[③]甚至是行政合同[④]或公私混合合同。PPP公私合作契约如果从行政性和公益性方面看，就是行政合同，也是典型的公私混合合同，自然是我国《仲裁法》所规定的合同之一种类型。另外，从我国《仲裁法》第三条的除外规定来看，其也只是将由行政机关处理的行政争议排除在外，但并没有排除不由行政机关处理的行政争议，例如PPP合作契约争议。因此，我国《仲裁法》并没有将PPP协议排除在适用范围之外，只不过《仲裁法》的相关规定并不能完全适用于PPP协议。因此，因PPP履约所生的纠纷可以适用仲裁程序。[⑤]

---

① 《行政协议解释》第二十六条规定："行政协议约定仲裁条款的，人民法院应当确认该条款无效，但法律、行政法规或者我国缔结、参加的国际条约另有规定的除外。"

② 就在最高人民法院《行政协议解释》颁布后不久，2020年2月21日，财政部办公厅发布《关于印发污水处理和垃圾处理领域PPP项目合同示范文本的通知》（财办金〔2020〕10号），该示范文本推荐的争议解决方式依然为仲裁或者诉讼，其在使用说明中明确指出，"由于PPP项目涉及的参与方众多、利益关系复杂且项目期限较长，因此在PPP项目所涉合同中需要就合同签订后可能产生的争议解决机制进行明确约定。PPP各参与方在使用本条款时，应当根据项目的具体情况进行灵活选择，一般以仲裁或者诉讼作为最终的争议解决方式"。由此可见，财政部依然坚持认为，PPP项目合同的争议解决方式可以选择仲裁。

③ 参见黄进、宋连斌、徐前权主编：《仲裁法学》，中国政法大学出版社2002年版，第24页。

④ 有学者就认为仲裁法的适用范围也应该及于行政合同。参见黄正宗：《有关"最高院"仲裁法上几个裁判之建议》，《仲裁季刊》2009年第89期，第34—57页。

⑤ 刘宗德教授也认为："因行政契约所生之履约争议，尤其涉及公私协力或合作契约之类型，即属于适合利用仲裁程序。"参见刘宗德：《公权力关系所生争议利用仲裁解决之论议》，《月旦法学杂志》2019年总第285期，第76页。

2. PPP纠纷仲裁的范围

并非所有的PPP纠纷都能通过仲裁手段予以解决，能适用仲裁解决的PPP纠纷原则上不涉及行政行为本身效力之赋予或排除及行使。当事人可以在PPP协议中约定协议所产生的争议的可仲裁范围和不可仲裁的范围。具体来说：如果涉及法定专属权限，或应经其他主管部门核定事项，定价机制或收费标准的确定及调整，行政监督管理，或责令中止新建、营运或强制接管等公权力色彩强的事项，应该不宜提付仲裁；如属于特许费之约定及调整，经营期间之展延或变更，设施所有权的维护、更新及归属，融资的期限、方式、收益取得及分配，履约担保、违约责任、合意终止或解除，经营期间的风险分担，基于公益单方终止或调整契约内容或不可预见所生的补偿争议等，则适宜提交仲裁。①

3. PPP纠纷仲裁的程序规则

（1）仲裁员选任与仲裁机构之选择。为避免仲裁员沦为选任PPP纠纷当事人之代理人，仲裁员之选任可由政府与社会资本方在仲裁条款内明确约定仲裁员均由仲裁机构自专业公正之人士中选任充之，或至少规定第三仲裁员即首席仲裁员应由仲裁机构自专业之公正人士中选任。因此，必须要建立一个值得政府方与社会资本方均得以信赖之PPP项目仲裁员名单，以供纠纷双方选任仲裁员。如果能真正建立此一PPP项目仲裁之仲裁员名单，再配合合理之仲裁员选任方法，此应可有效祛除对仲裁员选任方法不公正之疑虑，并有助于政府机关恢复对仲裁制度之信心②。如果PPP项目具有涉外性，仲裁员不得与仲裁任何一方当事人的国籍相同，社会资本方是联合体的，其中也不得与联合体中的任何一方国籍相同，除非当事人另有约定。

PPP协议可以选择国内的仲裁机构，也可以选择国外的仲裁机构，但出于一致性考虑，PPP协议及项目相关协议项下所有争议解决过程应适用同一仲裁机构的规则。③

（2）仲裁程序及仲裁判断公开化。从传统仲裁理论和国际惯例来看，运用

---

① 刘宗德：《公权力关系所生争议利用仲裁解决之论议》，《月旦法学杂志》2019年总第285期，第79页。

② 李家庆、萧伟松：《工程仲裁未来之走向——先调后仲之争端解决模式》，《仲裁》2006年第80期，第10—12页。

③ 世界银行集团、PPP基础设施咨询基金、全球基础设施基金：《PPP合同条款指南》，经济科学出版社2018年版，第113页。

仲裁程序解决纠纷一般都坚持仲裁程序及仲裁判断非公开化。我国《仲裁法》第四十条规定："仲裁不公开进行。当事人协议公开的，可以公开进行，但涉及国家秘密的除外。"可知，仲裁程序和仲裁结果原则不公开，只有当事人达成协议约定公开仲裁程序的，才予以公开。仲裁非公开此乃民商事仲裁制度之特性，对于民事合同或一般经济合同引发的纠纷，基于营业秘密及经济利益之考量，自有其必要性。但是PPP纠纷案件所涉及者，已非单纯私人间之商业利益，尚攸关公共利益，且仲裁判断若未公开，社会舆论无法予以监督，即无法给予仲裁员压力，以提升仲裁判断之质量[①]，这对于公共利益之保护和人民的民主参与和监督权之保障实为不足，因此PPP案件的履约争议处理之全过程，除有特别之考量因素外，应该以公开为宜，但也应采取措施确保国家、社会资本方和利害关系人的合法权益和有关机密不致外泄。

（3）建立客观、专业及公正之鉴定机制。PPP项目争议常涉及工程和公共服务方面的技术和专业知识，因此，在PPP纠纷的仲裁程序中，仲裁机构时常就PPP项目技术上的纠纷委托相关专业机构进行鉴定之必要。尽管仲裁员可能已具有一定专业背景，然而PPP案件之复杂性和长周期性，或基于公平性之考量，而有将PPP案件托付专业机构进行鉴定之必要，考虑到PPP项目之鉴定在PPP履约争议事件中常系决定仲裁胜负之关键，因此，实应建立客观、专业以及公正之PPP案件鉴定机制，以弥补仲裁机构和仲裁员专业性之不足。

4.仲裁审理规则

对于不涉及行政行为的纯粹的PPP合同履行问题，只要按照仲裁法规定的审理规则便能顺利作出裁决。唯有疑问的是，仲裁庭一般不能审理一个行政行为的合法性争议，但是PPP纠纷又以这个行政行为为基础，仲裁庭应该怎么办？仲裁中对涉及政府方PPP合同责任的主请求作出的裁判，取决于有关仲裁庭就行政行为的合法性之附随审理，则仲裁庭必须对该行政行为的合法性进行审理。如果仲裁庭认定该行为是违法的，且政府方的合同责任所取决的其他法定前提又成立了，则裁决政府方向对方当事人支付全部或部分其所请求的损害赔偿。在这种情况下，由于仲裁庭无权撤销行政行为（撤销行政行为一般是司法机关的权力），因此只是宣告有关行政行为违法，而并不撤销该行为，且只是在具体个案中不适

① 李家庆：《政府采购法先调后仲机制与工程仲裁制度之兴革》，《仲裁》2007年第83期，第109页。

用该行政行为而已。这样做的好处是使仲裁裁决权不完全失去其取代人民法院解决PPP纠纷的主要功能，也不会削弱或抹杀仲裁纠纷解决机制的快捷性优势。如果仲裁庭必须中止有关PPP裁决直至司法机关就有关行政行为的合法性作出确定为止，则显然削弱或抹杀了仲裁的快捷性。[①]

（八）行政裁决机制

行政裁决是行政机关根据当事人申请，根据法律法规授权，居中对与行政管理活动密切相关的民事纠纷进行裁处的行为。[②]尽管行政裁决是对纠纷的裁处机制，但是长期以来，我们一直将其作为一种行政管理手段。从我国最初的行政裁决制度设计和运作实践来看，在我国行政裁决制度化的开始阶段，就没有对其基本目标作出准确定位，即把本应作为解纷手段的行政裁决制度误作为实现行政管理的手段。[③]也就是说，行政机关把行政裁决当作社会管理的一种工具，运用强权将纠纷处理掉，而非居中实质性地化解争议和解决纠纷。

进入新世纪，党的十八届四中全会提出："健全社会矛盾纠纷预防化解机制，完善调解、仲裁、行政裁决、行政复议、诉讼等有机衔接、相互协调的多元化纠纷解决机制""健全行政裁决制度，强化行政机关解决同行政管理活动密切相关的民事纠纷功能"。《法治政府建设实施纲要（2015—2020年）》要求："有关行政机关要依法开展行政调解、行政裁决工作，及时有效化解矛盾纠纷。"这一系列部署和要求为健全行政裁决制度、加强行政裁决工作提供了重要指引。2018年12月31日，中共中央办公厅、国务院办公厅专门印发了《关于健全行政裁决制度加强行政裁决工作的意见》，指出要建立健全通过行政裁决化解矛盾纠纷的制度，逐步形成党委领导、政府负责、各职能部门为主体的行政裁决工作体制。党中央和国务院的这些政策文件对行政裁决的功能作出了正确定位，使得行政裁决回归到其应有的纠纷解决功能。"行政裁决作为行政机关解决民事纠纷的手段之一，不再是为了行政管理的需要，而是行政机关通过利用自己的专业性、高效性等优势

---

① ［葡］迪奥戈·弗雷塔斯·亚玛勒（Diogo Freitas do Amaral）：《行政法教程》，黄显辉、黄淑禧、黄景禧等译，社会科学文献出版社2020年版，第399页。

② 参见2019年6月2日，中共中央办公厅、国务院办公厅印发《关于健全行政裁决制度加强行政裁决工作的意见》所作的官方定义。

③ 卢护锋：《我国行政裁决制度陷入困境的成因分析》，《东北师范大学学报》（哲学社会科学版）2011年第4期，第247—249页。

为社会提供可供选择的纠纷解决机制。”[①]

1.行政裁决解决PPP纠纷的优势

加强行政裁决工作有利于促成PPP矛盾纠纷的快速解决，发挥化解PPP纠纷的“分流阀”作用。行政裁决在PPP纠纷解决机制中的独特优势主要体现在以下几个方面。

（1）行政裁决的专业性契合了PPP纠纷专业性较强的要求。PPP纠纷通常法律关系复杂，加之PPP涉及领域众多，对纠纷解决的专业性提出了非常高的要求。然而，行政裁决纠纷解决机制能够很好地满足PPP要求，及时解决纠纷。行政裁决纠纷解决机制在某种程度上就是各种纠纷的复杂化和技术化的产物，[②]是行政官员利用自己的专业优势解决两造纠纷的非诉讼机制。“行政机关的官员在长期的行政管理过程中，对其管辖领域内的法规范、政策、专业技术以及相关的社会现实都有相当的把握和了解，因而都是相关领域的专家。”[③]传统上，大多数的公共基础设施和公共服务也都由行政机关提供或者由行政机关进行管理，它们在这方面具有较强的专业性知识和技能，所以能够更好地满足PPP纠纷多项专业性和政策性的要求。法官只是法律问题的专家，对PPP项目的特有专业性问题研究普遍不足，且受自身办案类型和审判经历限制明显，在技术上有无法克服的困难。尤其是对PPP模式的公共工程纠纷案件，法官更是力所不逮，心余力绌。其实，行政裁决制度作为多元化解决社会纠纷的方式，本身就是诉讼解决纠纷局限性的外化。[④]因此，运用行政裁决机制能够更好地解决PPP纠纷，满足PPP纠纷的专业性要求。

（2）行政裁决的成本低。行政裁决机制是行政机关运用行政裁决权解决PPP纠纷的机制，当事人利用行政裁决机制解决PPP纠纷无需支付任何费用。而且行政机关解决PPP纠纷一般无需借助其他人员或邀请专家，故也不用支付额外的费用，而且PPP纠纷大多由基础设施所在地和公共服务提供地的行政机关就近解决，从而有利于降低人力和财力，节省资源。而仲裁、诉讼相对来说，要收取一定的诉讼、仲裁费用，其经济性明显不如行政裁决。

（3）行政裁决高效便捷确保了PPP公共利益的持续不中断供给。PPP项目的本质

---

① 马怀德：《行政法前沿问题研究》，法律出版社2018年版，第427页。

② 胡建淼：《行政法学》，法律出版社2015年版，第409页。

③ 赵银翠：《行政过程中的民事纠纷解决机制研究》，法律出版社2012年版，第43页。

④ 姬亚平：《行政裁决问题研究》，《理论学刊》2008年第10期。

是公私合作提供公共产品和公共服务，其纠纷处理结果不仅关系社会资本及第三人的经济利益，也关系公共利益的持续维护和社会秩序的安宁。因此PPP案件的处理必须高效，以快速稳定PPP法律关系，使当事人迅速投入生产和服务。久拖不决的PPP纠纷，会对公私双方及其他当事人造成重大损失，特别是“马拉松式”诉讼或“虚假诉讼”。行政裁决程序简单且灵活，不必像诉讼程序那样琐碎、缓慢，行政裁决可以采取在线立案、在线办理、信息共享、数据分析等现代化科技信息手段，裁决人员专业性强和业务精湛，可以高效便捷地解决PPP纠纷。所以，英国行政法学者韦德教授认为行政裁决制度“能够提供一种较为迅速、经济，也更为便捷的公正裁判”①。

（4）PPP纠纷的行政裁决结果的可接受度较高。行政主体对行政案件或行政争议作出处理或裁决的最终目的是解决行政问题或发生在行政相对人之间的法律争议，而这些问题能否在行政主体作出的行政决定之下得以解决，则取决于行政相对人是否能从内心接受以及在多大程度上接受行政主体作出的行政决定。②PPP纠纷是由行政机关进行裁决，而裁决PPP纠纷的行政裁决机关一般都是PPP项目的主管机关和相关部门，这些机关与当事人有交集，相互比较熟悉，当事人碍于情面和继续合作等现实情况的考虑，往往会比较容易接受裁决决定，同时行政机关进行行政裁决前还应该对PPP纠纷进行调解，调解能更加了解当事人的合意，因此行政机关对PPP纠纷作出的行政裁决决定也容易为当事人所接受，只有当事人真正接受的纠纷决定才是真正的“案结事了”的决定。

2. PPP纠纷解决的行政裁决机制之构建

（1）设立专门的PPP纠纷行政裁决机构。目前我国行政裁决主体独立性不够，多数裁决机关没有设置专门裁决机构，行政执法权与行政裁决权由同一主体行使，不符合自然公正的基本要求。在英美法系国家，与行政管理有关的争议一般由相对独立的机构进行裁决。例如在英国，行政裁决是由依据议会法律设立的独立于行政机关的行政裁判所对与行政管理有关的争议进行裁决的活动。③我国的行政裁决权并非像英国设立独立机构，即由行政裁判所来行使，一般是由政府部门的内设机构来处理行政裁决的问题，这便会带来民众对行政裁决公正性的质

---

① ［英］威廉·韦德：《行政法》，徐炳等译，中国大百科全书出版社1997年版，第620页。

② 雷虹、张弘：《论行政决定的可接受性》，《辽宁大学学报》（哲学社会科学版）2011年第5期，第117—121页。

③ 王名扬：《英国行政法》，北京大学出版社2007年版，第104页。

疑。因此，从既成的经验来看，设立相对独立的行政裁决机构来解决PPP纠纷是制度发展的必然趋势。要让PPP项目实施机关、社会资本方和其他利益相关群体感觉到PPP纠纷裁决解决手段的高效、公平和公正，就必须要有一个专门的行政裁决解纷机构。"从解决纠纷角度来看，解纷机构只要有独立的地位，有职业化的人员，有适合解决纠纷的程序，就完全可以公正地解决纠纷。"①

在我国，可以考虑设立相对独立的PPP行政裁决委员会，集中相关政府部门的行政裁决权，统一集中解决PPP纠纷。PPP行政裁决委员会可以在设区的市以上的行政区域内设立，不同层级的行政裁决委员会之间只具有业务指导关系，没有隶属关系。行政裁决委员会隶属于所属人民政府，由PPP项目的实施机构、发改部门、财政部门等机构组成，其职责主要是调解和裁决案件，提供相关咨询。PPP行政裁决委员会不受理本级人民政府作为合作方的PPP民事纠纷，县级以上人民政府与社会资本方的PPP纠纷只能向上一级PPP行政仲裁委员会提出申请，由上一级PPP行政仲裁委员会受理。国务院部门作为项目实施机构或者省级人民政府作为合作方的PPP纠纷，由国务院PPP行政裁决委员会受理。为了确保案件裁决的公正性和专业性，PPP行政裁决委员会可以聘请兼职裁决员，兼职裁决员应当具有工程、金融、法律、建筑等方面的专业知识。"行政裁决员应当具有裁决私法上的争议的法律知识和裁判能力，有良好的道德情操和敬业精神。"②行政裁决员非经法定程序、法定理由不得被免职、停职、辞退、开除等，行政裁决员的工作条件和工资福利受法律保障，任何组织和个人不得非法剥夺和克扣。

（2）构建高效公正的PPP纠纷行政裁决的法律程序。行政程序作为一种法律制度，泛指行政机关为达成特定之目的或实现一定之构想，尤其是透过一定的方法、决定或措施形成或确定政策、权利与义务或法律关系，并就达成该目的或实现该构想的方法、步骤或措施，有计划地获取信息及处理证据资料等信息的过程。③任何纠纷的圆满解决，都离不开完善的法律程序的保障。PPP纠纷的行政裁决必须要有一套规范的、严格的纠纷解决程序，以达到既能快速获取信息和化解纠纷，又能规范和制约行政裁决权的滥用。

---

① 耿宝建：《行政纠纷解决的路径选择》，法律出版社2013年版，第158页。

② 王小红：《行政裁决制度研究》，知识产权出版社2011年版，第218页。

③ Peter Badura, in Erichsen/Ehlers（Hrsg.），Allgemeines Verwaltungsrecht，12.Aufl.，2002，§33Rn.7.

PPP纠纷行政裁决的法律程序一般包括申请、受理、审理与裁决、执行等阶段。

申请

PPP纠纷当事人申请行政裁决一般要在法定期限内提交书面申请书和相关证据，行政裁决机关要对申请进行审查，对不符合条件的申请，通知申请人不予受理并说明理由。申请行政裁决的文件不符合规定的，应当在7日内补正。期满未补正的，该请求视为未提出。PPP纠纷当事人申请行政裁决应当提交裁决申请书，申请书应当载明当事人的基本情况、裁决请求事项、事实与理由、相关证据等。

受理

裁决机关应当在收到行政裁决申请书之日起5个工作日内对行政裁决申请书进行审查，经审核，资料齐全、符合受理条件的，应当在收到申请之日起5个工作日内向申请人发出裁决受理通知书。申请裁决资料不齐全、需要补充资料的，应当在5个工作日内一次性书面告知申请人，可以当场补正的，应当当场补正。补正后符合受理条件的，应当予以受理。有下列情形之一的，行政裁决机关不予受理行政裁决申请：对PPP过程中的行政纠纷或者对行政权力行使的合法性提出行政裁决的；申请人或者被申请人不是纠纷当事人的；行政裁决作出后，当事人就同一事由再次申请裁决的；双方当事人订有仲裁条款或事后达成仲裁协议的；一方当事人已经提起诉讼的；认为依法不予受理的其他情形。对裁决申请不予受理的，行政裁决委员会部门应当自收到申请之日起5个工作日内书面通知申请人。当事人提请裁决的PPP纠纷，由公共基础设施所在地、公共服务提供地或接受地的行政裁决机关受理。

审理与裁决

行政裁决委员会受理PPP纠纷裁决申请后，应当向被申请人送达裁决申请书副本及答辩通知书，并告知被申请人的权利。裁决工作人员与当事人有利害关系或者有其他关系可能影响公正裁决的，应当回避。裁决委员会应当采取合议制形式裁决案件，裁决PPP纠纷应当先行调解，当事人经调解达成协议的，出具裁决终结书；调解不能达成协议的，行政机关应当及时作出书面裁决。部分事项达成一致意见的，裁决时应当予以确认。在作出行政裁决之前应该充分保障当事人的陈述和申辩权，应当充分听取双方当事人的陈述，允许当事人就争议问题展开辩论，并对纠纷事实进行必要的调查。由于PPP纠纷案件涉及公共利益，因此PPP

纠纷案件应该公开进行审理和裁决，行政裁决最迟应当自立案之日起30日内作出，并于7日内采用微信、传真、电子邮件等方式，或双方约定的方式及时送达当事人。

执行

行政裁决是行政机关运用行政权力解决纠纷的活动，具备法律效力，当事人应当服从并履行生效的行政裁决。当事人在作出行政裁决后30日内，既不申请行政复议，也不提起行政诉讼，裁决决定即发生法律效力。PPP纠纷当事人可以申请人民法院强制执行，行政机关也可以向人民法院申请强制执行。

在这里应该注意的是，PPP纠纷行政裁决程序的各阶段具体程序之构建与行政机关的一般执法程序要有所不同，它应该突出行政程序的高效和纠纷解决的公正这两大特点，以防裁决机关套用传统的行政程序模式解决PPP纠纷。

（3）完善PPP纠纷行政裁决之监督救济机制。PPP纠纷之行政裁决是纠纷解决机关运用行政权力化解PPP纠纷的行政行为。为了防止PPP纠纷当事人公私分赃、贱卖公共财产、滥用行政裁决权等不良行为的发生，必须加强对PPP纠纷行政裁决行为的监督。充分发挥人大、检察机关、监察委员会及媒体对PPP纠纷解决过程中的违法违规行为进行全方位、无缝隙监督。特别是要发挥司法机关对行政裁决行为的监督。行政裁决作为纠纷解决机制并不是终局的，这一点学界的认识基本是一致的。“无论过去还是现在，无论立法还是实践，对于行政裁决的可诉性是没有疑问的。问题只是在于，当事人对于行政机关的行政裁决不服，应当适用民事诉讼还是行政诉讼程序以实现法律救济。”[①]笔者认为，行政裁决行为尽管是对民事纠纷的解决，但它仍然运用了行政裁决权，行政机关或行政裁决委员会作出的裁决决定难免具有“公权力”的色彩，而且裁决本来就有强制性的因素，这种强制性因素和公权力色彩有可能导致作出的行政裁决决定违法或不合理，如果当事人不服纠纷解决结果，仅就原民事纠纷提起民事诉讼，不利于监督行政机关依法行政，而且也有可能使得行政裁决纠纷机制程序“空转”。我国过去的一些法律规定之所以对行政裁决不服提起民事诉讼的做法，是因为当时的民事诉讼机制比较健全，行政诉讼纠纷解决机制的不健全，以及我们对行政裁决机制的认识不全面、理解不深刻。如今，我国的行政诉讼制度已经比较健全，而且现行

---

① 胡建淼：《行政法学》，法律出版社2015年版，第415页。

《行政诉讼法》第六十一条[①]规定了行政裁决附带民事诉讼制度。行政裁决附带民事诉讼制度既能够监督行政机关依法行政，也能够快速解决当事人之间的民事纠纷，因此是一个解决混合纠纷问题的“双赢”机制。回到本书，当事人不服行政裁决委员会对PPP纠纷作出的行政裁决决定的，可以提起行政裁决附带民事诉讼一并予以解决。但是法律另有规定的，依照其规定。

总之，通过完善行政裁决机制，可以专业、高效地化解PPP争议和解决纠纷，推动PPP项目良性发展。我们相信，行政裁决将会成为PPP纠纷解决机制的翘楚。

（九）行政复议机制

1.将PPP协议纠纷纳入行政复议受案范围

我国现行行政复议制度是基于对权力支配关系的行政行为的控制需要而建立起来的单向性救济结构，整个制度的基本设计思想主要是从保障相对人的权益角度出发的，反映在启动复议的机制上就是只允许相对人提出复议申请，在复议裁决的基础上就是只审查行政机关的具体行政行为，在复议裁决的结果上就是只针对行政机关作出处理决定。[②]也就是说，我国的行政复议制度之架构主要是对单方具体行政行为的审查和监督，没有明确规定双方行政行为的监督救济。但20世纪以来，在“合作国家”及“公私协力”的时代潮流鼓吹下，行政契约从行政法少人耳闻的“养子”地位，迅速成为行政法学上炙手可热的“二掌柜”，[③]甚至与单方行政行为有并驾齐驱之势。契约在行政法上的大量运用，不仅丰富了政府施政的手段，而且调动了民众积极参与公共事务建设之热情，但也随之产生了大量合同纠纷。对于这种合同纠纷，尤其是PPP纠纷，能否通过行政复议手段获得救济，在理论和实践上存有分歧。概括起来，主要有两种观点，也即不可复议和可以复议。持“不可复议说”的学者认为，不含特许经营内容的政府与社会资本合作协议，因为没有对应的具体行政行为，也不具有行政属性，从统一市场交易规则、降低市场交易成本与风险、促进各类主体平等参与市场、减少国家对市场活动的干预角度出发，行政复议权不宜介入，相应争议不应纳入行政复议

---

① 《行政诉讼法》第六十一条规定：“在涉及行政许可、登记、征收、征用和行政机关对民事争议所作的裁决的行政诉讼中，当事人申请一并解决相关民事争议的，人民法院可以一并审理……”

② 余凌云：《行政契约论》，中国人民大学出版社2000年版，第167页。

③ 林明锵：《行政契约法研究》，新学林出版股份有限公司2020年版，第119页。

范围。[①]其实早在2017年国务院法制办公室就作出答复，认为PPP协议不可复议。2017年9月13日，国务院法制办公室在对《交通运输部关于政府特许经营协议等引起的行政协议争议是否属于行政复议受理范围的函》的复函中答复称：政府特许经营协议等协议争议不属于《行政复议法》第六条规定的行政复议受案范围。国务院法制办的复函常常具有指导行政复议工作的功能，因此其无疑对各级行政机关在行政复议中是否受理行政协议纠纷的复议案件，起到指引和导向作用。然而，也有部分学者认为PPP纠纷可以复议。例如有学者认为，虽然根据我国现行的《行政复议法》，有关PPP协议的行政纠纷不属于其明确列举的申请复议范围，但是该法第六条第十一项规定了兜底条款，即"认为行政机关的其他具体行政行为侵犯其合法权益的"。例如，PPP协议的行政纠纷是政府行使行政职权而引起的，符合兜底条款的规定，应当属于行政复议的审查范围。[②]

笔者认为，PPP纠纷的当事人可以申请行政复议，运用复议手段解决双方或多方的PPP纠纷，无论是涉及行政权的纠纷，还是涉及民事的纠纷。主要理由如下：首先，部分行政法规范承认此种纠纷解决方式。《基础设施和公用事业特许经营管理办法》（六部委令第25号，以下简称25号令）规定了协商、共同聘请专家或第三方机构进行调解、行政复议或行政诉讼的解决方式，该25号令围绕特许经营活动展开，不难理解其将特许经营协议争议划归到行政纠纷解决途径中。国务院法制办于2017年7月21日公布的《基础设施和公共服务领域政府和社会资本合作条例》（征求意见稿）规定，PPP合同争议可采取协商、对专业技术问题可聘请专家或专业技术机构提出专业意见、因PPP合同履行发生的争议可以申请仲裁或诉讼、因政府有关部门作出的与PPP项目实施和监督管理有关的具体行政行为可以提起行政复议或行政诉讼的解决方式。该征求意见稿传递出一种解决思路，即PPP争端的解决关键要区分具体行为属性，在判定行为属于具体行政行为还是民事法律行为后，将不同行为归属于不同部门法管辖。其次，从现行《行政复议法》的规定来看，其也没有将协议排除在复议范围之外。从内部体系看，《行政复议法》第六条第六项规定，行政相对人认为行政机关变更或者废止农业承包合同侵犯其合法权益的，可以申请行政复议。该项明确了可以受理因行政机关变更或者废止农业承包合同而引发的争议。除了这两种合同之外的其他行政协议呢？

① 赵德关：《行政协议纳入行政复议审查问题研究》，《行政法学研究》2021年第4期，第120—133页。
② 陈鹏：《论PPP协议多元纠纷解决机制的构建》，《经济法论丛》2020年第2卷，第193—210页。

《行政复议法》第六条第十一项作为兜底条款，给行政复议受案范围留下了很大空间。同时，行政协议具有可复议性，并非《行政复议法》禁止复议的范围，也不违反我国法律的强制性规定。因此，行政协议纠纷属于行政复议受案范围的兜底条款的范畴之内，具有现实的法定性。因此，笔者建议行政复议法将行政复议的范围扩大到行政协议行为，从而将PPP协议中政府与社会资本方之间发生的纠纷纳入受案范围，发挥行政复议的监督和纠纷解决功能。

2.设立专业的行政复议机构

PPP项目专业性非常强，而且关系较为复杂，政府与社会资本方之间发生的行政纠纷必须要有一个专业的复议机构进行解决，而目前我国的行政复议机构独立性较差、人员不具有PPP业务方面的专业知识，难以对PPP案件进行复议，因此需要一个独立且专业的PPP行政复议委员会来解决PPP项目双方之间发生的纠纷。PPP行政复议委员会可以设置在PPP项目实施机构的上一级人民政府，复议人员由发改部门、财政部门、项目实施机构的上一级行政部门的工作人员和PPP法律专家组成。经过PPP行政复议委员会认定的案件事实，可以作为法院审理案件的事实依据。

3.行政复议程序

（1）申请。行政复议是依申请的行为，以申请人主动提起申请为前提，没有申请人的申请，复议机关不能主动行使复议权，运用复议手段解决PPP纠纷。申请人提起复议申请时，必须符合申请复议的条件、期限和形式要求。

针对PPP纠纷，申请行政复议应当具备的条件主要有：申请人必须是PPP纠纷的合同当事人或利害关系人；有明确的被申请人；有具体的复议请求和事实根据；受理复议的机关具有管辖权；法律、行政法规规定的其他条件。

关于PPP纠纷申请复议的期限，一般可分为两种情况：第一，如果申请人的复议请求是关于行政行为的合法、合理争议的，此时申请行政复议的期限，可以采纳现行《行政复议法》第九条之规定，也即申请人可以自知道该行政行为之日起60日内提出复议申请，但是法律规定的申请期限超过60日的除外。因不可抗力或者其他正当理由耽误法定申请期限的，申请期限自障碍消除之日起继续计算。第二，如果复议请求不涉及行政权，只是纯粹的PPP合同纠纷，申请期限应该适用民事诉讼时效之规定。

关于申请行政复议的形式，PPP纠纷应当要比我国现行的针对具体行政行为的申请有更严格的要求。我国现行行政复议法规定，行政复议申请既可以书面申请，也可以口头申请。但是PPP纠纷较为复杂，期限较长，涉及重大公共利益，因此都采用书面形式订立，以预防纠纷。正因如此，为了帮助复议机关及时受理案件，厘清案件事实，PPP纠纷应当采用书面申请方式，不得口头提出申请。

（2）受理与审理。关于行政复议的受理与审查，PPP纠纷同对具体行政行为的复议的受理与审查基本一样。行政复议机关通过对行政复议申请的审查，认为该申请符合法定条件时，接受申请，并予以立案。通常人们把行政复议机关的这一活动，称为行政复议的受理。行政复议机关对行政复议申请进行审查，是确保行政复议活动正常进行的重要环节。做好这一工作，既可以保证申请人正确行使自己的权利；也可以避免行政复议机关盲目立案，为顺利地开展行政复议活动创造有利条件。

行政复议机关在收到行政复议申请书后，应当及时审查行政复议申请的内容。唯《行政复议法》“行政复议机关接到行政复议申请后，应当在五日内进行审查”之规定，过于追求审查效益，期限过短，难以适用于复杂的PPP合同纠纷，因此，复议期限应该适当延长至10—15日。

对于行政复议申请的审查，应主要审查以下几个方面的内容：①行政复议申请是否属于行政复议的受案范围。②行政复议申请是否超过法定期限，超过法定期限有无不可抗力或正当理由。③行政复议申请人是否符合条件。④行政复议申请书是否符合条件，审查申请书的格式和内容是否符合要求，PPP行政复议申请书应当包括申请人和被申请人的基本情况，行政复议请求，申请行政复议的主要事实、理由和时间。申请人和被申请人的基本情况包括：申请人的姓名、性别、年龄、职业、住址等（法人或者其他组织的名称、地址、法定代表人的姓名）；被申请人的名称、地址。⑤行政复议申请是否属于本行政复议机关的管辖范围。⑥行政复议申请提出之前，是否已向人民法院提起诉讼。经行政复议机关审查，符合这些条件的，应当立案受理，决定受理的不需要再作出书面的行政处理决定，可以直接进入行政复议审理阶段，通知被申请人参加行政复议；如果认为行政复议申请不符合法定要件，或者超过法定期间且无正当理由，或者已经提起行政诉讼，或者不属本行政复议机关的管辖范围，应当裁定不予受理，并书面告知行政复议申请人不予受理的理由。复议机关决定受理PPP纠纷后，应当在七日内向被申请人送达申请书副本，并要求对方当事人提出书面答复、证据和相关资料。

针对PPP纠纷，行政复议审理时，如果是对涉及行政权的行政行为提出复议，那么举证责任在行政机关一方当事人；如果针对的是PPP协议纠纷，不涉及行政权，坚持“谁主张，谁举证”的原则。复议机关不仅要对PPP合同的内容和行为进行是否合法的审查，还要进行合理的审查，更要审查合同的缔结、履行是否符合协议约定。PPP合同的行政复议审理方式与传统的对具体行政行为的审理方式并不相同，应当原则上采取言辞审理的方式，特殊情况下采取书面审理。根据《行政复议法》第二十二条和《行政复议法实施条例》第三十三条之规定，对单方具体行政行为原则上采取书面审查的方式，必要时，可以采取调查，听取申请人、被申请人和第三人意见，听证等方式进行审理。然而，PPP合同纠纷案件法律关系非常复杂、期限较长、涉及金额巨大，且关系到公共利益的可持续供给，采用书面、简单的听证恐怕难以做到及时化解纠纷、定分止争，稳定社会关系，因此采用言辞审理的方式，有助于确保实质性解决纠纷，并确保行政复议决定的客观和公正。复议机关审理PPP纠纷案件可以适用调解，有利于缓和矛盾，实质性化解争议，但是调解不得损害公共利益或者对公共利益产生威胁或不利影响。复议机关审理PPP复议案件，一般既要审查合法性、合理性，又要审查合约性，为了实现对政府方行政行为合法性和合理性的及时审查，避免公共利益受到不当损害和继续扩大，在审查PPP协议案件时，倘若合法性和合理性问题比较容易判断，那么可以先行就合法性合理性问题作出决定，待事实查清后，可以就后续的合约性及赔偿问题作出决定。

复议机关审理PPP纠纷案件，既可以适用行政法律规范，也可以适用民事法律规范。适用民事法律规范，应当符合下列条件：①调整协议的法律规定不足；②民法典对此有相应的规则可以适用；③适用民法规则不违反行政法的基本原理和原则。可以适用于协议的民法规则包括：①诚实信用、公平合理、公序良俗等民法基本原则；②关于民事行为成立、生效、无效、可撤销等方面的规定，可参照适用；③合同中除了专门适用于民事合同的具有普适性的规则，可以参照适用；④民法中关于委托代理的规则，在行政法没有规定或规定不完整的情况下，可参照适用于行政委托合同；⑤类推适用民事诉讼规则和民事合同责任原则来处理和解决行政合同争议。[①]两者如有冲突，在判断政府方行为的合法或合理与合约时，

① 海南省高级人民法院课题组：《行政协议的受案范围及审理规则初探》，载中华人民共和国最高人民法院行政审判庭：《行政执法与行政审判》总第68卷，中国法制出版社2018年版，第98—99页。

应该优先适用行政法律规范；在合同内容的具体履行方面优先适用民事法律规范，但行政法律规范有特殊规定的除外。

复议机关审理PPP协议案件，应该收取复议费，复议费由败诉方承担，双方都有责任的，由双方分担。复议费用的多少，应该根据PPP协议当事人争议标的额的一定比例收取。

（3）行政复议决定。我国行政复议法和行政复议法实施条例针对具体行政行为的不同复议请求，规定了维持决定、履行决定、撤销、变更和确认违法决定、驳回决定、行政赔偿决定等决定种类。这些行政复议案件法定复议决定方式不能满足PPP协议案件多样性、复杂性决定的要求，需要构建完整的PPP协议案件复议决定种类体系。PPP协议案件复议决定方式在选择适用时，要结合PPP协议案件的合法性和合约性审查要求，将传统行政案件复议决定方式与合同案件决定方式综合适用于PPP协议案件。构建PPP协议案件复议决定方式体系是为了公正高效地审理PPP协议案件，有效化解争议，有必要从公共利益和私人利益平衡、改革创新、实质性化解争议和统一标准等方面推动PPP协议案件复议决定方式体系的形成。笔者认为，针对PPP协议的特点和争议诉求的不同，PPP协议案件复议决定方式体系主要是：

①不受理或驳回复议申请决定。复议机关作出不受理复议决定的情形主要有：复议申请书不符合要求，拒绝补正的，或者逾期没有补正的；超过复议申请期限的；申请人不具备复议资格或无行为能力的；行政行为或行政协议不存在的；重复提起复议的等情形。驳回复议申请决定主要有：复议申请无理由；申请人要求协议相对方履行义务，对方已经履行的，及受理复议申请后，发现不符合受理条件的。

②确认决定。确认决定包括确认PPP协议有效、PPP协议无效和PPP协议违法行政复议决定。

③给付决定。当事人未依法履行、未按照约定履行协议，复议机关可以作出继续履行决定，并明确继续履行的具体内容。

④补救决定。PPP协议无法履行或者继续履行无实际意义的，复议机关可以决定当事人采取相应的补救措施，给对方造成损失的，决定予以赔偿。

⑤变更决定。PPP协议中政府作出的行政行为明显不合理的或者协议约定的内容显失公正的，复议机关可以决定予以变更。

⑥撤销决定。PPP协议中，政府作出的行政行为违法的，复议机关可以作出

撤销决定。

⑦解除决定。申请人请求解除协议，复议机关认为符合约定或法定解除情形且不损害国家利益、社会公共利益和他人合法权益的，可以决定解除PPP协议。

⑧情况决定。情况决定是指，复议机关发现行政机关作出的行政行为虽然违法或不当，但其撤销或变更对于公共利益有重大损害，经衡量申请人所受损害、赔偿程度、防治方法及其他事由，认为撤销和变更原行政行为明显与公益相违背时，从而驳回申请人请求的决定。情况决定制度源于日本法制，①是考量现实情况，因公益需要，所作出的一种不得已的妥协结果。此一制度对于依法行政原则之破坏甚大，故应严格限制其适用。②在PPP协议中，唯有撤销或变更行政行为对公共利益造成重大损害时，才能适用情况决定。复议机关作出情况决定时，应该在复议决定中载明原行政行为违法或不当，对于申请人所受损害，可以命令协议的政府方与申请人进行协商，也可以作出赔偿决定。

⑨赔偿或补偿决定。PPP协议的双方因违反法律法规规定或协议约定，给对方造成损失的，复议机关可以作出赔偿与补偿决定。

以上是几种常见的PPP纠纷解决的非诉讼机制，这些非诉讼机制对于化解PPP纠纷具有重要作用。从国际上看，诉讼外纠纷解决机制在PPP纠纷中的运用非常普遍，基本上实行PPP的国家都在PPP法律法规、政策指南或指导手册中规定了仲裁、调解等诉讼外纠纷解决机制，即使是没有明确法律规定的国家对PPP模式的诉讼外纠纷解决机制也不明确禁止或排斥。从国内来看，随着PPP模式的大力推进和迅猛发展、PPP专业化和经济化的高压要求，以及社会经济的发展和国家治理体系现代化等多种因素的综合作用也使得仲裁③、调解等诉讼外纠纷解决机制的地位日益凸显，必将成为PPP模式下司法权有限撤退后契约当事人和第三人纷争解决的首选和主要的救济管道。尽管诉讼外救济机制，也即受担保的救济机

---

① 吴庚：《行政争诉法》，三民书局2016年版，第155页。

② 刘建宏：《诉愿法之理论与实务》，元照出版有限公司2017年版，第176页。

③ 尽管《行政协议解释》第二十六条规定，行政协议约定仲裁条款的，人民法院应当确认该条款无效。但对于PPP协议来说，由于其并非由单一的行政协议组成，而是一个协议群，因此，应该根据行政协议的定义确定具体的PPP协议的法律属性。如果不属于行政协议，而是民事合同，则合同中约定的仲裁方式有效。参见最高人民法院行政审判庭：《最高人民法院关于审理行政协议案件若干问题的规定理解与适用》，人民法院出版社2020年版，第360页。PPP协议中的大多数纠纷都属于民事纠纷，因此仲裁在PPP协议纠纷解决中具有重要的地位和作用。

制成为PPP纠纷解决的主要管道，但人民法院基于“担保者”和“监督者”的角色定位，应该担保诉讼外纠纷解决机制不会失灵，以免侵害到宪法所要求的民主法治与人权保障的基本秩序。[①]如若诉讼外纠纷解决机制失灵或当事人不满意诉讼外纠纷解决之结果，影响到公共利益和私人权益之维护，人民法院应该肩负起“接管者”之职责，接管该PPP纠纷，使其能够以调解、和解、裁决等方式获得司法诉讼管道的最终解决。

二、PPP纠纷解决的诉讼机制之法律构造

（一）PPP纠纷的诉讼解决途径：行政诉讼，抑或民事诉讼

自现代国家诞生以来，国家设立了专门的司法机关垄断了审判权，诉讼就成了解决纠纷的重要手段。PPP纠纷自然也可以采用诉讼机制予以解决，但在公私协力履行公共任务的过程中，诉讼并非最好的解决手段或者是用武之地不大。这个已经有多人论证过了[②]，也非本书要解决的问题，暂不讨论。本书的假设是PPP纠纷能够采用诉讼机制解决，但是应该采取行政诉讼，抑或民事诉讼予以解决。对于此问题，理论界主要有两种观点。第一种认为应该适用民事诉讼解决PPP纠纷，持这种观点的主要是民法学者和PPP实务界的大多数同志。[③]第二种认为应该适用行政诉讼解决PPP纠纷，持这种观点的主要是行政法学者。例如郑春燕认为政府特许经营协议、征收补偿协议等行政协议纳入行政审判，能够有效解决行政协议进行，因此审判所引发的对公共利益的关照不足，与相对人一方权益保障不被裁判执行困难重重等缺陷。[④]从司法实践来看，在《行政协议解释》出台之前，人民法院基本上都是将PPP纠纷作为民事案件适用民事诉讼程序予以处理，当然也有作为行政案件适用行政诉讼程序予以处理的，但相对比较少。有学者统计，在《行政协议解释》出台之前，以“PPP”协议命名

① Wolfgang Hoffmann-Riem，Justizdienstleistung im kooperativen Staat，JZ 1999，S.422.

② 参见［新西兰］迈克尔·塔格特（Michael Taggart）编：《行政法的范围》，金自宁译，钟瑞华校，中国人民大学出版社2006年版，第77页；［美］朱迪·弗里曼：《合作治理与新行政法》，毕洪海、陈标冲译，商务印书馆2010年版，第130页。

③ 周兰萍：《PPP项目运作实务》，法律出版社2016年版。

④ 郑春燕：《大陆行政合同的审查现状与困境》，《浙江社会科学》2014年第11期，第114页。

的纠纷中，仅有2例法院认为应该适用行政诉讼，占比22.2%。[①]2019年《行政协议解释》颁布后，法院均认为PPP合同纠纷应当适用行政诉讼。之所以PPP纠纷适用不同的诉讼程序，主要是因为合同的性质、争议的法律关系性质和双方当事人的默认（法官直接适用原被告默认选择的诉讼程序）等的认识不同造成的。[②]

由于2019年颁布的《行政协议解释》并没有明确规定哪些PPP协议就是行政协议，哪些不是行政协议，又加之行政协议概念的界定本就不太明朗，因此对于一个具体的PPP纠纷而言，适用行政诉讼还是民事诉讼尚难有准确定论。笔者认为，将PPP协议纠纷案件归于民事庭审判，还是行政庭审判，其实并不重要，重要的是如何提炼出一套适用于PPP协议纠纷案件审理的裁判规则。2019年颁布的《行政协议解释》为PPP纠纷的案件审理提供了一些规则，但还很不完善，也招致了众多学者的批评。例如有学者认为，行政协议解释非但不利于规范行政权力运行，反而使权力更加任性；非但不利于定分止争，反而无端引发更多纷争；非但不利于争议解决方式多元化，反而在诉讼单一渠道上一意孤行。[③]也有学者认为，司法解释是对法律的解释，而在还没有上位法的情况下，行政协议解释竟然将之定性为行政协议，显然违反了司法解释本来的属性。[④]但不管怎么说，《行政协议解释》还是为PPP纠纷解决提供了一些比较可行的法律准则，本部分的目的就是在《行政协议解释》规定的PPP纠纷解决机制的基础上，结合行政法、民法等相关理论知识对PPP纠纷解决机制予以完善，以便更好地解决PPP纠纷。

（二）PPP纠纷解决的诉讼机制之法律构造

1. 管辖法院之确定

（1）地域管辖。PPP诉讼案件的地域管辖法院，应该要有利于案件的事实调

---

① 陈洪磊：《论PPP协议的诉讼解决机制——基于历史与实证的双维度考察》，《南海法学》2021年第4期，第68—79页。

② 陈洪磊：《论PPP协议的诉讼解决机制——基于历史与实证的双维度考察》，《南海法学》2021年第4期，第68—79页。

③ 宿辉：《最高院行政协议司法解释对PPP的影响》，http://www.cn-hw.net/news/201912/10/68866.html，最后访问日期：2021年8月12日。

④ 王春业：《行政协议司法解释对PPP合作之影响》，《法学杂志》2020年第6期。

查、纠纷的高效解决和方便当事人诉讼的准则进行确定。PPP诉讼案件的地域管辖法院应该由项目所在地、提供公共产品和服务所在地、合同履行地、原告所在地、被告所在地的人民法院管辖。另外，为了PPP纠纷案件的公正审理，协议当事人也可以约定与案件没有利害关系的人民法院进行审理。

（2）级别管辖。PPP纠纷诉讼案件的一审管辖法院应该确定为中级以上人民法院。主要理由如下：首先，绝大多数的PPP纠纷案件的政府方都是县级以上人民政府，按照行政诉讼法的规定，被告为县级以上人民政府的案件，由中级人民法院作为一审审理法院；其次，PPP纠纷案件涉及公私法争议，关系复杂，基层法院审理难度较大；最后，PPP纠纷案件争议标的额较大，社会关注度高。

确定了PPP纠纷的管辖法院以后，接下来的问题就是确定案件受理的专业法庭。其实，“对人民而言，国家的司法权仅有一个，法院分工专业化的目的，系为使人民受到更佳的司法品质，而非使人民在司法机关的大门外，花费力气，寻找适当的入口”[①]。而且，私法关系与公法关系之讼争分属不同法院予以审判，各有其诉讼法，并非放诸四海皆然之法理，乃历史因素及立法政策上之选择。由于PPP纠纷是一个含有公法与私法的混合法律关系，放在目前的民事庭或行政庭处理都不专业，审理效果也不是很好。这就好比某人得了一种疾病，这种疾病依靠单一的科室无法达到治疗效果。那么，吸收其他科室参与诊疗或共同组成综合科室进行诊断，可能效果要比单一科室诊疗更好。为了专业地审理和解决PPP纠纷，可以考虑设立审理PPP协议案件专门裁判庭进行审理。人员可以吸收具有行政、民事、合同纠纷审判经验的审判人员组成，或者由法院审判人员和具有PPP项目专业背景的陪审员组成。

2.确立PPP协议中政府方的原告资格

我国的行政诉讼格局自1989年起就被确定为民告官的单向性诉讼结构，也即行政机关只能作被告。但PPP协议是公权力机关和私人主体双向互动的权利义务的复杂构造，这种复杂构造产生的公私混合纠纷并不能通过单向性诉讼结构获得圆满解决。而《行政诉讼法》和《行政协议解释》也显然回避了相对人不履行行政协议引发的纠纷解决问题。

---

① 沈冠伶：《民事诉讼与行政诉讼之分工与合作——专业审判权与权利有效救济间之选择》，载沈冠伶：《诉讼权保障与裁判外纷争处理》，元照出版有限公司2012年版，第68页。

行政机关没有原告资格，如何实现PPP协议中的权益？一种观点认为，可以通过向法院申请非诉行政执行的方式，由人民法院作为行政非诉执行案件进行审查，以最终实现被征收人履行约定的目的。[①]另一种观点认为，行政机关具有其行使职权所需要的特权，完全不需要向法院寻求救济，自身即可实现。[②]但这种解决方式又会导致协议双方在PPP纠纷处理上的不平等，既对行政机关不公平，也对协议相对方不公平。行政机关违约，相对人必须通过诉讼程序获得救济，而相对人违约，行政机关则可直接通过强制执行或申请法院强制执行获得救济；发生相对人违约行为时，行政机关不能起诉，又不能反诉，对行政机关来说也不公平，不利于纠纷的彻底解决。笔者认为，要彻底解决这些问题，赋予行政机关原告资格地位是不二法门。大部分西方发达国家行政契约诉讼制度均承认行政机关的原告资格。在法国，由于行政协议诉讼是一种主观诉讼，因此只有与协议有关的人在其权利受到侵害时，才有权提起诉讼，这里包括相对人一方，也包括作为当事人一方的行政机关。也即在法国，无论是相对人还是行政机关都可以提起行政协议诉讼。以法国行政协议的执行为例，虽然法国行政主体传统上享有直接强制执行权，但现在的趋势是若协议中对自愿接受强制执行无规定，行政主体不能强制执行，只能申请法院由法官强迫违约方履行，即使当行政主体有执行权时，如果相对方提出异议，仍需诉至法院。除此之外，葡萄牙、德国等国家的行政诉讼制度均承认行政主体的原告资格。在德国，行政协议诉讼主要属于一般给付之诉。产生于行政协议的行政机关请求权不得以行政行为的方式确认，不得借助行政行为强制执行。一旦行政机关与公民达成一致的处理行为并接受平等地位，就必须相应地在请求权的实现方面保持平等，并且通过法院主张发生争议的请求权。[③]

最后要注意的是，在一定情形下，也要承认PPP协议之外第三人的原告资格。PPP协议一般而言仅仅约束协议双方当事人，原则上不能约束协议外第三人，但也有可能侵害第三人权利或利益。例如，原PPP协议的政府方又与第三方签了PPP协议，使原PPP协议不能或难以履行的，原PPP协议的当事人的权利将

---

① 参见薛刚凌：《〈国有土地上房屋征收与补偿条例〉理解与适用》，中国法制出版社2011年版，第185页。

② 参见王名扬：《法国行政法》，北京大学出版社2016年版，第152—153页。

③ ［德］哈特穆特·毛雷尔：《行政法学总论》，高家伟译，法律出版社2000年版，第381页。

会受到损害。又如，在PPP协议订立阶段，失败的竞标者的公平竞争权有可能会受到侵害。如果此时“不赋予该类第三人诉讼权利，则会导致真正的权利人得不到救济，进而无法实现法律的公平正义”①。更有些时候，有的PPP协议在未经第三人同意的情况下，为第三人设定了义务，例如在私人部门接受政府委托清理垃圾的协议中，双方约定公众必须购买或使用特定的垃圾收集器。

3. 明确PPP纠纷解决适用的法律规范

（1）PPP纠纷解决的法律依据。纠纷要想得到解决，就必须要有解决纠纷的法律规范。PPP横跨公、私两个界面，故而因PPP引起的纠纷也必然涉及公法上的纠纷和私法上的纠纷。原则上，在PPP纠纷中凡涉及公权力的纠纷适用公法规范，也即行政法规范。但不涉及公权力的争议，例如因为PPP协议履行引发的争议，原则上应该适用私法规范。但根据最高人民法院《行政协议解释》第二十七条第二款的规定，也即人民法院审理行政协议案件，可以参照适用民事法律规范关于民事合同的相关规定，可以得知人民法院审理PPP协议案件原则上还是适用行政法规范，对民事法律规范关于民事合同的相关规定仅仅是可以参考适用，也即既不是必须适用，也不是作为依据。对此种规定，笔者认为有些不妥。主要理由是PPP协议案件既包含公法因素，也包含私法因素，对于公法因素引发的争议适用行政实体法之规定自属必然，对于因为私法因素引发的争议适用公法无法解决，必须依赖于私法规范解决，也即公法的归公法，私法的归私法。在我国《民法典》对合同已经有了详细的规范后，《行政协议解释》将民事合同的相关规定作为审判PPP协议案件时的参考，且允许司法人员自由裁量，使得民法典关于合同规定的适用大打折扣，也不利于PPP争议之解决；同时，我国自2014年大力推行PPP模式以来，在国家层面尚无统一的立法规范，而且目前行政法关于行政协议的基本理论方面的研究严重滞后和薄弱，难以应对PPP协议的规范与争议解决，因此，人民法院在解决PPP纠纷时，不仅要以行政法律规范为依据，也要以民事法律规范为依据，无所谓主从关系，而是共同作用之关系。但是关于合同效力的部分，尤其是合同无效的规定，不能完全简单地适用于PPP纠纷，这主要是因为PPP协议不仅承载着公共利益，而且还是一个周期性较长的关系性合同，一旦简单地认定无效，对公众福祉并非善举。

---

① 王旭军、任晓莉：《行政协议纠纷案件司法审查若干探析》，载中华人民共和国最高人民法院行政审判庭：《行政执法与行政审判》，中国法制出版社2018年版，第49页。

（2）法律法规变更后之适用。以上论述的是PPP纠纷的法律法规适用问题，解决的是准据法问题。接下来需要解决的是在PPP协议终结前，据以处理之法律法规有变更时的法律法规的适用问题，也即应适用缔约时之法规或新法规之问题。PPP协议是一段婚姻，并非一场婚礼。PPP协议一般要持续10年至30年，甚至更长时间。在如此漫长的协议履行过程中，难免会遇到法律法规的立、改、废问题。尤其是我国当前的PPP项目虽多，但法律法规却十分不健全，嗣后国家出台规范PPP的法律法规也是意料之中的事；又或者既有的调整和规范PPP协议的法律法规发生了修改，那么如何适用法律法规解决PPP纠纷就成为一个十分棘手的问题。对于这一问题，学界主要有两种观点："实体从旧原则说"和"不真正溯及既往原则说"。[①]实体从旧原则说认为，在协议缔结后，据以处理之法律法规有变更时，应以缔约时之法规作为双方权利义务之内容，而在缔约时案件事实即告终结，因此应适用缔约时之行为法规。不真正溯及既往原则说认为，倘若认为契约关系属于继续性法律关系，亦即有关委托经营契约所形成之权利义务法律关系，如果属于继续性之法律关系，且在存续中，尚未终结，则嗣后修正之行政法规对之加以规范时，则基于不真正溯及既往之适用原则，仍应适用案件终结时之法规。

以上两种学说各有道理，但都显得过于绝对，有可能对当事人显失公平，也不利于法制遵守之贯彻。笔者认为，如果PPP协议终结前，于PPP协议诉讼中出现了新的法律法规或者既有的法律法规进行了修改，不能简单地采用"实体从旧原则"理论和"不真正溯及既往原则"理论，而应采取折中观点。具体而言，如果是PPP协议程序方面的法律法规修改，应当适用新修改的法律法规之规定，也即"程序从新"；如果是规范PPP实体方面的法律法规修改，原则上为维护法的安定性和协议的稳定性，应该适用PPP协议缔约时的法律法规之规定，依据协议约定的权利义务进行处理。但修订后的法律法规之变更规定明显有助于公益之达成或公共服务之改善，应该适用修订后的法律法规之规定。但如果适用新修订的法律法规显失公平的，契约当事人可依据情势变更原则要求行政机关增、减、变更给付。

---

① 以下关于"实体从旧原则说"和"不真正溯及既往原则说"两大理论的具体观点，司法实践之观点及案例具体适用案例均来自陈清秀：《委托经营管理概说》，月旦知识库出版，2017年3月，第7—9页。

4. PPP 协议诉讼审查的原则和强度

（1）PPP协议审查的原则。PPP协议审查应该坚持合约性审查为先、合法性次之、合理性断后的审查原则。对于行政协议案件的审查，既要注重当事人之间合意的基础，即是否符合平等自愿、协商一致的特征，同时也要注意行政机关是否依法行政，即是否存在法定职权、符合正当程序、具有相应职责等。这种审查的目的是规制行政机关的行为，既要避免其依职权强迫缔约，或者恶意履约等，损害公民、法人和其他组织的合法权益，又要避免其在实施行政行为时可能存在的权力寻租、内部交易、消极腐败等诸多漏洞。最后进行合理性审查，以防PPP协议因违反民法规则而有显失公平的行为。

（2）PPP协议审查的强度。一个完整的PPP项目可以划分为两个关键阶段：第一阶段就是行政机关利用市场竞争机制挑选出执行公共任务之私人部门的过程；第二阶段就是合作契约的签订、履行、调整、中止、接管和终止的过程。由于两个阶段的具体任务、行政职能和行政管制的权限和手段的不同，人民法院对这两个阶段因行政机关行为产生的PPP纠纷（甄选阶段的PPP纠纷和履约阶段的PPP纠纷）进行审判时，不能坚持同一的审查强度，而是应该有所区别，也即在PPP模式中针对不同的纠纷应该确立不对称的强度。这种不对称的强度主要表现为：在第一阶段的甄选阶段（前端）对行政机关发动的管制权限和手段的审查要宽松，限于合法性审查，这主要是给予行政机关更多的选择权；在PPP协议履行中（后端）对行政机关基于担保者角色采取的具体管制权限和手段要采取从严审查，不仅要进行合法性审查，而且要进行合理性审查，以防止行政机关利用公权地位破坏和削弱公私伙伴关系。不对称的审查密度中，前端管制审查宽松回应了PPP模式中担保行政浓厚的政策导向特点，后端管制从严审查则兼顾了司法机关保障私人部门经济自由权的职责，是一个比较合理的折中方案。此外，对于因为社会资本违约引起的PPP协议纠纷在进行合法性和合约性审查时，人民法院应该低强度审查。

5. PPP 协议的有效性审查

PPP协议的有效性审查，就是法院在PPP协议案件审理当中，对已经成立的PPP协议依法审查其是否具备有效要件，以确保该PPP协议效力状态的司法审判行为。PPP协议的有效性审查是法院审判PPP协议纠纷案件的前提和基础，对于PPP协议履行过程中各种纠纷的解决具有重要的意义。《行政协议解释》针对因PPP协议的履行、变更、解除或终止等纠纷内容进行了比较详细的规定，但对

PPP协议的有效性引起的纠纷审查则显得并不完善，然而PPP协议的有效性审查是整个PPP协议诉讼制度的基础性审理规则，故笔者在此予以论述。

PPP协议有效性审查应该从主体、意思表示、内容和程序四个方面进行：

（1）主体审查。PPP协议是政府（项目实施机构）与社会资本方签订的合作协议，是实现公共任务的一种形式，因此必须对行政协议的主体资格进行审查。第一，对PPP协议政府方的审查：政府必须是具有法定职权与职责的行政主体。首先，PPP协议的一方必须具有行政主体资格，也即以自己的名义行使行政权并独立承担责任。实践中一般都是由政府职能部门代表所属的人民政府与社会资本方进行缔结协议，当然在我国的PPP实践中也可以委托事业单位、管委会等组织代为实施，通常称为PPP项目实施机构。其次，行政主体具有PPP项目所要提供的产品或服务的职责。最后，行政主体具有运用协议工具的权能。根据“行政行为形式论”之理论，行政机关有行政行为形式的选择权，只要不违背法律法规的规定。第二，对PPP协议社会资本方的审查：具有履行PPP协议所需的资格与资质。PPP是政府将本应由自己提供的公共任务交由社会资本承担，那么必然要求社会资本方具有一定的资格、资质和给付能力等要求，因此社会资本是否具有承接能力是PPP协议应该重点考虑的因素。为了确保社会资本能够顺利履行公共任务，社会相对方必须具备履约的能力和资格要件，以及我国民法典合同编关于民事主体的基本要求，如果行政相对方不具备这些资格和资质，那么将直接影响到PPP协议的效力。

（2）意思表示审查。PPP协议尽管具有行政性，但其也具有协议性，因此应该遵守协议的真实自愿原则。政府与社会资本两造必须在自愿、合意的基础上达成一致意见，如果意思表示存有欺诈、胁迫等不真实表示，将直接影响到PPP协议的效力认定。

（3）内容审查。PPP协议的内容表现为双方主体一系列的权利与义务，通过这些权利义务的合作履行进而实现公共服务目标。因此PPP协议约定的权利义务不能是法律法规所禁止或限制的，不能存在损害公共利益之情事。例如在PPP协议中，行政机关放弃行政契约变更解除权；不给予行政相对人补偿权的；双方共谋损害或贱卖公共财产；缺少政府担保责任或者难以永续确保公共利益的，都会导致PPP协议在内容上存有瑕疵，有可能会被法院宣布无效。

（4）程序审查。PPP协议的程序对PPP协议的权利义务的实现具有重要的保障作用。我国尚未对PPP专门立法，但《政府采购法》《招标投标法》《民法典》

《政府投资条例》等法律法规对PPP协议的签订、履行等应当遵循的告知、竞争、听证等程序进行了规定，甚至部分省市的地方性法规也对协议程序进行了规定，例如《湖南省行政程序规定》。[①]公私双方遵从PPP协议的程序性规定，可以确保协议目标的顺利达成，限制协议行为的恣意性，也可以关怀私人利益，预防和减少PPP纠纷。PPP协议中，行政机关是否遵循法定和约定的程序，对PPP协议的效力影响甚大。根据我国行政诉讼法关于程序违法的相关规定，PPP协议程序违法可以分为三种情况：第一种是轻微程序违法，对当事人实体权利影响很小或者没有影响，一般不影响PPP协议的有效性，法院可以作出不撤销或确认违法的判决；第二种是一般程序违法，这种程序违法对当事人的实体权利影响较大，法院可以作出撤销或确认协议行为违法的判决；第三种是重大程序违法，法院可以作出PPP协议行为无效之判决。

综上，PPP协议的有效性应该从协议主体、意思表示、协议内容和程序四个方面逐一进行效力性审查，唯有如此，方能确保PPP协议效力认定的科学性和准确性。但必须注意的是，法院在审查PPP协议的有效性时，一定要从促成PPP协议有效的角度认定协议的效力，如果PPP协议在人民法院作出一审判决前，公私双方能够通过PPP协议的修补达成有效的，人民法院不宜认定为无效，唯有当事人无法达成修补协议，才可认定无效。

6. 完善PPP协议诉讼的判决方式

《行政协议解释》根据PPP的具体诉求对PPP协议纠纷案件的判决方式[②]作出了明确规定，这对于解决PPP纠纷，维护当事人合法权益具有重要意义，但仍有两种判决方式值得进一步讨论。

（1）变更判决。《行政协议解释》并没有明确法院在协议案件中能否直接适用变更判决。笔者认为，PPP纠纷诉讼中应当增加变更判决。原则上，对于当事人要求人民法院判决变更PPP协议内容的协议诉讼，相关内容经审查后不宜由人民法院直接判决变更，但如果PPP纠纷引发的是民事法律规范中应当变更的情形

---

① 其中，第九十四条订立行政合同应当遵循竞争原则和公开原则。订立行政合同一般采用公开招标、拍卖等方式。招标、拍卖适用《招标投标法》《拍卖法》《政府采购法》等有关法律、法规、规章规定。法律、法规、规章对订立行政合同另有规定的，从其规定。

② 《行政协议解释》规定的判决方式主要有：履约判决、预期违约的判决、解除判决、补偿判决、无效判决、撤销判决等。

时，是可以直接变更的，法院应当对适合或不适合变更的情况进行主动审查，并进行评判。

（2）重作判决。根据《行政协议解释》，如果某些PPP协议存在明显违反行政法律规范规定的情形，可以判决撤销，命令行政机关重新作出行政行为。笔者认为，PPP协议诉讼中人民法院不宜使用重作判决。PPP协议的达成是公私双方协商一致，合意的体现，重作判决有可能违背契约的协商性，也可能导致判决无法执行。

以上是本书对PPP纠纷解决的ADR机制和诉讼机制的法律建构，其目的就是让众多的救济手段有效化解和预防PPP纠纷，我们也相信这些纠纷解决机制能够完美解决PPP纠纷。但在运用这些机制解决PPP纠纷时，必须坚持两项原则：第一，在纠纷解决过程中尽力遵守“合并纠纷”原则。由于PPP项目合同纠纷很可能会引起其他相关方之间的连锁反应，因此，当选择纠纷解决机制解决PPP项目合同纠纷后，应当将不同当事人之间的纠纷用同一纠纷解决机制和程序合并处理。第二，纠纷解决不中断公共服务提供原则。在PPP争议提交项目调解、裁决、复议、仲裁、诉讼等期间，各方应继续履行其在本合同项下的各项义务并继续享有其在本合同项下的所有权利，且不影响以后根据项目的调解决定、行政裁决决定、行政复议决定、仲裁委员会做出的裁决或法院做出的生效判决进行最终调整。如果已经中断或中止，政府、社会资本方和相关主体应当迅速恢复正常状态。

三、PPP纠纷解决机制对接之法律构造

任何纠纷的解决，仅有各种解决方式是不够的，还应该借用各种纠纷解决机制的有机衔接来克服单一救济手段的局限性和低效性。长期以来，党和国家机关一直重视纠纷解决机制的建设，尤其是各种纠纷解决机制的有机衔接。2014年党的十八届四中全会决定提出，“健全社会矛盾纠纷预防化解机制，完善调解、仲裁、行政裁决、行政复议、诉讼等有机衔接、相互协调的多元化纠纷解决机制”。2019年2月，《人民法院第五个五年改革纲要》（以下简称《五五纲要》）再次强调要深化多元化纠纷解决机制改革，创新发展新时代“枫桥经验”，完善“诉源治理”机制，坚持把非诉讼纠纷解决机制挺在前面，推动从源头上减少诉讼增量。完善调解、仲裁、行政裁决、行政复议、诉讼等有机衔接、相互协调的多元化纠纷解决体系，促进共建共治共享的社会治理格局建设。为了在PPP纠纷解决

领域，贯彻落实党和国家的纠纷衔接政策，颇有必要对PPP纠纷衔接的相关基本理论问题予以研究。

（一）PPP纠纷解决机制对接的基本内涵、理念与主要目的

1. PPP纠纷解决机制对接的基本内涵

纠纷解决手段并非越多越好，如果纠纷解决手段过于膨胀，各自的效用没有充分发挥，机制相互衔接不畅，必将影响纠纷解决手段功能之发挥，甚而引起多种纠纷手段的混乱和扞格，最终还是纠纷尚难得到快速高效的解决。众所周知，“一国与地区存在多种纠纷解决的方式与途径，每种之间存在不同特点，发挥着不同的社会功能，并且这些纠纷解决机制必然存在功能范围和对象类型的某种重合，相互之间也有有效衔接的要求”①。因此，面对一个迈向公私合作的社会，必须要有一个多元的科学的PPP纠纷解决对接机制，它是PPP多元化纠纷解决机制建设中的痛点和重要环节。

所谓PPP纠纷解决之对接机制，也就是将能够解决PPP纠纷的各种手段、方法和程序等机制按照一定的理念和原则进行有效衔接，发挥各种纠纷解决机制之功能和长处，运用多种纠纷解决机制之合力，最大限度地预防和化解PPP纠纷的有机联动体系。一般而言，纠纷解决衔接机制既包括主体上的衔接、法律程序上的先后承接，也包括效力上的衔接。具体到PPP纠纷领域，一是PPP纠纷主体上的衔接。主要是指在PPP纠纷的预防与化解过程中，两种途径或者两个化解主体之间存在一种顺承关系，需要相关主体加强协调配合。例如，仲裁调解过程中，可以邀请有关行政机关、社会组织共同参与调解。二是途径上的衔接。主要是指从一种途径到另一种途径的衔接，包括ADR途径之间的衔接，也包括诉讼与ADR途径之间的衔接。从当事人的角度，在法律层面上为当事人提供途径指引。从纠纷化解义务主体的角度，赋予纠纷化解主体一定的告知、指引义务，促进纠纷与诉讼更好地对接。三是效力上的衔接。例如PPP调解协议对后续的诉讼是否具有约束力等。②通过从不同的角度和剖面对PPP纠纷解决机制予以衔接，就是要使其形成一个良性互动、功能互补、程序衔接、彼此支

---

① 刘文会：《当前纠纷解决理论法哲学基础的反思与超越：在权利与功利之间》，中国政法大学出版社2013年版，第145页。

② 龙飞：《论多元化纠纷解决机制的衔接问题》，《中国应用法学》2019年第6期。

持的网状救济体系。

2. PPP纠纷解决机制对接的理念

PPP纠纷解决机制对接的基本理念就是“纠纷分层分类递进化解”。纠纷分层分类递进化解是通过对纠纷类型、解纷机构、解纷人员、解纷流程等进行分层和分类，将适合ADR机制解决的纠纷过滤至法院外部力量化解，其他需要在法院解决的纠纷按照立案调解、委托调解、繁简分流、速裁等方式化解，剩下少量需要裁判的重大复杂疑难案件，再进入普通审判程序。[①]在“纠纷分层分类递进化解”理念的指导下，ADR机制追求的“理想状态是纠纷由多到少，由简单到复杂逐级递进，形成‘漏斗型’层级递减的化解结构，使各类纠纷都能找到最佳解决途径”。[②]衔接机制需要各种ADR方式充分发挥优点，构建“人民调解是第一道防线，仲裁、行政裁决、行政复议等方式是第二道防线，司法是最后一道防线”的三道防线。[③]综合利用各种纠纷解决手段的优点与长处，形成一个有效的闭环衔接机制，对PPP纠纷进行疏导、流转、处断、化解。

3. PPP纠纷解决机制对接的主要目的

纠纷解决机制对接的本质，就是要把最适合的纠纷解决方式或方法组合配备给最需要最适合的具体纠纷身上，使纠纷解决方式与具体纠纷达到完美组合，产生最佳的纠纷预防和化解功效。[④]多元纠纷解决对接机制的目的是将各种矛盾纠纷化解方式进行有效衔接，使其成为相互协调、良性互动的多元纠纷解决机制，及时化解纠纷，保障公民、法人和其他组织的合法权益。PPP模式中的纠纷关系复杂、主体较多，常常涉及公共利益的维护和私人权益的保障，唯有依靠多种PPP纠纷解决机制的有效衔接才能达到目的。PPP纠纷解决机制的有效衔接的主要目的主要表现在以下方面：

（1）完善PPP纠纷解决机制。PPP纠纷解决机制既包括事实上已经存在的各种PPP纠纷解决手段、方法和程序，也包括各种纠纷解决机制之间的衔接。如果把多元纠纷解决机制作为一个整体加以评价的时候，其时效性的一个重要评价指标就是各种机制之间的衔接是否顺畅，其中最为重要的就是非诉纠纷解决机制与

---

① 参见刘舟舟、李红波：《分层递进式纠纷解决机制的实践与思考》，《人民法治》2016年第10期。

② 吴学安：《把化解矛盾纠纷纳入法治化轨道》，《人民法院报》2019年10月11日第2版。

③ 吴学安：《把化解矛盾纠纷纳入法治化轨道》，《人民法院报》2019年10月11日第2版。

④ 齐树洁：《司法改革与纠纷解决机制之重构》，《中国司法》2005年第12期。

诉讼纠纷解决机制的衔接问题。[①]PPP纠纷解决之衔接机制是PPP纠纷法治建设中的重要环节和重点内容，可以说，没有PPP纠纷解决衔接机制，也就不可能具有完善的PPP纠纷解决机制。因此，构建科学的PPP纠纷解决衔接机制是对PPP纠纷解决机制的完善和发展。

（2）维护公共利益。PPP项目的全生命周期中，随时都可能产生纠纷，这些纠纷如果不能迅速解决，要么是项目的迟延交付，要么是存有质量瑕疵，甚至歇业，最终影响到公共福祉，因此必须依靠各种PPP纠纷手段和衔接机制，确保在一种纠纷解决手段效果不佳时，能够快速地转移到另一种纠纷解决手段。通过PPP纠纷解决衔接机制的相互合作和配合，定分止争，维护公益。

（3）更好地预防和化解PPP纠纷。PPP纠纷解决机制并非各种纠纷解决手段的简单罗列，仅有协商、调解等纠纷手段的简单罗列，是不可能有效地预防和化解纠纷的。完整的PPP纠纷解决机制不仅要有多种纠纷解决机制的存在，而且要有科学的衔接机制。通过各种纠纷解决机制的有效衔接，发挥单个PPP纠纷解决机制的优点和长处，最终从实质上解决PPP纠纷。

（二）PPP纠纷解决机制对接的基本原则

1. 科学合理原则

PPP纠纷非常复杂，既有行政的，又有民事的；既有双方关系，又涉及多方关系，而且又是一种持续性的法律关系，这都导致要想有效解决PPP纠纷，依靠单一纠纷解决手段是不可能的，必须依靠多种手段。多种纠纷手段各有所长，也各有所短，要想发挥这些纠纷解决手段的优点，有效解决PPP纠纷，必须要让这些手段之间科学合理，搭配得当，方能发挥高效作用。每一种纠纷解决机制都有其自身赖以存在的纠纷需求和社会环境，在各自领域均具有独特的制度个性和功能优势。没有一种纠纷解决机制包打天下，也代替不了其他的纠纷解决机制。

PPP争议解决机制的科学性必然要求争议解决方式或者制度应是全面的、统一的，针对不同层次的PPP争议设置了不同的出口，提供不同的解决路径。争议是多种多样和有层次的，PPP争议解决机制也应是有层次的、多元的，而不是单一的。科学的PPP争议解决机制必然要求争议解决方式或者制度自身处于可持续

---

① 俞灵雨、蒋惠岭：《纠纷解决机制改革研究与探索》，人民法院出版社2011年版，第20页。

的发展之中，而不是一种僵化的、静止的方式。[①]但无论如何，是否有利于保护相对人的合法权益应是判断衔接制度是否合理、科学的重要标准和原则。[②]

2. 高效迅速原则

PPP项目事关公共福祉，如果发生纠纷不能迅速解决，必然影响两造及民众的权利与利益。然而，除诉讼外，其他的PPP纠纷解决手段大都没有终局效力，因此，多种手段衔接时，必须要高效迅速。即使是诉讼手段，也要避免程序冗长。“按照诉讼博弈理论，当事人对程序的选择会导致不同的诉讼利益和诉讼风险，如果法律能增加提供给当事人可供选择的程序模式，将能最大限度地保护双方当事人的诉讼利益。”[③]行政争议解决机制的有效性必然要求其能够解决争议。一套机制能否有效解决行政争议，既是判断这套机制是否科学的标准，又是判断它有没有存在价值的标准。[④]

3. 多元竞争与合作原则

多元竞争是指解决PPP纠纷的各种手段在对接时要形成竞争局面，发挥各种手段及手段组合的竞争优势，使各种手段都能有效彻底地解决纠纷。“各种纠纷解决方式之间应当具有一定程度的竞争关系，这种局面有利于纠纷快速和顺利地解决，也是使得纠纷解决机制整体能够发挥更强效能的一种保障机制。主要的依据有两个相互关联的方面。第一，这样能够满足各种主体拥有不同层次需要的现实。竞争在市场领域具有的价值同样可以体现在纠纷解决领域中。引入市场化的理念，进而确立‘解纷市场’的概念，具有多重意义，既能满足当事人的不同偏好，尊重其自由选择的权利并为这种选择提供实际运行的空间，同时可以使公共权力机关得到一定程度的解放。第二，由于存在一定程度的竞争，能够使各种纠纷解决机制自身保持发展完善的动力，促进各种新机制的创造与再生，并能够推动公共权力向着越趋法治化的方向不断完善。”[⑤]

为了更好地完成解决纠纷的功能，不同的纠纷解决机制间建立起一种相互合

---

① 贺荣：《行政争议解决机制研究》，中国人民大学出版社2008年版，第69页。

② 王青斌：《行政复议制度》，载马怀德主编：《行政法前沿问题研究》，中国政法大学出版社2018年版，第497页。

③ 王琦：《非诉讼纠纷解决机制原理与实务》，法律出版社2014年版，第66页。

④ 贺荣：《行政争议解决机制研究》，中国人民大学出版社2008年版，第70页。

⑤ 刘文会：《当前纠纷解决理论法哲学基础的反思与超越：在权利与功利之间》，中国政法大学出版社2013年版，第146页。

作与支持的关系，力求形成一个解决纠纷的完善网络。[①]

4.和谐统一原则

"在深化多元化纠纷解决机制过程中，需要注重统筹性、系统性与协调性。"[②]PPP争议解决机制的和谐性必然要求不同争议解决方法或制度之间是和谐统一、互相补充的，而不是相互抵触的。一般而言，和谐是指"在由人参与的事物中，无势均力敌的对抗性矛盾的良好的对立统一状态，是事物发展的有序性、稳定性和协调性的成熟表现，是人的主观能动性正确作用的结果，是事物发展的最美好阶段"[③]。和谐的PPP争议解决机制是解决争议的各种机制之间处于有序、稳定与协调的状态之中，各种机制相互补充，共同编织一张无缝的网，来及时、有效地解决争议。主要体现为以下方面：主要体现在以下方面：第一，诉讼争议解决机制和ADR解决机制之间如有裁决或决定发生效力冲突，最终应该服从诉讼裁决。第二，各种ADR解决机制之间的方式、程序不能相互抵触和冲突，而应相互沟通和补充，处于和谐状态。第三，PPP纠纷诉讼机制中的民事诉讼机制和行政诉讼机制不应处于敌对状态，判决和裁定不能相互矛盾和冲突，两大诉讼机制应有合作意识和举措。第四，PPP纠纷解决的法定方式与约定方式、正式方式与非正式方式之间不存在扞格和相互影响。第五，各种PPP纠纷解决机制都应该服务和统一于有效迅速化解PPP纠纷这一最终目标。唯有各种PPP纠纷解决机制处于和谐统一、有序的状态，PPP纠纷解决机制也才能做到完美的无缝对接。[④]

5.不留真空原则

不留真空是指任何PPP纠纷类型都有相应的救济手段，而且也有相应的救济对接手段，也即"救济无漏洞"。在一个高度发达的法治社会，"有纠纷，必有手段或路径"。PPP纠纷虽然与传统的纠纷大有不同，但仍然要有救济手段，不能让PPP纠纷出现救济无门、救济死角。在这方面，《行政协议解释》做得相对较好。《行政协议解释》第八条规定："公民、法人或者其他组织向人民法院提起民事诉讼，生效法律文书以涉案协议属于行政协议为由裁定不予立案或者驳回起诉，当

---

① 齐树洁：《司法改革与纠纷解决机制之重构》，《中国司法》2005年第12期。

② 胡仕浩：《中国特色多元共治解纷机制及其在商事调解中应用》，《法律适用》2019年第19期。

③ 刘光：《论社会主义和谐法治——从柏拉图的国家学院说谈起》，《政法学刊》2002年第2期，第14页。

④ 贺荣：《行政争议解决机制研究》，中国人民大学出版社2008年版，第71—72页。

事人又提起行政诉讼的，人民法院应当依法受理。”如此规定，不论生效文书是否正确，都能够确保当事人通过诉讼手段解决纠纷。

（三）PPP纠纷解决机制的具体对接

1. PPP纠纷ADR解决机制中的对接

（1）调解与其他非诉讼纠纷解决手段的衔接。PPP纠纷的非诉机制主要包括谈判协商、调解、裁决委员会、公证、行政裁决、仲裁、复议等方式，在这些非诉讼纠纷解决方式中，协商与调解作为纠纷解决最简单、最实效，且最活跃的纠纷解决机制，往往可以和其他任何的非诉讼纠纷解决机制相互衔接与配合，以更彻底、更高效地解决纠纷。可以这样说，协商和调解两种纠纷解决手段，可以和行政裁决、仲裁，甚至复议等非诉讼纠纷解决机制进行有效的衔接，从而形成调解—行政裁决、调解—行政复议、调解—仲裁、调解—公证等不同的组合模式，以下予以详述。

①调解与公证的衔接机制。公证机构可以在PPP纠纷立案前接受法院的委派进行调解，或者在立案后接受法院的委托进行调解。“公证参与调解的案件范围应根据纠纷涉及事项或事务是否属于可公证的范围来确定，如果纠纷涉及公证机构的业务范围，则公证机构可以参与调解，如果纠纷涉及事项本身是不可公证的，就不宜列入公证调解范围，公证调解的纠纷案件均必须含有《公证法》规定的公证业务的因素。”[①]调解达成调解协议或和解协议的，根据当事人的选择处理。根据《公证参与司法辅助通知》《诉非衔接意见》《司法确认规定》的规定，经委派调解达成协议的，当事人有以下几种选择：一是公证调解达成协议后，当事人可以自动履行，结束争议；二是当事人申请公证机构对具有给付内容的和解、调解协议办理公证，并赋予其强制执行效力；三是公证机构可以将调解协议及相关材料移交人民法院，由人民法院出具民事调解书；四是可以申请调解协议的司法确认。

调解未达成调解协议的，法院遵循“适当承接”原则。在程序上，对于公证调解过程已经做出的与诉讼程序要求相同的内容，法院可以直接顺延进行下一诉讼程序。“在实体权利义务上，进行无争议事实记载，公证机构可以在征得各方

---

① 陈梅英：《论公证调解的模式、类型及其受案范围》，《中国公证》2017年第4期。

当事人同意后，用书面形式记载调解过程中双方没有争议的事实，并由当事人签字确认，在诉讼程序中，除涉及国家利益、社会公共利益和他人合法权益的外，当事人无须对调解过程中已确认的无争议事实举证，提高审理效率，缩短审理周期。对于记载内容应慎重，应仅限于对事实本身的记载，不应包含公证人员的意见和争议焦点等内容，争议焦点的梳理是法官审理案件认定事实的核心内容，不宜被先入为主的内容干扰，影响独立判断。”①

②调解与仲裁衔接机制。调解与仲裁是两种不同的纠纷解决机制。这两种机制各有优缺点，为最大限度地发挥快速、经济与效力等作用，及改善对审程序的缺陷，人们普遍将调解与仲裁两种纠纷解决机制进行适当搭配，形成调解仲裁程序。“调解仲裁程序”最初是指调解与仲裁结合成单一的程序，利用同一位中立的公正人士，允许其同时兼具调解人与仲裁人的身份，以快速与经济方式，在事前约定或安排的期限内，以调解方式达成和解。如果其不能达成和解时，即由原调解人担任“调解仲裁人”，以仲裁方式作出判断，解决争议。我国仲裁法也同样规定“仲裁庭在作出裁决前，可以先行调解。当事人自愿调解的，仲裁庭应当调解。调解不成的，应当及时作出裁决”。在机构仲裁方面，中国国际经济贸易仲裁委员会仲裁规则规定了“仲裁与调解相结合”的特别规定。②但是这种“调解仲裁程序”最受诟病的是在中立第三人调解不成功后，改变以仲裁人身份进行仲裁时，不仅其公正性有可受质疑的问题，也有可能出现仲裁人持其已经知悉的事实，对当事人施以威吓作用。③

为了克服传统调解仲裁程序之弊病，于是出现了两种新类型④：A.选择更换仲裁人的调解仲裁程序。在这种程序中，调解人先行进行调解，在不能达成其目的时，调解程序结束，但不像原始型的程序，立即由原约定的调解仲裁人进入仲裁程序，而是在进入仲裁程序前，先由当事人考虑原来的调解仲裁人是否适合进行仲裁。如果双方对此无共识，即选择辞退此仲裁人，而另选出新的仲裁人，原调解仲裁人也可以自行退出，由当事人再行选出仲裁人。当事人也可以事先约定必

---

① 黄鸣鹤：《公证在多元化纠纷解决机制中的功能定位——〈关于进一步深化多元化纠纷解决机制改革的意见〉解读》，《中国公证》2016年第12期。

② 我国的仲裁法和中国国际仲裁贸易规则的缺点是：无需当事人同意即可进行仲裁；仲裁人员具有“双重角色”。

③ 蓝瀛芳：《调解与仲裁结合程序问题的探讨》，《仲裁季刊》2017年总第104期，第2—41页。

④ 蓝瀛芳：《调解与仲裁结合程序问题的探讨》，《仲裁季刊》2017年总第104期，第2—41页。

须更换仲裁人。这种机制由于在正式开始后续的仲裁程序以前，允许当事人对仲裁人的人选有重新思考的机会，当事人于后续的仲裁程序中，于其心理上，不再有受到原调解仲裁人的恐惧感，且新的仲裁人较公正独立。换言之，此新制使当事人在两阶段程序里，各有其中立人士。B.先仲裁随即调解的调解仲裁程序。在此机制中，当事人在选出调解仲裁人后，此调解仲裁人即先开始进行仲裁，使当事人立刻就进行攻击与防卫的程序，以便仲裁人发现事实的真相与证明的证据，在完成充分的审理工作后，仲裁人即作出判断。但此判断在签名后即加以密封保留，不使当事人知道其结果，然后再对当事人进行调解，试图获取当事人自己决定的解决方案。如果调解不成功，即以仲裁人身份对当事人公布其判断，以终结程序。

上述两种方式，相比较而言，第一种类型较为可取。虽然在第二种方式中，经过前面仲裁程序的攻防后，当事人也许对自己的优劣情况，已心里有数，看到对方的让步使自己更加有让步的可能。因而到此后段程序获得的和解也许将较一开始即调解所获得的和解或此前已做成的判断更好。但此类型的缺失是一开始即使用攻防对抗性仲裁，使此程序的主人较局限于有法律背景的专业人士，有排斥更有调解能力人士参与程序的顾虑。又因为一开始有攻防的运用，可能升高当事人间的对立情绪。还有就是，这种程序的安排所获得的结果，虽然解决了仲裁人偏袒的问题，但此程序与费用却较先调解后仲裁的机制更加浪费。[①]但是第一种类型如果先由仲裁人进行调解，恐怕仲裁人并非具有调解经验的调解人，如果调解不成，有可能难以达成共识，不能及时选出仲裁人。仲裁人不及时选出，PPP纠纷不能及时有效化解，必然危害公共福祉。因此笔者认为PPP纠纷解决的调解仲裁衔接程序应作如下程序规定：

PPP纠纷当事人到仲裁委员会申请依“先调后仲”机制处理其争议时，首先应该按照仲裁法规定选出三位仲裁人，组成仲裁庭，再按照约定选出三位调解人。仲裁庭在开始仲裁程序的预备会与初期审理时，仲裁庭要求当事人各自陈述其主张与立场，并提出问题请当事人各自表示自己的意见。在这些程序进行中，被选定的调解人也需出席仲裁庭旁听。在完成此初步审理后，仲裁庭在征求双方当事人的同意后，随即宣示仲裁程序暂时停止，并请调解人组成调解庭

---

① 蓝瀛芳：《调解与仲裁结合程序问题的探讨》，《仲裁季刊》2017年总第104期，第2—41页。

开始其调解程序。调解程序开始后，调解人需逐一与当事人进行个别沟通，如有必要时还可以共同见面说明与沟通。在这项调解程序的进行中，不允许仲裁庭的参与。全部调解程序过程与当事人的陈述或立场等，皆需保密，不使仲裁人知悉。如调解有部分或全部成功者，应请仲裁庭将之做成和解书，并请当事人签名。如果仅部分和解或完全没有达成和解者，调解人即需宣示调解程序终结，并转知仲裁庭，请其恢复仲裁程序。仲裁程序在恢复进行中，仲裁庭认为尚有和解可能时，仲裁人还得再行暂停程序，以便再度调解。在征询当事人的意见中，如当事人表示和解无可能时，仲裁庭须续行仲裁程序。可是在仲裁程序终止前，当事人认为争议有和解的可能时，还得请调解人续行调解。但是必须注意的是，这种调解程序的开展原则上不能次数太多，否则有妨碍纠纷解决之嫌疑。

由于PPP纠纷中，通常会涉及金钱额度方面的纠纷，对于这种纠纷，可以采纳“调解与最后要约的仲裁”①（Mediation and Last Offer Arbitration，MEDALOA）的两程序衔接机制来予以解决。在这结合程序的运作中，其调解人与仲裁人可以由一位中立人士或称med arbiter的中立人士担任，也可以由一位调解人与另一位仲裁人各自执行其职务。值得注意的是，在这种程序结构下，调解人通常在开始即请双方各自提出自己的解决方案或准备自己的“要约”内容，以作为协商或调解的内容。在经过多次沟通无法获得共识时，调解人即宣示调解程序终结，请当事人在约定期间内各自提出“最后要约”；在后续的程序阶段里，由原调解人或另一位中立人士，就调解程序终结前提出的“最终要约”（Pre-mediation Fifinal Offer），择一决定，而终止程序。由于这种程序已设定具体解决方案的提出，供调解人参考，使其能较容易了解当事人的思虑，调解成功率较高。如有此成果，即无后续的仲裁程序。如果调解无成果，后续的仲裁仅只择定当事人的一则要约，终结程序。这种调解仲裁程序最大的好处是能够快速高效地解决PPP纠纷，确保

① 美国的仲裁法相当特殊，其在一般仲裁的所谓“传统仲裁”（classic arbitration）之外，还有所谓“无拘束力的仲裁”（non-binding arbitration）的机制。如果双方争议一直无法解决，且又争论不休时，务必寻找出解决的途径。为求其争议的终结，双方各自提出其最后解决的建议方案，称为“最后要约”（last offer）。例如争执的金额，甲方提出的最后要约是130万美元，而乙方提出最后的要约为120万美元，经双方选定的仲裁人，只能就双方提出“最后要约”择一而定，以终止双方的争议。在美国称这种完全没有仲裁程序的仲裁机制为“最后的要约仲裁”（last offer arbitration / fifinal offer arbitration），也是其“无拘束力的仲裁”之一类型。

公共产品和服务的持续提供。

③调解与行政裁决。对于PPP纠纷案件，当事人应该先行协商或调解，在协商或调解无法解决时，可以申请行政裁决。在裁决的过程中，也可以进行调解。根据中共中央办公厅、国务院办公厅《关于健全行政裁决制度加强行政裁决工作的意见》之规定，行政机关裁决民事纠纷应当先行调解，当事人经调解达成协议的，由行政机关制作调解协议书；调解不能达成协议的，行政机关应当及时作出裁决。

④调解与行政复议。PPP纠纷经过行政调解、社会调解后，当事人不满意或者没有达成调解协议，PPP纠纷当事人可以申请行政复议。而且对于行政复议中的PPP纠纷案件，复议机关也可以进行调解。当事人申请调解的，复议机关应当进行调解。

（2）其他非诉讼机制之衔接。这里主要探讨的是，PPP纠纷解决的行政裁决、仲裁、行政复议等手段之间能否相互衔接的问题？笔者认为，对于PPP纠纷，如果争议双方之间具有仲裁协议的，且仲裁协议不违背法律、行政法规规定的，可以进行仲裁，对仲裁不服的，不能申请行政裁决，也即仲裁和行政裁决机制不能衔接，因为两者基本上属于同一性质。但如果PPP纠纷当事人之间没有仲裁协议，或者仲裁协议无效，那么双方当事人都可以申请有关行政机关运用行政裁决权解决两造间的PPP纠纷。行政机关裁决PPP民事纠纷应当先行调解，当事人经调解达成协议的，由行政机关制作调解协议书；调解不能达成协议的，行政机关应当及时作出裁决。行政裁决后，当事人也不得申请仲裁，但可以提起行政复议或诉讼。

仲裁和复议手段也不能衔接。这是因为仲裁和复议都是对立审，纠纷解决机制之间是相互排斥的，因此PPP纠纷当事人选择了仲裁，也就必然排除了行政复议。但在行政复议过程中，如果当事人同意协商仲裁的，也可以让当事人进行仲裁。

2. PPP纠纷解决的ADR机制与诉讼机制之对接

2009年8月4日，最高人民法院正式发布了《关于建立健全诉讼与非诉讼相衔接的矛盾纠纷解决机制的若干意见》（以下简称《诉非衔接意见》），对于发挥人民法院在建立健全诉讼与非诉讼相衔接的矛盾纠纷解决机制方面的积极作用具有重要的指导意义。建立非诉讼纠纷解决机制程序与诉讼程序的衔接机制就是要在多元化纠纷解决机制中，使各种纠纷解决方式在程序上相互影响、相互支持、相互促进，从而形成一种良性互动。[①]诉讼程序与诉讼外程序同样具有纠纷解决功能，因此才可能对诉讼进行替代；同时又存在诸多的区别——两者属于性质不同的机制，由此可以设计出多种不同的具体程序及衔接方式，使当事人能够根据需求进行选择。[②]

①调解与诉讼之衔接。调解与诉讼之衔接是所有纠纷解决衔接机制中的“典型范式”。新中国成立后，我国法院调解的政策经历了“调解为主”到“着重调解”再到“根据自愿合法原则调解”，最后到“调解优先”的变化。[③]总的来说，尽管有政策的调整，但法院调解在纠纷解决中所扮演的和判决近乎平起平坐的主角角色从未改变过。[④]为了有效解决纠纷，最高人民法院在2019年8月发布的《关于建设一站式多元解纷机制、一站式诉讼服务中心的意见》中提到“完善诉调一体对接机制”，并且强调要促进“诉调对接实质化”。据此，PPP纠纷当事人如果通过调解机制尚不能有效化解纠纷，可以通过诉讼手段解决纠纷。在诉讼过程中，对于具有调解可能或者当事人申请调解的，人民法院应当进行调解。调解达成和解的，制作调解确认书，进行司法确认。司法确认是诉调对接的关键环节，是中国司法实践的制度创新。[⑤]我国法律已明确规定，经人民调解委员会调解达成的调解协议向法院申请司法确认后，即具备法律执行效力。

对于在诉讼中不能通过调解手段化解的PPP纠纷案件，人民法院也不能久拖不决，而应及时作出判决。唯要注意的是，在诉讼中对PPP纠纷进行调解的人员，不能再有作出判决的权力。在一个“真正的”调解中，调解人不享有作成裁判的权限是很重要的。“主要的考量是，当事人只有这样才能没有疑问地、完全地为自己的冲突解决方案负责。正是这个自我负责的特征，才会让达成共识性的冲突解决有高度的价值。当事人应该在争讼处理以外享有一个受保护的空间，以一个完全不同的程序，开放地彼此对话与用不同方式沟通。参与人如果在这样的空间里自始就清楚，调解法官无论在什么情况下都不能改变他们的冲突解决方案，那么他们将会有比较多自主的发动。此外，他们也不用担心自己的陈述在万一调解

① 王琦：《非诉讼纠纷解决机制原理与实务》，法律出版社2014年版，第167页。

② 王琦：《非诉讼纠纷解决机制原理与实务》，法律出版社2014年版，第17页。

③ 张勤：《我国法院调解制度研究综述》，《东南司法评论》，厦门大学出版社2011年版。

④ 张勤：《论当代中国纠纷解决中的新传统与旧传统》，载廖永安、胡仕浩：《新时代多元化纠纷解决机制》，第94页。

⑤ 潘剑锋：《论司法确认》，《中国法学》2011年第3期。

不成、案件还是要被裁判时，陈述内容可能会对裁判造成负面影响。只有这样才能使调解制度的重要潜能完全地发挥。”

在PPP纠纷案件的调解中法官始终要意识到并不是他们，而是当事人本身在解决冲突。“他们只是以同理心协助当事人敞开心胸；他们努力创造值得信赖的对话氛围，但对他们而言最重要的是促进当事人彼此的理解，而不是（法官）自己得到解决方案。他们努力支持当事人尽可能发展创新的解决方案，但并不指引道路。他们不对解决方案的建议作评价，甚至不让人察觉他们对建议的看法。他们只要注意，不可让步的客观法的框架是否被尊重。”

②仲裁和诉讼之衔接。因为仲裁与诉讼两者同属于对审程序，其在本质上互相排斥，因此无从实行传统意义上的连接。对于仲裁裁决不服，原则上不能提起诉讼。尽管当事人可以申请撤销或不予执行仲裁裁决，但实际上一般不会获得法院支持。2018年1月1日开始施行的《最高人民法院关于仲裁司法审查案件报核问题的有关规定》（法释〔2017〕21号），强调为了正确审理仲裁司法审查案件，“统一裁判尺度”，将对国内仲裁协议效力确认案件、撤销或不予执行仲裁裁决案件的审查权提升到高级人民法院及最高人民法院。同期开始施行的《最高人民法院关于审理仲裁司法审查案件若干问题的规定》（法释〔2017〕22号），则从多方面规范了在仲裁司法审查方面的做法，体现了司法对仲裁的支持态度。为促进仲裁公信力的提升，2015年《最高人民法院关于适用〈中华人民共和国民事诉讼法〉的解释》将原《民事诉讼法》中对于认定事实的主要证据不足和法律适用错误作为不予执行仲裁裁决的两种情形予以删除，这符合国际上对仲裁裁决从实体审查到程序审查过渡的趋势，尊重当事人“或裁或审”选择，保证“一裁终局”的仲裁裁决权威。

不执行仲裁，PPP纠纷当事人可以申请法院执行。在法院诉讼过程中，法院得适时探询当事人提付仲裁解决纷争之可能，促使当事人利用仲裁方式解决纷争，并特别规定诉讼与仲裁之转换可能，当事人如于诉讼中成立仲裁协议，法院应依声请或依职权裁定停止诉讼，而命原告于一定期间内提付仲裁。

③行政裁决与诉讼之衔接。当事人不服行政机关对PPP纠纷作出的行政裁决的，在法定期限内，既可以以PPP纠纷争议对方当事人为被告提起民事诉讼，也可以对行政裁决行为提起行政诉讼，并申请法院一并解决相关PPP争议。法律另有规定的，依照其规定。

④复议与诉讼之衔接。对于复议与诉讼机制之衔接课题研究的文献相对较

多[①]，相对较为成熟，实证法上也有相关规定。总体以观，我国当前是以自由选择为原则、复议前置为例外，兼有复议终局和选择终局情形的复议与诉讼衔接机制。这种衔接机制存在诸多弊端，主要体现在以下三个方面：设置标准不明确；部分设置缺乏正当性；不利于保护相对人的合法权益。[②]因此，在构建PPP纠纷的复议与诉讼衔接机制时，应该克服这些缺点，并结合PPP纠纷的特点，设计出适合PPP纠纷解决的复议与诉讼之衔接机制。

我国的复议诉讼衔接机制主要采取自由选择模式。这种模式最大的好处是能够确保纠纷当事人的程序选择权的真正实现，但在我国却导致了两个不良后果：一是当事人选择了复议手段以后，对复议不服，继续提起诉讼，一般都要穷尽救济资源；二是当事人情愿选择诉讼，也不选择复议救济手段，在我国，“70%的行政诉讼案件在起诉前未经过行政复议”。[③]另外，复议终局模式也不可采。无论是法律明确规定的还是事实上存在的行政复议终局情形，抑或因为当事人的选择而引起的行政复议终局情形，在本质上都违背了法治国家所共同遵循的司法最终原则，无助于公民合法权益的维护。[④]

对于PPP纠纷，笔者认为，首先，应该实行复议前置，也即先复议，后诉讼衔接机制。理由主要同主张复议前置的学者的理由基本相同，PPP纠纷一般都具有较强的专业性和技术性，而对于专业性和技术性问题的解决恰恰是行政机关的特长。行政机关一般拥有解决这些争议的专业人才，也具有解决这些专业性和技术性问题的经验和条件。[⑤]其次，通过先行的行政复议，有利于后续的PPP诉讼案件事实认定和提高审判效率，并且如果PPP纠纷在复议阶段已经化解，也可以起到“过滤器”作用，从而减轻法院的审判压力。最后，实行行政复议前置，也

---

① 复议与诉讼衔接的文献主要有蔡小雪：《行政复议与行政诉讼的衔接》，中国法制出版社2003年版；耿宝建：《行政复议法修改展望》，法律出版社2016年版；王万华：《完善行政复议与行政诉讼的衔接机制》，《中国司法》2019年第10期；章志远：《行政复议与行政诉讼衔接关系新论——基于解决行政争议视角的观察》，《法律适用》2017年第23期；杨伟东：《行政复议与行政诉讼的协调发展》，《国家行政学院学报》2017年第6期。

② 详情参见王青斌：《行政复议制度》，载马怀德主编：《行政法前沿问题研究》，中国政法大学出版社2018年版，第497—500页。

③ 李立：《七成行政诉讼案件诉前未经行政复议》，《法制日报》2006年12月4日第1版。

④ 章志远：《我国行政复议与行政诉讼程序衔接之再思考》，《现代法学》2005年第4期。

⑤ 周兰领：《行政复议强制前置模式的重建》，《长安大学学报》（社会科学版）2008年第4期。

符合PPP纠纷当事人的利益。PPP纠纷争议的标的额一般都是非常大的，如果采取诉讼手段解决，需要花费很多的费用，但如果采取行政复议的救济手段，由于复议不收取费用，能为当事人节省好多费用，因此符合当事人利益最大化原则，符合PPP纠纷当事人的利益诉求，较能为当事人所接受。

总之，确立复议前置，将使行政复议“过滤器”的功能得以发挥，不仅使行政系统内部有自我改正错误的机会，而且可以减少进入诉讼程序的PPP案件数量，从而使法院有限的人力和财力能更有效地使用，也有利于缓解我国司法资源日益紧张的局面。[①]

在我国确立PPP纠纷复议前置原则，并不意味着所有进入诉讼程序的PPP案件都必须先经过行政复议程序。在下列情况下，应当允许可以不经复议程序而直接进入诉讼程序：一是针对PPP纠纷当事人的复议申请，复议机关决定不予受理或者受理后逾期不作答复；二是PPP纠纷当事人有确凿、充分的证据证明，行政复议将会给自己造成无法弥补的损失；三是法律、行政法规规定的其他特殊情形。

PPP纠纷的快速解决对于公共利益的保障具有重要的作用，因此，在PPP纠纷的衔接机制中，也应该承认特殊情况下的复议终局模式存在的可能性。在下列情况下，PPP纠纷可以采取复议终局模式：一是关于金钱数量和额度方面的纠纷；二是关于工程质量和技术方面的纠纷；三是关于轻微程序瑕疵方面的纠纷。

（四）PPP纠纷解决机制对接的保障机制

充分发挥各种纠纷化解途径作用，帮助当事人选择成本低、效率高，而且适合纠纷特点的纠纷化解途径，有必要建立纠纷解决的预先告知、优先选择和纠纷事项清单等制度。

1.预先告知程序

按照中共中央办公厅、国务院办公厅的《关于完善矛盾纠纷多元化解机制的意见》要求，探索建立矛盾纠纷多元化解告知制度，要求行政机关、法院、调解组织、律师等法律工作者在参与处理纠纷时，应当告知当事人纠纷多元化解渠道，供当事人选择。按照此规定，PPP纠纷发生后，有关机关、组织和个人首先有告知当事人纠纷解决的多元化渠道的义务。例如《人民调解法》规定，基层人

---

① 详情参见王青斌：《行政复议制度》，载马怀德主编：《行政法前沿问题研究》，中国政法大学出版社2018年版，第497—500页。

民法院、公安机关对适宜通过调解解决的纠纷，可以在受理前告知当事人向人民调解委员会申请调解。国家机关、人民法院、社会组织及法律工作者应当将告知和引导作为纠纷化解工作的一项必要内容，负有告知介绍其他纠纷解决途径的义务。人民调解委员会、律师、基层法律服务工作者等参与矛盾纠纷化解时，应当告知行政裁决渠道供当事人选择。再如《关于健全行政裁决制度加强行政裁决工作的意见》规定，对于能够通过行政裁决解决纠纷的，首先，人民法院在登记立案前应当向当事人提供通过行政裁决化解纠纷的建议。其次，积极主动地说服和帮助当事人选择最有利于纠纷解决的路径。国家机关、人民法院和社会组织、法律工作者等机构和人员对PPP纠纷多元化解途径的特点和工作程序比较了解，应当发挥职业优势，向社会公众宣传和普及，分析各种救济手段的优缺点，进行风险说明，帮助当事人找到最接近、最适宜、最经济的PPP纠纷解决机制。最后，要扩展告知的渠道。有关机关、社会组织和个人应该充分利用互联网、电视、微信、邮件等方式告知当事人纠纷解决的通道，也可以通过开展纠纷解决培训会、普法宣传等手段告知PPP纠纷多元解决的手段。

2.优先选择程序

优先选择程序是指PPP纠纷发生后，当事人往往有许多救济渠道可供选择，在一种纠纷解决渠道可能无法实现化解PPP纠纷的目的，需要寻找其他的纠纷解决方式时，应当引导当事人优先选择成本较低、对抗性较弱、有利于修复公私合作关系的程序。一般来说，协商、调解等非诉讼化解途径往往对抗性弱、成本低、效率高，操作简便灵活，比较容易使纠纷得到妥善化解，一般优先选择。以诉讼方式解决PPP争议案件，旷日费时，难免产生“迟来的正义非正义”之恶果；PPP纠纷案件往往牵涉专门技术，法官在处理案件时，常需要借助专家的鉴定，然而鉴定单位的选择、鉴定意见的解读等，在实践中存在许多问题；且法官所作的判决也难以服众。因此，法院诉讼应该是PPP纠纷解决最后且不得已的考虑。

3.纠纷事项清单制度

总结和提炼PPP模式中可能发生的各种纠纷，并进行纠纷类型化处理，把解决这些纠纷所采用的手段与纠纷类型在清单上进行一一对应列举，评析纠纷手段的优缺点，并对PPP纠纷的解决手段和衔接机制的效用进行评估说明，让当事人依据纠纷事项清单采纳自己认为合适的纠纷解决机制预防和化解纠纷。

结　语

我国自2014年全面引入和推介政府与社会资本合作模式（PPP）以来，仅五六年时间，PPP的火爆程度远超预期，取得了可喜的成绩。从财政部官网可知，截至2021年4月末，我国PPP累计入库项目10094个、投资额15.6万亿元。累计签约落地项目7286个、投资额11.9万亿元，落地率72.2%。累计开工建设项目4423个、投资额6.8万亿元，落地项目开工率60.7%。[①]现今中国的PPP项目数量和投资额已经全球第一，但是我们也要看到中国PPP在转变政府职能、深化投融资改革过程中存在的问题仍然不少。这些问题主要是主观方面的认识不清，简单地将PPP视为融资工具和稳增长工具；客观方面表现为泛化PPP项目、做假PPP和伪PPP项目、借PPP变相融资等"圈钱""失范"等现象，这都严重违背了当初引入和推介PPP的初衷。政府与社会资本合作是国家治理体系现代化和改善公共福祉的一剂良药，但非万能药。政府与社会资本合作过程中私相授受、官商勾结等损害公共利益，政府肆意毁约侵害社会资本方合法权益的情事比比皆是，因此应当从法律层面对其予以规范。但现实是，由于社会资本参与执行行政任务在质与量上不断增加，国家与社会资本间相互影响的方式及范围与以往大不相同，现行法律对于因而带来的挑战并未提供足够的回应。仅是依个别法律规定释义学上的建构并无法适当处理公共任务及社会资本追求利益间长期持续性的协调问题。无论是以危险防御为出发点的传统秩序行政还是以现代给付国家为依据的给付行

① 见财政部PPP中心网站。

政制度（包括行政私法的理论），皆无法提供充分的发展方向指引，因此有必要发展出新的规范体系。[①]新的PPP规范体系要以国家担保责任为理论基础，以法律关系为主轴，以合作契约为主要调控工具，以程序为公私合作平台，以多元化手段为机制化解纠纷等内容和因素为核心进行建构。新的PPP规范和救济体系的目标有三：一是诱导和促进社会资本投资于公共福祉；二是规范和约束公私合作行为；三是提供纠纷解决机制。

政府与社会资本合作的规范体系和纠纷解决问题之构建是一个系统性工程，既需要来自国家的规范，也需要社会资本方的自我规范；既需要硬法的规范，也需要软法的规范；既需要公法的规范，也需要私法的规范。总之，要加强对政府与社会资本合作模式的法律规范。

尽管目前PPP在我国遇到了一定的困境，但公私合作已经成为政府提供公共服务的一种必然需求。正如德国著名行政法学者施托贝尔（Stober）教授所言："公私合作在一个现代的合作国家不是全部，但没有它则一事无成。公私合作应该不断发展、不可逆转。""在缺乏重要基础设施的发展中国家，PPPs将继续是为关键的公共基础设施建设吸引私人融资的无价的媒介。"[②]对此，我们唯有顺应潮流，在"合作法治国"和"担保法治国"理念的指导下加大对"公私合作法学"的理论研究，制定适合公私合作发展的法律外衣，才能确保政府与社会资本合作模式不走样、不变形。真正成为提升和改善公共福祉的"金钥匙"。

---

① 萧文生：《国家、地方自治、行政秩序》，元照出版有限公司2009年版，第165—166页。

② ［美］约翰·弗雷尔（John J.Forrer）、詹姆斯·埃德温·凯（James Edwin Kee）、埃里克·波伊尔（Eric Boyer）：《跨部门合作治理》，甄杰译，化学工业出版社2018年版，第76页。

参考文献

一、书籍部分

1.［美］弗雷德里克·比勒陀利乌斯（Frederik Pretorius）等：《PPP与工程项目融资》，宋光辉等译，机械工业出版社2017年版。

2.李嘉娜：《市政公用事业监管的行政法研究》，中国政法大学出版社2012年版。

3.［美］E.S.萨瓦斯：《民营化与公私部门的伙伴关系》，中国人民大学出版社2002年版。

4.林明锵：《民营化与制度实践》，新学林出版股份有限公司2021年版。

5.詹镇荣：《公私协力与行政合作法》，新学林出版股份有限公司2016年版。

6.王增忠：《公私合作制（PPP）的理论与实践》，同济大学出版社2015年版。

7.国家发展改革委投资司、清华大学PPP研究中心：《中国PPP专家论道——国家发展改革委PPP专家优秀论文集》，经济日报出版社2018年版。

8.杨伟东等：《PPP项目法律实务》，人民法院出版社2017年版。

9.［加］耶斯考比：《公共部门与私营企业合作模式：政策与融资原理》，杨欣欣译，中国社会科学出版社2012年版。

10.周兰萍：《PPP项目运作实务》，法律出版社2016年版。

11.［德］汉斯·J.沃尔夫、奥托·巴霍夫、罗尔夫·施托贝尔：《行政法》（第三卷），高家伟译，商务印书馆2007年版。

12.侯吉建、袁东：《特许经营概论》，中国人民大学出版社2014年版。

13.顾功耘：《公私合作（PPP）的法律调整与制度保障》，北京大学出版社2016年版。

14.曹珊：《PPP运作重点难点与典型案例解读》，法律出版社2018年版。

15.戚建刚、易君：《灾难性风险行政法规制的基本原理》，法律出版社2015年版。

16.陈富良：《放松规制与强化规制》，上海三联书店2001年版。

17.［美］肯尼思·F.沃伦：《政治体制中的行政法》，王从虎等译，中国人民大学出版社2005年版。

18.［英］卡罗尔·哈洛、理查德·罗林斯：《法律与行政》（下卷），杨伟东等译，商务印书馆2004年版。

19.包万超：《行政法与社会科学》，商务印书馆2011年版。

20.李亢：《PPP的法律规制：以基础设施特许经营为中心》，法律出版社2017年版。

21.［英］卡罗尔·哈洛、理查德·罗林斯：《法律与行政》（上卷），杨伟东等译，商务印书馆2004年版。

22.李建良主编：《2012年行政管制与行政争讼》，新学林出版股份有限公司2016年版。

23.张治宇：《合作论——从政治哲学、法哲学到行政法哲学》，法律出版社2017年版。

24.姜明安主编：《行政法与行政诉讼法》，北京大学出版社、高等教育出版社2015年版。

25.台湾行政法学会主编：《依法行政考核与风险治理/行政效能与组织变革/国境管制与行政法上之举发》（台湾行政法学会研讨会论文集），元照出版有限公司2012年版。

26.［德］迪特儿·格林：《现代宪法的诞生、运作和前景》，刘刚译，法律出版社2010年版。

27.［德］韦伯（B.Weber）、阿尔芬（H.W.Alfen）：《基础设施投资策略、项目融资与PPP》，罗桂连、孙世选译，机械工业出版社2016年版。

28.王天义、杨斌主编：《日本政府和社会资本合作（PPP）研究》，清华大学出版社2018年版。

29.孙洵、魏济民：《法国PPP的立法与实践：一带一路战略下指导中国海外PPP项目》，中国政法大学出版社2017年版。

30.李以所：《德国公私合作制促进法研究》，中国民主法治出版社2013年版。

31.［葡］曼努埃尔·德·安德拉德：《法律关系总论》，吴奇琦译，法律出版社2015年版。

32.彭澎：《政府角色论》，中国社会科学出版社2002年版。

33.［澳］皮特·凯恩：《法律与道德中的责任》，罗李华译，张世泰校，商务印书馆2008年版。

34.詹镇荣：《民营化法与管制革新》，元照出版有限公司2010年版。

35.［法］皮埃尔·卡蓝默、安德烈·塔尔芒：《心系国家改革——公共管理建构模式论》，胡洪庆译，上海人民出版社2004年版。

36.孙洁：《政府和社会资本合作模式概论》，山西出版传媒集团、山西经济出版社2016年版。

37.［美］约翰·D.多纳休、理查德·J.泽克豪泽：《合作：激变时代的合作治理》，徐维译，中国政法大学出版社2015年版。

38.［德］施密特·阿斯曼：《秩序理念下的行政法体系建构》，林明锵等译，北京大学出版社2012年版。

39.赖恒盈：《行政法律关系论之研究——行政法学方法论评析》，元照出版有限公司2002年版。

40.罗豪才、毕洪海：《软法的挑战》，商务印书馆2011年版。

41.谢哲胜：《BOT契约法律与政策》，元照出版有限公司2015年版。

42.徐宗威：《公权市场》，机械工业出版社2009年版。

43.蒲坚等：《PPP的中国逻辑》，中信出版社2016年版。

44.［英］爱德华·法夸尔森等：《新兴市场公私合作模式》，唐李雅宁译，中国电力出版社2015年版。

45.［美］萨瓦斯：《民营化与PPP模式：推动政府和社会资本合作》，周志忍等译，中国人民大学出版社2015年版。

46.杨彬权：《后民营化时代的国家担保责任》，中国法制出版社2017年版。

47.［德］施密特·阿斯曼等：《德国行政法读本》，于安等译，高等教育出版社2006年版。

48.［英］安东尼·奥格斯：《规制：法律形式与经济学理论》，骆梅英、苏苗罕译，中国人民大学出版社2008年版。

49.刘恒主编：《行政许可与政府管制》，北京大学出版社2007年版。

50.［英］彼得·斯坦、约翰·香德：《西方社会的法律价值》，王献平译，法律出版社2014年版。

51.丁保河：《中国PPP立法研究》，法律出版社2016年版。

52.［瑞士］韦伯（B.Weber）、［德］阿尔芬（H.W.Alfen）：《基础设施投资策略、项目融资与PPP》，罗桂连、孙世选译，机械工业出版社2016年版。

53.［美］菲利普·库珀（Phillip J. Cooper）：《合同制治理——公共管理者面临的挑战与机遇》，竺干威、卢毅、陈卓霞译，复旦大学出版社2007年版。

54.［英］达霖·格里姆赛、［澳］莫文·K.刘易斯：《PPP革命：公共服务中的政府和社会资本合作》，济邦投资咨询有限公司译，中国人民大学出版社2016年版。

55.林明锵：《行政契约法研究》，新学林出版股份有限公司2020年版。

56.廖永安、胡仕浩：《新时代多元化纠纷解决机制：理论检视与中国实践》，中国人民大学出版社2019年版。

57.罗昌发：《政府采购法与政府采购协定论析》，元照出版有限公司2004年版。

58.济邦投资咨询有限公司：《基础设施PPP与操作实务》，化学工业出版社2017年版。

59.［意］罗西（Rossi，G.）：《行政法原理》，李修琼译，法律出版社2013年版。

60.朱少平、张通：《中华人民共和国政府采购法与政府采购项目运作实务全书》，中国财政经济出版社2002年版。

61. 洪国钦：《促进民间参与公共建设法逐条释义》，元照出版有限公司2008年版。

62. ［英］安东尼·奥格斯：《规制：法律形式与经济学理论》，骆梅英译，中国人民大学出版社2008年版。

63. 仇保兴、王俊豪等：《市政公用事业监管体制与激励性监管改革研究》，中国社会科学出版社2009年版。

64. 杨建文：《政府规制：21世纪理论研究潮流》，学林出版社2007年版。

65. ［法］让-雅克·拉丰、让·梯若尔：《政府采购与规制中的激励理论》，石磊、王永钦译，上海三联书店2014年版。

66. 周林军、曹远征、张智主编：《中国公用事业改革：从理论到实践》，知识产权出版社2009年版。

67. ［德］施托贝尔：《经济宪法与经济行政法》，谢立斌译，商务印书馆2008年版。

68. 王必芳主编：《2009年行政管制与行政争讼》，新学林出版股份有限公司2010年版。

69. 应松年主编：《英美法德日五国行政法》，中国政法大学出版社2015年版。

70. ［美］伯纳德·施瓦茨：《美国法律史》，王军等译，法律出版社2011年版。

71. 台湾行政法学会主编：《行政程序法之检讨、传播行政之争讼》，元照出版有限公司2003年版。

72. 章志远：《个案变迁中的行政法》，法律出版社2011年版。

73. 王名扬：《美国行政法》，中国法制出版社2005年版。

74. 王学辉：《行政程序法精要》，群众出版社2001年版。

75. 郑永年：《不确定的未来——如何将改革进行下去》，中信出版社2014年版。

76. ［英］托尼·普罗瑟：《政府监管的新视野：英国监管机构十大样本考察》，马英娟、张浩译，译林出版社2020年版。

77. ［新西兰］迈克尔·塔格特（Michael Taggart）编：《行政法的范围》，金自宁译，钟瑞华校，中国人民大学出版社2006年版。

78. 赵旭东：《纠纷与纠纷解决原论——从成因到理念的深度分析》，北京大学出版社2009年版。

79. 王强主编：《多元化纠纷解决机制之公证价值》，法律出版社2018年版。

80. 黄进、宋连斌、徐前权主编：《仲裁法学》，中国政法大学出版社2002年版。

81. 马怀德：《行政法前沿问题研究》，法律出版社2018年版。

82. 胡建淼：《行政法学》，法律出版社2015年版。

83. 赵银翠：《行政过程中的民事纠纷解决机制研究》，法律出版社2012年版。

84. 耿宝建：《行政纠纷解决的路径选择》，法律出版社2013年版。

85. 王小红：《行政裁决制度研究》，知识产权出版社2011年版。

86. 梁凤云：《论行政合同诉讼的基本构造》，《行政法论丛》（第十五卷），法律出版社2014年版。

87. 沈恒斌：《多元化纠纷解决机制原理与实务》，厦门大学出版社2005年版。

88. 王利明：《合同法研究》（第二卷），中国人民大学出版社2011年版。

89. 最高人民法院行政审判庭：《最高人民法院关于审理行政协议案件若干问题的规定理解与适用》，人民法院出版社2020年版。

90. 萧文生：《国家、地方自治、行政秩序》，元照出版有限公司2009年版。

91. 顾功耘主编：《当代主要国家公私合作法》，北京大学出版社2017年版。

92. 顾功耘、刘飞主编：《金砖国家公私合作法》，北京大学出版社2020年版。

93. 何兵：《现代社会的纠纷解决》，法律出版社2003年版。

94. 贺荣：《行政争议解决机制研究》，中国人民大学出版社2008年版。

95. ［日］小岛武司、伊藤真：《诉讼外纠纷解决法》，丁婕译，中国政法大学出版社2005年版。

96. 李学辉：《PPP项目合同争端解决机制理论与实务》，人民法院出版社2019年版。

97. 古嘉谆、陈希佳、吴诗敏主编：《工程法律事务研析》，北京大学出版社2011年版。

98. 范愉：《纠纷解决的理论与实践》，清华大学出版社2007年版。

99. 范愉等：《多元化纠纷解决机制与和谐社会的构建》，经济科学出版社2011年版。

100. 王琦：《非诉讼纠纷解决机制原理与实务》，法律出版社2014年版。

101. 范愉：《多元化纠纷解决机制》，厦门大学出版社2005年版。

102. 袁璨、朱丽军：《全球化视野下的PPP：政策、法律与制度框架》，中国法制出版社2018年版。

103. 傅宏宇、张秀：《政府与社会资本合作（PPP）法律问题国别研究》，中国法制出版社2016年版。

104. 陈春生主编：《法之桥：台湾与法国之法学交会：彭惕业教授荣退论文集》，元照出版有限公司2016年版。

105. 余凌云：《行政契约论》，中国人民大学出版社2000年版。

106. ［日］中西有三：《日本行政法》，江利红译，北京大学出版社2020年版。

107. 王克稳：《政府合同研究》，苏州大学出版社2007年版。

108. 耿宝建：《行政纠纷解决的路径选择》，法律出版社2013年版。

109. 古嘉谆等主编：《工程法律事务研析》（二），元照出版有限公司2006年版。

110. ［日］大桥洋一：《行政法学的结构性变革》，吕艳滨译，中国人民大学出版社2009年版。

111. 应松年：《当代中国行政法》（第五卷），人民出版社2018年版。

112. 吴燕怡：《基层行政协商研究》，云南大学出版社2016年版。

113. 湛中乐等：《行政调解、和解制度研究》，法律出版社2009年版。

114. 王学辉：《迈向和谐行政法》，中国政法大学出版社2012年版。

115. 张勤、彭文浩：《比较视野下的多元纠纷解决理论与实践》，中国政法大学出版社

2013年版。

116.胡宝岭：《行政合同争议司法审查研究》，中国政法大学出版社2015年版。

117.蔺耀昌：《行政契约效力研究》，法律出版社2010年版。

118.黄进、宋连斌、徐前权主编：《仲裁法学》，中国政法大学出版社2002年版。

119.世界银行集团、PPP基础设施咨询基金、全球基础设施基金：《PPP合同条款指南》（2017年版），经济科学出版社2018年版。

120.［葡］迪奥戈·弗雷塔斯·亚玛勒（Diogo Freitas do Amaral）：《行政法教程》（第二卷），黄显辉、黄淑禧、黄景禧等译，社会科学文献出版社2020年版。

121.王名扬：《英国行政法》，北京大学出版社2007年版。

122.中华人民共和国最高人民法院行政审判庭：《行政执法与行政审判》总第68卷，中国法制出版社2018年版。

123.吴庚：《行政争诉法》，三民书局2016年版。

124.刘建宏：《诉愿法之理论与实务》，元照出版有限公司2017年版。

125.陈军：《变化与回应：公私合作的行政法研究》，中国政法大学出版社2014年版。

126.薛刚凌：《〈国有土地上房屋征收与补偿条例〉理解与适用》，中国法制出版社2011年版。

127.［德］哈特穆特·毛雷尔：《行政法学总论》，高家伟译，法律出版社2000年版。

128.俞灵雨、蒋惠岭：《纠纷解决机制改革研究与探索》，人民法院出版社2011年版。

129.刘文会：《当前纠纷解决理论法哲学基础的反思与超越：在权利与功利之间》，中国政法大学出版社2013年版。

130.沈恒斌：《多元化纠纷解决机制原理与实务》，厦门大学出版社2005年版。

131.陈慰星：《民事纠纷的多元化解决机制研究》，知识产权出版社2008年版。

132.王利明：《合同法研究》（第二卷），中国人民大学出版社2011年版。

133.张越：《行政复议法学》，中国法制出版社2007年版，第501页。

134.董保城：《法治与权利救济》，元照出版有限公司2006年版。

135.杨小君：《国家赔偿法律问题研究》，北京大学出版社2005年版。

136.马怀德：《行政法制度建构与判例研究》，中国政法大学出版社2000年版。

137.陈无风：《公用事业公私合作的法律机制和争议解决实证研究》，中国人民大学出版社2019年版。

138.程明修：《行政法之行为与法律关系理论》，新学林出版股份有限公司2005年版。

139.郭祥瑞：《公务员行政法：行政法基础教材》，元照出版有限公司2007年版。

140.郭铁成、张志娟、程如烟：《主要国家的公私合作创新》，科学技术文献出版社2021年版。

141.沈冠伶：《诉讼权保障与裁判外纷争处理》，元照出版有限公司2012年版。

142.任中文：《政府和社会资本合作模式：领导干部公开课》，人民日报出版社2020年版。

143.马海涛、温来成:《政府与社会资本合作(PPP)前沿问题研究》,中国财政经济出版社2017年版。

144.王楠楠:《英国PPP政府采购改革实践及对我国的启示》,经济科学出版社2020年版。

145.[英]西蒙·罗伯茨、彭文浩:《纠纷解决过程:ADR与形成决定的主要形式》,刘哲玮等译,北京大学出版社2011年版。

146.赵洪升:《PPP项目争端解决实务操作之一:城镇燃气篇》,法律出版社2016年版。

147.赵洪升:《政府官员在PPP项目中法律风险之防范》,法律出版社2019年版。

148.孙燕芳:《公私合作项目全寿命周期视角的契约设计与优化》,中国社会科学出版社2017年版。

149.魏志强:《PPP合同纠纷裁判规则及实务指引》,法律出版社2018年版。

150.李楠楠:《基础设施领域公私合作契约关系研究》,经济科学出版社2017年版。

151.刘尚希等:《政府和社会资本合作(PPP)立法基础理论研究》,中国财政经济出版社2020年版。

152.李永军:《合同法》,中国人民大学出版社2021年版。

二、论文部分

153.刘建宏:《公私协力模式纷争解决机制之困境》,《月旦法学杂志》2014年总第234期。

154.许登科、许照生:《促参法之缔约程序法律关系中申请人的地位与权利保障》,《东吴法律学报》2015年第1期。

155.邢志航:《公私协力开发观光游憩设施奖励民间财务投资(PFI)与协商机制之研究》,《物业管理学报》2018年第2期。

156. Peter Collin:《德国十九和二十世纪间法院外纷争解决机制之发展轨迹》,王韵茹、许登科译,《月旦法学杂志》2014年第235期。

157.马浩然:《PPP争议的替代性纠纷解决机制探究》,《黑龙江省政法管理干部学院学报》2021年第1期。

158.朱景文:《解决争端方式的选择——一个比较法社会学的分析》,《吉林大学社会科学学报》2003年第5期。

159.陈天昊:《法国PPP纠纷解决机制——在协议合法性与协议安定性之间》,《中国法律评论》2018年第4期。

160.龙飞:《论多元化纠纷解决机制的衔接问题》,《中国应用法学》2019年第6期。

161.[美]Daniel.J.Mitterhoff:《构建政府合同制度——以美国模式为例》,杨伟东、刘秀华译,《行政法学研究》2000年第4期。

162.王周欢、葛敏敏:《政府采购救济机制比较研究》(上),《中国政府采购》2005年第12期。

163.徐琳：《法国公私合作（PPP模式）法律问题研究》，《行政法学研究》2016年第3期。

164.丽芳：《政府采购合同诉讼救济制度探析》，四川大学法学专业2007年硕士学位论文。

165.唐小娟：《我国政府采购合同的司法救济途径》，兰州大学法学专业2009年硕士学位论文。

166.赵宏：《德国公私合作制的制度发展与经验启示》，《行政法学研究》2017年第6期。

167.罗冠男：《意大利PPP法律制度研究》，《行政法学研究》2017年第6期。

168.马斌、郭枫：《韩国PPP纠纷解决机制及其启示》，《合作经济与科技》2017年第3期。

169.秦树东：《PPP争议解决："二阶+多层"的多元争端解决机制构建》，《税务与经济》2019年第6期。

170.郑雅方：《论我国PPP协议中公私法律关系的界分》，《行政法学研究》2017年第6期。

171.杜梦秋：《PPP项目合同争议解决的法律问题研究》，东南大学法学专业2017年硕士学位论文。

172.江国华：《政府和社会资本合作项目合同性质及争端解决机制》，《法商研究》2018年第2期。

173.雷虹、张弘：《论行政决定的可接受性》，《辽宁大学学报》（哲学社会科学版）2011年第5期。

174.马怀德、喻文光：《公有公共设施致害的国家赔偿》，《中国法学》2000年第2期。

175.孙文桢：《私法视野下的〈国家赔偿法〉修改》，《河北法学》2010年第9期。

176.邹焕聪：《国家担保责任视角下公私协力国家赔偿制度的构建》，《天津行政学院学报》2013年第6期。

177.许育典：《法治国》，《月旦法学教室》2003年第7期。

178.高俊杰：《政府特许经营项目运行中的行政纠纷及其解决机制——一种框架性分析》，《当代法学》2016年第2期。

179.陆敏清：《从德国修法历程论公私协力运用契约调控的发展》，《兴国学报》2013年第1期。

180.陈爱娥：《行政契约之研究——以代替行政处分之行政契约舆委托行使公权力之行政契约为探讨对象》，法务部委托研究计划，2003年。

181.杨彬权：《论国家担保责任：担保内容、理论基础和类型化》，《行政法学研究》2017年第1期。

182.孙铭宗：《论PPP模式下国家赔偿责任之归属——以日本最高法院裁判为例》，《财经法学》2017年第1期。

183.简敬轩：《社会福利收容机构委托私人经营之国家赔偿责任——以教养院为中心》，台湾中正大学法律学研究所2010年硕士学位论文。

184.周兰领：《行政复议强制前置模式的重建》，《长安大学学报》（社会科学版）2008年第4期。

185.郑烁:《论美国的穷尽行政救济原则》,《行政法学研究》2012年第3期。

186.章志远:《我国行政复议与行政诉讼程序衔接之再思考》,《现代法学》2005年第4期。

187.陈梅英:《论公证调解的模式、类型及其受案范围》,《中国公证》2017年第4期。

188.黄鸣鹤:《公证在多元化纠纷解决机制中的功能定位——〈关于进一步深化多元化纠纷解决机制改革的意见〉解读》,《中国公证》2016年第12期。

189.蓝瀛芳:《调解与仲裁结合程序问题的探讨》,《仲裁季刊》2017年总第104期。

190.潘剑锋:《论司法确认》,《中国法学》2011年第3期。

191.刘建宏:《法治国图像变迁下司法权功能之再探讨——德国行政诉讼中法官调解制度之研究》,《政大法学评论》2015年总第142期。

192.刘光:《论社会主义和谐法治——从柏拉图的国家学院说谈起》,《政法学刊》2002年第2期。

193.齐树洁:《司法改革与纠纷解决机制之重构》,《中国司法》2005年第12期。

194.傅郁林:《迈向现代化的中国民事诉讼法》,《当代法学》2011年第1期。

195.胡仕浩:《中国特色多元共治解纷机制及其在商事调解中应用》,《法律适用》2019年。

196.陈昭新:《试论行政合同的诉讼救济》,《山东审判》2000年第5期。

197.陈茂春:《行政合同司法审查现状审视与现实路径分析》,《行政与法》2015年第2期。

198.张勤:《我国法院调解制度研究综述》,《东南司法评论》,厦门大学出版社2011年版。

199.赵德关:《行政协议纳入行政复议审查问题研究》,《行政法学研究》2021年第4期。

200.陈鹏:《论PPP协议多元纠纷解决机制的构建》,《经济法论丛》2020年第2卷。

201.姬亚平:《行政裁决问题研究》,《理论学刊》2008年第10期。

202.卢护锋:《我国行政裁决制度陷入困境的成因分析》,《东北师范大学学报》(哲学社会科学版)2011年第4期。

203.黄正宗:《有关"最高院"仲裁法上几个裁判之建议》,《仲裁季刊》2009年第89期。

204.李家庆、萧伟松:《工程仲裁未来之走向——先调后仲之争端解决模式》,《仲裁》2006年第80期。

205.李家庆:《政府采购法先调后仲机制与工程仲裁制度之兴革》,《仲裁》2007年第83期。

206.刘宗德:《公权力关系所生争议利用仲裁解决之论议》,《月旦法学杂志》2019年总第285期。

207.黄明阳:《我国行政机关ADR制度之理论探讨——以行政调解制度为中心》(下),《政大法学评论》2006年总第90期。

208.姜波、叶树理:《行政协议争议仲裁问题研究》,《行政法学研究》2018年第3期。

209.章志远、刘立鹏:《我国行政调解制度的运作现状与发展课题》,《求是学刊》2013年第5期。

210.［德］弗朗茨－约瑟夫派纳：《德国行政程序法之形成、现状与展望》，《环球法律评论》2014年第5期。

211.陈锦芳：《浅谈项目之争议处理》，《技师报》2009年第680期。

212.周逸滨：《民间参与公共建设争议处理协调委员会机制之研究与建议》，台湾中央大学2014年硕士学位论文。

213.《采用“争议裁决委员会”解决工程契约争议之探讨》，《月旦法学杂志》2017年总第268期。

214.蓝瀛芳：《解决工程争议另一条路》，《营建知讯》2008年总第310期。

215.颜玉明：《采用争议审议机制及早预防与解决工程契约争议之研究》，《政大法学评论》2012年第129期。

216.罗凤、向科：《英国土木工程师学会NEC合同及其特点》，《四川建筑科学研究》2005年第3期。

217.贾康、孙洁：《公私伙伴关系（PPP）的概念、起源、特征与功能》，《财政研究》2009年第10期。

218.刘新平、王守清：《试论述PPPP项目的风险分配原则和框架》，《建筑经济》2006年第2期。

219.詹镇荣：《论民营化类型中之“公私协力”》，《月旦法学杂志》2003年第11期。

220.李明超、章志远：《公用事业特许经营监管机构模式研究》，《学习论坛》2011年第3期。

221.李欲晓：《论规制的有效性》，《聊城大学学报》2002年第2期。

222.陈富良：《政府规制中的公共利益理论与部门利益理论》，《北京市财贸管理干部学院学报》2000年第3期。

223.［美］Alfred C.Aman：《面向新世纪的行政法》（上），袁曙宏译，《行政法学研究》2000年第3期。

224.詹镇荣：《德国法中“社会自我管制”机制初探》，《政大法学评论》2004年总第78期。

225.裴俊巍：《国外PPP立法特点与经验借鉴》，《中国财政》2016年第12期。

226.贾韶琦：《法国PPP法制状况及对我国的启示》，《天津法学》2019年第3期。

227.王锡锌、郑雅芳：《日本公私合作模式研究——以PFI立法过程为中心的考察》，《行政法论丛》2017年第1期。

228.千九玲、刘欣瑜：《新时代政府和社会资本合作立法研讨会综述》，《中国政府采购》2018年第10期。

229.裴育、王璐瑶：《政府审计视角下的PPP实践与问题分析》，《中国政府采购》2018年第9期。

230.叶晓甦、徐春梅：《我国公共项目公私合作（PPP）模式研究述评》，《软科学》

2013年第6期。

231.邢会强：《PPP模式中的政府定位》，《法学》2015年第11期。

232.湛中乐、刘书燃：《PPP协议中的法律问题辨析》，《法学》2007年第3期。

233.王俊豪、付金存：《公私合作制的本质特征与中国城市公用事业的政策选择》，《中国工业经济》2014年第7期。

234.王东：《PPP主体关系中的政府：角色定位与行为机制框架》，《中国政府采购》2015年第3期。

235.［德］底特·本巴赫尔：《责任的哲学基础》，易小明、聂文军译，《齐鲁学刊》2005年第4期。

236.苗雨：《论我国政府责任实现的法治困境与出路》，山东大学2012年博士学位论文。

237.许登科：《德国担保国家理论为基础之公私协力（ÖPP）法制》，台湾大学法律学研究所2008年博士学位论文。

238.刘薇：《PPP模式理论阐释及其现实例证》，《改革》2015年第1期。

239.谭冰霖：《环境规制的反身法路向》，《中外法学》2016年第6期。

240.余凌云：《现代行政法上的指南、手册和裁量基准》，《中国法学》2012年第4期。

241.邓峰：《行政协议司法解释或使PPP市场面临法律危机》，《财经》2019年第30期。

242.贾康：《PPP合同定性为"行政协议"将颠覆PPP创新根基》，《中国招标》2020年第1期。

243.辛柏春：《BOT项目协议的法律性质》，《行政与法》2005年第5期。

244.周兰萍：《PPP特许权协议的民事性质及立法建议》，《建筑》2015年第2期。

245.陈婉玲：《PPP合同弹性调整机制研究》，《上海财经大学学报》2018年第5期。

246.蔡味保、谢博明：《BOT模式应用于休闲游憩事业开发之风险评估——以月眉育乐世界例》，《环境与管理研究》2009年第2期。

247.喻文光：《PPP规制中的立法问题研究——基于法政策学的视角》，《当代法学》2016年第2期。

248.于安：《我国实行PPP制度的基本法律问题》，《国家检察官学院学报》2017年第2期。

249.林明锵：《促进民间参与公共建设法制与检讨——从地方自治团体有效管制观点出发》，《月旦法学杂志》2014年第11期。

250.詹镇荣：《论公私协力法制上之"递补签约机制"》，《月旦法学杂志》2014年第2期。

251.詹镇荣：《论经济行政法上之竞争者诉讼》，《政大法学评论》2013年总第132期。

252.许宏达：《环境风险管制之法律建制：以行政管制方法之变迁为中心》，《台湾中正大学法学集刊》2014年总第44期。

253.陆敏清：《国家担保责任与长期照顾之实现》，台北大学2010年博士学位论文。

254.高俊杰：《公用事业临时接管的行政法规制》，《行政与法》2014年第1期。

255.许育典、封昌宏：《从自由竞争到国家促进的文创法制建构》，《月旦法学杂志》

2016年总第255期。

256.王经绫、闫晓茗、陈冠达：《PPP管理机构运行的国际比较——兼论中国是否应当设立PPP专职管理机构》，《投资研究》2018年第3期。

257.周志忍、蒋敏娟：《中国政府跨部门协同机制探析———一个叙事与诊断框架》，《公共行政评论》2013年第1期。

258.张守文：《PPP的公共性及其经济法解析》，《法学》2015年第11期。

259.陈阵香、陈乃新：《PPP特许经营协议的法律性质》，《法学》2015年第11期。

260.许登科：《公法契约争议仲裁判断之撤销诉讼——以管辖法院和法院审理基准为中心》，《成大法学》2014年第28期。

261.许登科：《释字第七〇九号解释释放之讯息与延伸思考》，《月旦裁判时报》2013年第23期。

262.王必芳：《论法国行政契约的特点——从台湾地区行政程序法行政契约章的立法设计谈起》，《台北大学法学论丛》2017年第102期。

263.林三钦：《得适用国赔法之公共设施》，《月旦法学教室》2020年第11期。

264.梁凤云：《公私合作协议的公法属性及其法律救济》，《中国法律评论》2018年第4期。

265.章志远：《新时代行政审判因应诉源治理之道》，《法学研究》2021年第3期。

266.章志远：《行政争议实质性解决的法理解读》，《中国法学》2020年第6期。

267.江苏高院民一庭课题组：《政府与社会资本合作（PPP）的法律疑难问题研究》，《法律适用》2017年第17期。

三、英文部分

268. HM Treasury，“Infrastructure Procurement：Delivering Long - Term Value”，March 2008.

269. Arbeitsgruppen：“Wirtschaftlichkeitsuntersuchungen bei PPP-Projekten” des Bundes und der Länder：Leitfaden “Wirtschafdichkeitsuntersuchungen bei PPP-Projekten”，2006.

270. “H. Demsetz，“Why Regulate Utilities? ”（April 1968）11 Journal of Law and Economics.

271. See George. L. Priest，“The Origins of Utility Regulation and the 6Theories of Regulation’ Debate”（1993）36 Journal of Law and Economics 289.

272. Commission Interprctative Communication on Concessions under Community Law rc）fficialJournal C 121 0f 29. 04. 2000; See also Impact Assessment of an Initiative on Concessions，SEC（2011）1588 finalI of 20 December 2011.

273. See Dennis C. Mueller，Public Choice：A Survey，Journal of Economic Literature，Vol. 15，1976.

274. Wolfgang Weiss, Beteiligung Privater an der Wahmehmung oeffentlicher Aufgaben und staadiche Verantwortung, DVBI, 2002.

275. J. Ziekow, Verankerung verwaltungsrechtlicher Kooperationsverhältnisse (Public Private Partnership) im Verwaltungsverfahrensgesetz, 2001.

276. Treasury Board Secretariat, 2015. Infrastructure Planning. In 2015 Annual Report of the Office of the Auditor General of Ontario (pp. 282-306) . Accessed from http://www.auditor. On.ca/en/content/annualreports/arreports/en15/2015AR_en_final. Pdf.

277. Moody's Investors Service, Credit Trends in New P3's: Convergence, Divergence, Pressure Points: Infrastructure and Project Finance: Public-Private Partnerships-Global.Moody's, April 6 2016.Guidance on PPP Contractual Provisions, 2017 Edition.

278. Gesetzentwurf v. 14.6.2005, BT-Drs.1 5/5668, S.10.Investment nderungsgesetz, vom 21. 12. 2007, BGBl. I S. 3089.PPP-Vereinfachungsgesetz, vom 19. 03. 2009.

279. Jan Ziekow: Verankerung verwaltungsrechtlicher Kooperationsverh ltnisse im Verwaltungsver-fahrensgesetz, Gutachten im Auftrag des Bundesministeriums des Innern, 2001.

280. M. Fleckenstein, Abbau von Hemmnissen für Public Private Partnershilhip: Das ÖPP_ Beschleunigungsgesetz, DVBI, 2006.

281. Juergen Kuehling, Grundprobleme von Public Private Partnership, ZJS 2/2011.

282. Tamyko Ysa, Governance Form in Urban Public-private Partnerships, International Public Management Journal, Vol.10, No.1, 2007.

283. Wolfgang Weiss, Beteiligung Privater an der Wahmehmung oeffentlicher Aufgaben und staadiche Verantwortung, DVBI, 2002.

284. Ziekow, Verankerung verwaltungsrechtlicher Kooperationsverhältnisse(Public Private Partnership) im Verwaltungsverfahrensgesetz, Wissenschaftliches Gutachten, erstattet für das Bunderministerium desInnern, 2001.

285. W. Hofmann-Riem, Das Recht des Gewährleistungsstaates, in: Schuppert (Hrsg.), Der Gewährleistungsstaat - Ein Leitbild auf dem Prüfstand, Baden-Baden, 2005.

286. Helmuth Schulze-Fielitz, Grundmodi der Aufgabenwahmehmung, in: Hoffmann-Riem/Schmidt-Aßmann/Voßkule (Hrsg.), Grundlagen des Verwaltungsrechts J, 2. Aufl., 2012.

287. Andreas Voßkuhle, Verwaltungsrechtswissenschaft, in: Hoffmann Riem/Schmidt-Aßmann/Voßkuhle (Hrsg.), Grundlagen des Verwaltungsrechts, 2. Aufl., Bd. I, 2012.

288. G. F. Schuppert, Verwaltungswissenschaft: Verwantung, Verwaltungsecht, Verwaltungslehre, Nomos Verlagsgesellschaft, 2000.

289. Alfen, Hans Wilhelm & Fischer, Katrin: Der PPP-Beschaffungsprozess, in: Weber/

Schäfer/Hausmann（Hrsg）：Praxishandbuch Public Private Partnership，München 2006，S. 56；BMVBW：Gutachten “PPP im öffentlichen Hochbau”，2003.

290. Schäfer，Michaell & KarthaU8，Amim：PPP-Modelle im öffentlichen Hochbau-Vertragsstruktur，rechtliche Rahmenbedingungen und Projektablauf，in：Kapellmann & Vygen（Hrsg.）：Jahrbuch Baurecht 2005.

291. J.Luis Guasch. Granting and Renegotiating Infrastructure Concessions：Doing It Right. World Bank Institute，The World Bank，Washington D.C.，2004.

292. See Hammami，M.，Ruhashyankiko，F.，Yehoue，E.，Determinants of Public-Private Partner-ships in Infrastructure. IMF Working Papers，2006.

293. J. Ziekow，Verankerung verwaltungsrechtlicher Kooperationsverhältnisse（Public Private Partnership）im Verwaltungsverfahrensgesetz，Wissenschaftliches Gutachten，erstattet für das Bunderministerium desInnern，2001.

294. Ansell，C.，& Gash，A. Collaborative governance in theory and practice. Journal of Public Administration Research and Theory，（2008），18（4）.

295. Martin Shapiro，Administrative Law Unbound：Reflections on Government and Governance，8IND. J. GLOBAI IEG. STUD，2001.

296. Hammami，M.，Ruhashyankiko，F.，Yehoue，E.，Determinants of Pubiic-Private Partnerships in Jnfrastructurc，IMF Working papcrs，2006.

297. Rolf A. Schütze，Effektivität des Rechtsschutzes vor den Schiedsgerichten，in：Gottwald（Hrsg.），Effektivität des Rechtsschutzes vor dcn staatlichen undprivaten Schiedsgerichten，2006，S. 174.

298. Hoffmann-Riem，Modernisierung von Recht und Justiz. Eine Herausforderung des Gewährleistungsstaates，Frankfurt a. M.，2001.

299. PeterBadura，in Erichsen/Ehlers（Hrsg.），Allgemeines Verwaltungsrecht，12.Aufl.，2002.

300. Kurt Dettman，Dispute Review Boards：Real Time Avoidance and Resolurion ofConstruction Disputes，DRBF（2010）.

301. P.J.Tettinger.Die rechtliche Ausgestaltung von public and private partnership，DOV1996.

302. Schmidt/Seidel，Besonderes Verwa/tungsrecht，4. Aufl.

303. Juergen Kuehling，Grundprobleme von Public Private Partnership，zJS 2/2011.

304. Gunnar Folke Schuppert，Staatswissenschaft，2003.

305. Peter Badura，in Erichsen/Ehlers（Hrsg.），Allgemeines Verwaltungsrecht，12.Aufl.，2002.

306. Rolf A. Schütze，Effektivität des Rechtsschutzes vor den Schiedsgerichten，

in：Gottwald（Hrsg.），Effektivität des Rechtsschutzes vor dcn staatlichen undprivaten Schiedsgerichten，2006.

307. Hoffmann-Riem，Modernisierung von Recht und Justiz. Eine Herausforderung des Gewährleistungsstaates，Frankfurt a. M.，2001.

308. Carrrie Mebkel-Meadow.Roots and inspiration：A Brief History of the Foundations of Dispute Resolution//Michael L.Moffitt and Robert C.Bordone ，ed.. The Handbook of Dispute Resolution. San Francisco：Jossey-Bass，2005.

附　录
政府和社会资本合作法（试拟稿）

第一章　总则

第一条　**【立法目的】**为了规范政府和社会资本合作，促进社会资本参与提供公共服务，提升和改善公共产品和服务供给的质量和效率，保障公共利益和社会资本方的合法权益，特制定本法。

第二条　**【合作的定义】**本法所称政府和社会资本合作，是指政府和社会资本双方通过长期协议提供新的或现有公共产品和服务的合作行为。

本法所称的政府，是指各级人民政府、依法设立的经济开发区管理委员会。

本法所称社会资本方，是指依法设立，具有投资、建设、运营等能力和资格的企业、非政府组织和外国组织。

第三条　**【采用合作模式的条件】**符合下列条件的公共服务项目，可以采用政府和社会资本合作模式：

（一）依法属于政府责任；

（二）需求长期稳定；

（三）对公民权益或社会发展有较大影响；

（四）通过物有所值和财政承受能力评估；

（五）适宜由社会资本方承担。

县级以上人民政府所属的财政部门和发改部门根据前款规定的条件，会商制定可以采用政府和社会资本合作模式的公共服务项目指导目录，并动态调整。

第四条　**【合作模式的禁止情形】**公共服务具有下列情形之一的，不得采用政府和社会资本合作模式：

（一）协议价值低于1000万元人民币；

（二）服务期少于10年；

（三）唯一目的是提供劳务、设备供应和安装或者公共工程的实施项目。

第五条　**【合作的具体方式】**政府和社会资本合作的具体方式如下：

（一）社会资本投资新建并为运营；运营期间届满后，移转该项目的所有权予政府。

（二）社会资本投资新建完成后，政府无偿取得所有权，并由该社会资本方运营；营运期间届满后，运营权归还政府。

（三）社会资本投资新建完成后，政府一次或分期给付建设经费以取得所有权，并由该民间机构运营；运营期间届满后，运营权归还政府。

（四）社会资本投资增建、改建及修建政府现有建设并为运营；运营期间届满后，运营权归还政府。

（五）社会资本运营政府投资兴建完成之建设，运营期间届满后，运营权归还政府。

（六）配合政府政策，由社会资本自行备具土地投资新建，拥有所有权，并自为运营或委托第三人运营。

（七）法律、行政法规规定的其他方式。

第六条　**【合作的原则】**公共服务合作项目采用政府和社会资本合作模式，应当遵循平等协商、友好合作、公平竞争、公开透明、高效、自我管制和公益维持的原则。

任何组织和个人不得排斥或者限制非公有制社会资本方依法参与公共服务合作项目，不得歧视民营资本方。

第七条　**【合作的鼓励与支持】**各级人民政府应当鼓励和支持社会资本方参与公共服务合作项目；鼓励和支持社会资本方或项目公司以项目、股权、应收账款等方式进行融资。

第八条　**【政府的指导和监督】**县级以上人民政府有关部门在各自的职权范围内，负责本区域内政府和社会资本合作的指导和监督。

县级以上人民政府应当在限定的时间内将有经验的公务员派遣到合作项目传

承经验与技术，提高社会资本方或项目公司的合作意愿，改善合作项目的规划与技术，促进合作项目顺利实施。

建立政府和社会资本合作议事协调机制，及时协调、解决政府和社会资本合作工作中政府部门职权职责交叉重叠和其他重大问题。

第二章　合作项目的发起

第九条　**【合作项目方案的提出】**县级以上人民政府有关主管部门根据经济社会发展需要、民众基本需求、空间发展规划以及本条例第三条的规定，在科学的详细的论证的基础上，提出拟采用政府和社会资本合作模式的项目方案。

公民、法人和其他组织可以向有关主管部门提出拟采用政府和社会资本合作模式的项目方案。

第十条　**【合作项目实施方案内容】**对拟采用政府和社会资本合作模式的合作项目，有关主管部门或公民、法人和其他组织应当拟订合作项目实施方案。合作项目实施方案应当包括下列内容：

（一）项目概况；

（二）风险分配基本框架；

（三）项目运作方式；

（四）项目交易结构设计；

（五）项目合同体系；

（六）项目的监督管理；

（七）应当明确的其他事项。

有关主管部门拟订合作项目实施方案，应当征求潜在社会资本方和公众的意见。

第十一条　**【合作项目的评估】**有关主管部门拟订合作项目实施方案，应当会同同级发展改革、财政等有关部门，从经济效益、社会效益、生态效益等方面对采用政府和社会资本合作模式的必要性、可行性、财政承受能力组织开展评估，评估应当形成明确结论。必要时可以组织相关专家进行评议或委托第三方专业机构出具评估意见。

评估应当听取公众的意见，也可以邀请金融机构、保险公司等机构提前介入评估过程。

有关主管部门应当根据前款规定形成的评估结论，对合作项目实施方案进行修改完善，或者作出不采用政府和社会资本合作模式的决定。

第十二条　**【合作项目实施方案的审核与评审】**合作项目实施方案应当经本级人民政府审核同意。本级人民政府应当组织有关部门对合作项目实施方案迅速地进行联合评审。

经本级人民政府审核同意的合作项目实施方案，由有关主管部门向社会公布。

第三章　合作项目的实施

第十三条　**【社会资本方选择的方式】**具体负责合作项目的政府部门应当根据经审核同意的合作项目实施方案，通过招标、竞争性谈判、竞争性磋商等方式选择社会资本方，并将选定的社会资本方向社会公示。法律、行政法规对合作项目选择社会资本方的方式另有规定的，依照其规定。

具体负责合作项目的政府部门应当根据合作项目的特点和建设运营需要，确保各类社会资本方平等参与合作项目，不得要求民营资本方提供相关法律法规规定以外的证明文件和资料。

第十四条　**【社会资本方的消极条件】**社会资本方不得具有下列情形：

（一）处于破产整顿、歇业、停业等状态；

（二）5年内曾经参与或投资政府与社会资本合作项目并出现投资失败问题；

（三）社会资本方的董事、监事、经理等高级管理人员存在犯罪、暴力集团成员等情况；

（四）近3年来，处于持续违约状态；

（五）其他严重影响项目实施的行为或状态。

第十五条　**【直接磋商方式的适用情形】**符合下列情形之一的，采用直接磋商的方式确定协议订立人：

（一）招标没有确定中标人的；

（二）情况紧急需要尽快确定协议订立人的；

（三）协议的履行需要利用专利权或其他专有权利的；

（四）其他需要采用直接磋商方式的情形。

第十六条　**【当事人资格公告和听取意见】**合作协议依法应以招标或其他竞争方式决定社会资本方，行政机关应该事先公告协议当事人的资格及决定程序；

决定前，并应予程序当事人表示意见之机会。

合作协议对公益有重大影响者，行政机关认有必要时，得于缔约前举行听证。

第十七条　**【两标并一标】**实施合作项目所需的建设工程、设备和原材料等货物以及相关服务，社会资本方依法能够自行建设、生产或者提供，且在选择社会资本方时已经作为评审因素予以充分考虑的，可以由社会资本方自行建设、生产或者提供，不再进行招投标。

政府与社会资本方合作项目建设用地的取得和确定社会资本方的竞争程序可以合并实施，或同时进行。

第十八条　**【合作项目缔约前的责任分配】**行政机关在缔结合作项目协议前必须提出责任分配表，其中应该评估行政机关在与社会资本方合作伙伴关系之中，其对于公共任务的履行于行政合作中承担的责任。此评价应及于合作协议应以何种方式建构，而使行政机关履行其责任。

第十九条　**【合作项目的缔约主体】**政府实施机构与其选定的社会资本方应当在协商一致的基础上签订合作项目协议；合作项目设立项目公司的，合作项目协议由政府实施机构与项目公司签订。

项目公司不得从事与合作项目无关的活动。

第二十条　**【合作项目协议的实质内容】**合作项目协议应当符合项目实施方案、招投标、竞争性谈判等文件的实质内容，载明下列事项：

（一）行政合作的目标条款；

（二）责任分配结果、社会资本方的义务以及由行政机关承担责任的实现；

（三）由社会资本方提供给付的内容、范围与品质；

（四）社会资本方遵守行政机关履行公共任务时应注意的法定义务；

（五）社会资本方的义务，包括提供所有对于协议的履行具有重要性的信息，实现行政合作目标时充分信赖地合作，以及顾虑合作相对人的利益；

（六）如果社会资本方无法履行任务时，行政机关自为履行或再委托其他第三人之权利；

（七）评价社会资本合作方履约情况的客观标准；

（八）应当载明的其他事项。

行政合作协议欠缺前项规定的最低限度内容条款的，当事人有权请求在协议中补充加入所欠缺的最低限度内容条款。

第二十一条　**【合作项目期限的确定】**合作项目期限参考项目的建造和（或）

改造周期、投资规模、资金回收期、社会资本方总收入期以及政府方和（或）社会资本方其他义务履行期等因素在合作项目协议中予以确定，一般不低于10年，最长不超过30年；法律、行政法规或者我国参加的国家条约另有规定的，依照其规定。

第二十二条 **【社会资本方收益的调整】**合作项目协议中应当约定，社会资本方的收益应该依据合作项目运营的绩效进行确定和动态调整。

合作项目协议中服务价格调整时提高合同价格以弥补通货膨胀等情形，无须政府合作方的批准即可启动，但法律、行政法规另有规定的除外。

第二十三条 **【政府兜底承保之禁止】**合作项目协议中不得约定或者变相约定由政府回购社会资本方投资本金或者承担社会资本方投资本金的损失；不得约定或变相约定社会资本方的最低收益、政府为合作项目融资提供担保以及其他违反法律规定的担保行为。

第二十四条 **【政府的协助义务】**政府实施机构应该协助社会资本方获得公共服务建设事业整体计划所需之用地，含公共建设、附属设施及附属事业所需用地。公共服务建设事业因施工需要，报请实施机构协调有关管理部门同意，可以使用河川、沟渠、涵洞、堤防、道路、公园及其他公共使用之土地。

第二十五条 **【合作项目财产和款项的禁止】**合作项目的设施、设备以及土地使用权、项目收益权和融资款项不得用于实施合作项目以外的用途。

禁止以前款规定的资产为他人债务提供担保。

第二十六条 **【政府诚实守信】**政府和社会资本方应当守信践诺，全面履行合作项目协议约定的义务。

合作项目协议的履行，不受行政区划调整、政府换届、政府有关部门机构或者职能调整以及负责人变更的影响。

因公共利益需要或者国家政策变更，征用、收回社会资本方或项目公司合法使用的土地或者拆迁其经营场所、生产生活设施的，政府应当给予公平补偿。未经公平补偿，不得实施征用、收回或拆迁。

第二十七条 **【财政支出及支付方式】**合作项目协议中约定的政府财政支出事项，应当足额纳入年度预算，按照规定程序批准后，及时支付款项。

合作项目协议中政府行政部门对应的付款可以通过以下方式进行：

（一）银行支付；

（二）非税收债权转让；

（三）授予政府行政部门实体的权利；

（四）授予公有领域权利；

（五）法律允许的其他方式。

第二十八条 **【支付方式的担保】**政府行政部门在政府与社会资本合作协议中订立的付款义务可以通过以下方式担保：

（一）财政收入担保应符合《中华人民共和国预算法》的规定；

（二）创设或使用依法设立的专项基金；

（三）非政府控制的保险公司提供的担保函；

（四）非政府控制的国际组织或金融机构提供的担保函；

（五）为此目的而专门设立的担保基金或国有公司提供的担保函；

（六）法律允许的其他担保方式。

第二十九条 **【政府承诺和保障】**政府有关部门应当按照各自职责范围，履行合作项目协议中的相关政府承诺和保障，并为社会资本方实施合作项目提供便利，但违法的承诺和保障除外。

政府作出的长期承诺应当要有公正独立的纠纷解决机制予以保障。

第三十条 **【合作项目协同促进】**如果一个合作项目有赖于另一个项目且这两个项目不属于同一个一揽子项目，则政府部门应当促进且确保每一个项目完工，以促进另一个项目完工。

第三十一条 **【合作项目协议的变更与解除】**在项目合作期限内，行政机关不得单方擅自变更或者解除行政协议；因公共利益确需变更的，应当由协议双方协商一致，必要时还必须听取贷款方的意见，变更不得超过原合同标的额的20%，并公示变更事由及内容，经本级人民政府批准后签订补充协议；变更内容涉及财政支出事项变动、价格调整的，应当先经相关部门审核同意。

为避免公共利益因合作协议继续履行受到重大危害，行政机关可以单方变更或者终止行政协议，并以书面方式说明理由。当事人因为合作协议变更难以继续履行协议的，可以终止合作协议，并以书面方式说明理由。

根据前款变更或者终止行政协议的，行政机关应当对当事人因此遭受的财产损失给予公平、合理的补偿。

第三十二条 **【社会资本方股权转让】**在合作项目建设和运营期内，社会资本方可以转让其持有的项目公司股权，但转让份额不得超过其持有的股权的30%，且在法定的或约定的不得转让的期限内禁止转让。

第三十三条　**【合作项目协议的提前终止】**出现合作项目协议约定的提前终止协议情形，或者有下列情形之一的，可以提前终止合作项目协议：

（一）因不可抗力、法律或国家政策等变化导致项目无法继续履行；

（二）因社会资本方严重违约，危害公共利益；

（三）依法征收、征用合作项目财产。

因依法征收、征用或法律政策变更导致合作项目提前终止的，应当按照国家有关规定给予社会资本方公平补偿。

第三十四条　**【合作项目协议的终止】**合作项目协议出现下列情况时即予终止：

（一）合作协议有效期满；

（二）双方协商终止；

（三）法庭判决合作协议提前废除；

（四）其他违反合作协议的重大行为。

合作项目协议终止后，社会资本方或项目公司应当在协议规定的期限内向政府实施机构转让合作协议项目、合作协议约定的财产以及其他财产。社会资本方或项目公司必须确保转让客体和财产应处于合作协议约定的状态，能够用于从事合作协议约定的业务活动，且不得侵犯第三者权益。

特殊情况下，合作项目协议解除或终止后一段时间内，社会资本方或项目公司有继续经营的义务，或者有义务继续提供经营所必需的资产、人员和专业技术给政府合作方。

第三十五条　**【社会资本方的优先选择】**合作项目期限届满或者合作项目协议提前终止，对该项目继续采用政府和社会资本合作模式的，应当依照本条例的规定重新选择社会资本方；因合作项目期限届满重新选择社会资本方的，在同等条件下应当优先选择原社会资本方。

第三十六条　**【合作项目协议的无效】**合作项目协议具有下列情形之一的，无效：

（一）合作协议准用民法典规定之结果应为无效者，无效。

（二）行政机关未依法以招标或其他竞争方式决定该当事人而签订协议者，招标决定被撤销的，合作协议无效。

（三）行政机关对公共任务执行之影响力未获充分确保时，倘若协议当事人不欲调整协议，或无法达成调整协议含义，或调整后协议内容仍无法修复瑕疵，确保行政机关之充分影响力者，则合作协议无效，双方当事人应互负恢复原状之义务。

（四）其他违反法律、行政法规，情节严重的。

第三十七条 **【合作项目协议的法律适用】**合作项目协议适用本章规定，本章没有规定的，适用本条例其他规定，本条例没有规定的，准用《中华人民共和国民法典》《中华人民共和国政府采购法》《中华人民共和国招标投标法》等相关规定。

第四章 监督管理

第三十八条 **【自我监督与国家机关监督】**社会资本方或项目公司应该建立健全自我监督制度。

县级以上人民政府有关部门应当依据各自职责，加强对合作项目实施中执行有关法律、行政法规、规章、强制性标准、技术规范等情况的监督检查。有关部门实施监督检查，有权采取下列措施：

（一）进入合作项目现场进行检查、检验、监测；

（二）查阅、复制有关文件、资料；

（三）要求有关人员就有关问题作出说明。

监督检查应当符合法定的程序和要求，不得重复检查，不得影响合作项目的正常实施。

政府有关部门对合作项目的监督检查的比例、频次应当与社会资本方或项目公司的信用等级、违法风险程度挂钩。针对同一检查对象的多个检查事项，尽可能合并或者纳入部门联合抽查范围。监督检查情况及处理结果应当及时向社会公开。

县级以上监察机关按照《中华人民共和国监察法》和相关规定，对合作项目中的贪腐、渎职、滥用职权、利益输送等违法行为和犯罪行为进行监督、调查和处置。

第三十九条 **【合作项目的检测分析与绩效评价】**县级以上人民政府有关部门应当定期对合作项目建设、运营等情况进行实地或在线监测分析和绩效评价，建立根据绩效评价结果对价格或者财政补助进行调整的机制。

社会资本方应当按照规定向政府有关部门提供有关合作项目投资、建设、运营方面的数据、资料等信息。

第四十条 **【合作项目的存档备查】**政府有关部门应当建立合作项目档案，将合作项目发起、实施以及监督检查等方面的文件、材料存档备查。

社会资本方应当妥善保管合作项目投资、建设、运营等方面的有关资料，并在合作项目期限届满或者提前终止时向政府有关部门移交。

第四十一条 **【合作项目的公开】**除涉及国家秘密、商业秘密外，政府有关部门应当依法公开合作项目规划、设计、建设、运营和接管等全过程中的与公共利益有关的重大事项或者重大信息。

重大基础设施和公用事业合作项目协议签订后30日内，政府实施机构应该在政府网站、杂志等媒介上主动公开合作项目协议的主要内容。

第四十二条 **【举报与投诉】**社会公众有权对合作项目的发起和实施进行监督。

对社会资本方违反法律、行政法规规定的行为或者对提供公共服务的质量等问题，任何单位和个人可以向政府有关部门举报、投诉，有关部门应当及时依法处理。

第四十三条 **【失信处置】**政府有关部门应当根据信用体系建设的有关要求，记录政府、社会资本方、中介机构、项目公司等及其从业人员的失信行为，并纳入全国统一的信用信息共享交换平台。

第四十四条 **【应急保护】**国家建立应对自然灾害、公共卫生事件等突发事件的合作项目分级分类保护机制。对遭受突发事件影响较大的合作项目，县级以上人民政府及有关部门应当加大财税金融支持力度，并就不可抗力免责、灵活用工等法律问题及时向社会资本方或者项目公司提供指导和帮助。

第四十五条 **【合作项目的接管】**合作项目如有进度严重滞后、质量存在重大瑕疵、经营不善或其他重大事由发生，政府有关部门应当责令社会资本方或项目公司限期改正，届满不改正或改正无效果，可以中止合作项目建设运营的一部或全部，也可以同意金融机构、债权人等进行先期接管，如若接管效果不佳或无效果，应当终止合作契约。经本级人民政府同意，政府有关部门应当采取适当措施接管合作项目。社会资本方或其他相关方应当积极配合。

政府有关部门对合作项目的接管，不影响合作项目的使用人、租用人请求社会资本方返还使用费、租用费等费用。

第五章　纠纷预防与解决

第四十六条　**【争议早期警告与伙伴关系规则】**合作项目协议的双方认为已经发生的事件或其提出的权利要求有可能引起争议，应当尽快提请对方注意这些事件或权利要求，或者在项目主要当事人之间尽早签署伙伴关系规则，并制定快速解决关键问题的程序。

合作协议双方应该尽早和尽可能在最基层的管理部门解决争议。只有在特定期限内没有达成解决方法，才能将争议问题提交上一级管理部门。

第四十七条　**【合作项目的公证】**合作协议当事人可以对合作项目的相关法律事实和争议焦点进行公证，由公证机构出具公证意见书，该公证法律意见书可以作为仲裁机构和法院认定事实的直接依据。

因合作项目协议发生争议的，公证人员可以提前进行调解处理，经调解达成协议的，由公证处出具调解法律文书，该调解书具有法律效力。当事人不履行的，任何一方可以申请法院强制执行。

第四十八条　**【争议的协商解决】**因合作项目协议履行发生争议的，协议双方应当在7日内协商解决。双方未协商前，政府方不得调整、变更、终止合作项目协议。协商达成一致的，应当签订补充协议。

第四十九条　**【争议的独立专家解决】**因合作项目协议中的专业技术问题发生争议的，协议双方可以共同聘请有关专家或者专业技术机构提出专业意见。

第五十条　**【争议审查委员会】**大型基础设施合作项目可以设立争议审查委员会。争议审查委员会由具有项目领域专业知识且负有盛名的3名到5名专家组成，主要职责是定期检查项目、帮助和解决建造和运营阶段可能产生的争议。

大型基础设施合作项目可以设立多个争议审查委员会，专门处理合作项目中的设计技术、财务、合同等事项的争议。

第五十一条　**【争议的仲裁】**政府、社会资本方及其他利害关系人之间发生的民事争议，当事人可以申请仲裁。

合作项目协议中，因政府部门行使自由裁量权和不涉及公权力事项的争议，当事人可以申请仲裁。但法律、行政法规或者我国参加的国家条约另有规定的除外。

第五十二条　**【复议与诉讼】**社会资本方、利害关系人认为政府有关部门作出的与合作项目的订立、履行和监督管理有关的具体行政行为侵犯其合法权益的，有陈述、申辩的权利，并可以依法提起行政复议或者行政诉讼。

检察机关在履行职责的过程中发现对合作项目负有监督管理职责的行政机关违法行使职权或者不作为，致使公共利益受侵害的，应当迅速督促其依法履行职责。行政机关不依法履行职责的，检察机关依法向审判机关提起公益诉讼。

第五十三条 **【义务的继续履行】**合作项目争议未有效解决前，协议双方应当继续履行法定的和合作项目协议约定的义务，不得擅自停止、中断公共服务的提供，不得降低公共服务的质量和标准。但有特殊情况的除外。

第六章 法律责任

第五十四条 **【不平等对待的法律责任】**政府及其有关部门排斥或者限制非公有制社会资本方依法参与政府和社会资本合作的，由上一级机关责令改正；情节严重的，对负有责任的领导人员和其他直接责任人员依法给予处分。

第五十五条 **【违反本条例的法律责任】**有关主管部门、政府实施机构违反本条例规定，由本级人民政府责令限期改正；情节严重的，对负有责任的领导人员和直接责任人员依法给予处分。

第五十六条 **【工作人员渎职的法律责任】**政府有关部门工作人员在政府和社会资本合作工作中不依法履行职责，玩忽职守、滥用职权、徇私舞弊的，对负有责任的领导人员和直接责任人员依法给予处分；构成犯罪的，依法追究刑事责任。

第五十七条 **【社会资本方或者项目公司的法律责任】**社会资本方或者项目公司有下列情形之一的，由政府有关部门责令限期改正，处20万元以上50万元以下的罚款；有违法所得的，没收违法所得；情节严重的，3年内不得再次申请或参与其他公共服务项目，构成犯罪的，依法追究刑事责任：

（一）项目公司从事与项目无关的活动；

（二）在合作项目实施中违反法律、行政法规等规定；

（三）将合作项目的设施、土地使用权、项目收益权和融资款项等用于实施合作项目以外的用途，或者以上述资产为他人债务提供担保；

（四）合作项目争议解决期间，擅自停止、中断公共服务或降低质量标准；

（五）未妥善保管合作项目投资、建设、运营等方面的有关资料或者未按照规定向政府有关部门移交有关资料。

对前款规定的情形，有关法律、行政法规对其处罚另有规定的，依照其规定。

第五十八条 **【中介组织的法律责任】**行业组织、中介组织等捏造事实、弄虚作假，为政府与社会资本合作项目提供虚假的财务、法律、环评、审计等报告、鉴定和意见的，由相关部门责令改正，并处50万元以上100万元以下的罚款；有违法所得的，没收违法所得；情节严重的，3年至5年内不得从事相关业务；情节特别严重或造成严重后果的，吊销相关资格证书和从业证书，并依法追究刑事责任。

第七章　附则

第五十九条　**【法律适用】**外国社会资本参与合作项目的，适用本法；法律另有规定的，从其规定。

第六十条　**【生效日期】**本法自××年×月×日起施行。

图书在版编目(CIP)数据

政府与社会资本合作（PPP）的行政法规制与纠纷解决机制研究 / 杨彬权著. — 北京：中国法制出版社，2021.11

ISBN 978-7-5216-1754-2

Ⅰ. ①政… Ⅱ. ①杨… Ⅲ. ①政府投资－合作－社会资本－研究－中国 Ⅳ. ①F832.48 ②F124.7

中国版本图书馆CIP数据核字（2021）第220719号

策划编辑/责任编辑：刘 悦（editor_liuyue@163.com） 封面设计：李 宁

政府与社会资本合作（PPP）的行政法规制与纠纷解决机制研究

ZHENGFU YU SHEHUI ZIBEN HEZUO (PPP) DE XINGZHENGFA GUIZHI YU JIUFEN JIEJUE JIZHI YANJIU

著者/杨彬权

经销/新华书店

印刷/北京虎彩文化传播有限公司

开本/730毫米 × 1030毫米 16开 印张/18.25 字数/334千

版次/2021年11月第1版 2021年11月第1次印刷

中国法制出版社出版

书号ISBN 978-7-5216-1754-2 定价：88.00元

北京市西城区西便门西里甲16号西便门办公区

邮政编码：100053 传真：010-63141852

网址：http://www.zgfzs.com **编辑部电话：010-63141819**

市场营销部电话：010-63141612 **印务部电话：010-63141606**

（如有印装质量问题，请与本社印务部联系。）